인스TV
손해평가사
1차 완전정복

1, 2 과목

윤종길 편저

since 2001

손해평가사 1차 시험은 총 75문제가 출제됩니다. 1과목(상법 보험편) 25문제, 2과목(농어업재해보험법령) 25문제, 3과목(농학개론 및 재배학 및 원예작물학) 25문제입니다. 매 과목 40점 이상과 전 과목 평균 60점 이상을 득점하여야 합격이며, 평가는 절대평가입니다.

수험생의 입장에서 1차 시험의 공부범위가 2차 시험에 비하여 작아 보일 수도 있겠지만, 실제 시험에서 1~2문제로 당락이 좌우된다는 것을 생각한다면 결코 무시할만한 수준은 아닙니다. 자칫 1차 시험에서 좋지 못한 결과를 받아, 2차 시험을 치루지도 못하는 곤란한 상황이 발생할 수도 있기 때문입니다.

그러나 그렇다고 하여 1차 시험 공부에만 한도 끝도 없이 매달리는 것도 좋은 공부법은 아닙니다. 어디까지 1차 시험은 2차 시험을 위한 관문이며 객관식으로 치루어지는 시험이기 때문입니다. 달리 말하면 '시험 합격'만을 목표로 하는 수험생이라면 1차 시험 공부에 너무 깊이 빠져들어 불필요한 부분까지 공부할 필요는 없습니다. 본 교재에 기재된 내용을 중심으로 강의를 듣고 정리한 뒤 기본적인 규정과 이론을 확실히 이해하고 암기한다면 충분하리라 생각됩니다.

본 교재는 손해평가사 1차 시험을 준비하는 수험생을 위하여 작성된 교재입니다. 교재를 작성하면서 가장 중점을 둔 것은 손해평가사라는 자격을 처음 공부하는 사람도 쉽게 이해할 수 있도록 한 것입니다. 본 교재는 기초부터 차근차근 공부하고 싶은 수험생에게 도움을 드리고자 하는 목적으로 작성되었으며 따라서 가장 기초적인 내용을 담고 있습니다. 늘 강조하지만 기초보다 중요한 것은 없습니다.

마지막으로 수험생들에게 드리고 싶은 조언은 '나무를 보지 말고 숲을 보라'라는 말입니다. 시험에 잘 출제되지 않는 지엽적인 부분에 매달리는 바람에 큰 흐름을 놓치는 것은 어리석은 공부법입니다. 공부할 때에는 세부적인 사항을 파고드는 것보다는 손해평가사 1차 과목의 전반적인 내용을 머리 속에 그려보겠다는 생각으로 교재를 읽는 것이 좋습니다.

부디 모두 끝까지 완주하셔서 좋은 결과 있기를 기대합니다.

윤종길 드림

GUIDE

📖 손해평가사란?

농업재해보험의 손해평가를 전문적으로 수행하는 자로서 농어업재해보험법에 따라 신설되는 국가자격인 국가전문자격을 취득한 자

📖 손해평가사의 업무

농업재해보험의 손해평가사는 공정하고 객관적인 농업재해보험의 손해평가를 하기 위해 피해사실의 확인, 보험가액 및 손해액의 평가, 그 밖의 손해평가에 필요한 사항에 대한 업무를 수행함

📖 관련 기관

① **소관부서** : 농림축산식품부(재해보험정책과)
② **운용기관** : 농업정책보험금융원(보험2부)
③ **시행기관** : 한국산업인력공단(http://www.q-net.or.kr/site/loss)

📖 응시자격

① **1차 시험** : 학력, 성별, 연령, 경력, 국적 등의 제한이 없음
② **2차 시험** : 당해 연도 및 직전 연도 해당분야 손해평가사 1차 시험에 합격한 자
  ㉠ 보험업법 제186조에 따른 손해사정사
  ㉡ 재해보험사업자로부터 농업재해보험 손해평가인으로 위촉되어 3년 이상인 자
  ㉢ 손해평가 경력이 있는 자

🔵 시험일정

① **1차 시험** : 매년 5~6월경
② **2차 시험** : 매년 7~8월경
※ 상세일정은 큐넷 손해평가사(www.q-net.or.kr)에서 확인 가능합니다.

🔵 시험과목 및 배점

구분	시험과목	문항수	시간	방법
제1차 시험	1. 「상법」보험편 2. 농어업재해보험법령(「농어업재해보험법」,「농어업재해보험법 　시행령」및 농림축산식품부 장관이 고시하는 손해평가 요령을 　말한다.) 3. 농학개론 중 재배학 및 원예작물학	과목별 25문항 (총 75문항)	90분	객관식 4지 택일형
제2차 시험	1. 농작물재해보험 및 가축재해보험의 이론과 실무 2. 농작물재해보험 및 가축재해보험 손해평가의 이론과 실무	과목별 10문항	120분	단답형, 서술형

🔵 합격기준 (※ 농어업재해보험법 시행령 제12조의6)

제1차 시험	매 과목 100점을 만점으로 하여 매 과목 40점 이상과 전 과목 평균 60점 이상을 득점한 사람을 합격자로 결정
제2차 시험	매 과목 100점을 만점으로 하여 매 과목 40점 이상과 전 과목 평균 60점 이상을 득점한 사람을 합격자로 결정

CONTENTS

PART 02 손해보험 • 121

CONTENTS

1 과목

상법 보험편

보험계약법 통칙

01 보험계약법의 개요

제1절 보험계약법의 적용

보험법을 넓은 범위로 이해하면 공보험과 사보험 모두에 적용되는 법이라고 할 수 있다. 즉 국가나 공공단체가 운영하는 사회보험이나 국책보험(예: 국민건강보험, 고용보험, 수출입보험, 산업재해보상보험 등)과 더불어 민간에서 운영하는 일반 사보험이 모두 포함된다. 이 중 민간에서 운영하는 사보험에는 보험계약 체결에 따른 권리 의무를 규율하는 보험계약 법규(상법 제4편 보험편)와 보험업을 운영하는 주체 즉 보험회사를 규율하는 법규(보험업법, 보험업법 시행령, 보험업법 시행규칙)가 있다.

일반적으로 보험계약법이라고 하면 상법 제4편을 뜻한다. 보험계약법은 영리 목적의 상행위에 속하는 보험계약을 규율하는 법규이다. 따라서 영리보험에 대해서는 당연히 그 적용이 있다. 다만 상법은 영리보험 이외에 상호보험이나 공제에 대해서도 그 성질에 반하지 않는 범위에서 보험계약법을 준용하도록 규정하고 있다.

📑 관련조항

상법 제664조(상호보험, 공제 등에의 준용)

이 편(編)의 규정은 그 성질에 반하지 아니하는 범위에서 상호보험(相互保險), 공제(共濟), 그 밖에 이에 준하는 계약에 준용한다.

제2절 보험계약법의 특징

1. 공공성, 사회성

앞서 설명한 바와 같이 보험은 상행위를 기본으로 하는 영리행위임은 틀림없다. 다만 불특정 다수의 보험가입자가 모여 위험단체를 구성하기 때문에 사회 구성원 전체에 미치는 영향력이 일반적인 상행위에 비하여 크다. 따라서 여러가지 <u>사회적인 관점(공공성)에서 제약</u>을 받는다. 대표적으로 보험업법이 이러한 규제에 해당한다.

2. 기술성

보험자는 대수의 법칙에 의한 수리 통계적 기법 등 <u>전문적이고 기술적인 특성을 반영</u>하여 보험제도를 운영한다. 따라서 일반적인 보험계약자가 보험제도의 기술적인 특성을 이해하기에는 어렵다는 한계가 있다.

3. 단체성

보험은 동일한 위험을 보유한 다수의 가입자들이 하나의 위험단체를 구성하여 그들 중 일부에게 발생한 위험을 상호 분담하는 제도이다. 따라서 보험계약을 해석하고 운영할 때에 이러한 <u>보험단체를 고려해야</u> 한다. 보험자에게 위험을 선택할 수 있는 underwriting 권한을 부여한 것이나, 특정 보험계약자에 대하여 특별이익을 제공하는 것을 금지하는 보험업법 규정도 이러한 단체성에서 비롯된 것이라고 할 수 있다.

4. 상대적 강행법규

보험은 기술적, 법률적으로 전문화된 특성을 보유하고 있기 때문에 일반적인 보험계약자가 보험을 이해하기에는 어렵다는 한계가 있다. 따라서 계약 관계에서 보험계약자는 상대적으로 약자의 위치에 있으며 보험자는 반대로 전문성을 지닌다. 상법은 상대적 약자인 보험계약자를 보호하기 위하여 상법 제4편의 내용을 보험계약자 또는 피보험자나 보험수익자의 불이익으로 변경하는 것을 금지한다(상법 제663조). 다만 불이익으로 변경하는 것을 금지하는 것이므로 이익으로(유리하게) 변경하는 것은 얼마든지 가능하다. 이를 <u>상대적 강행법규</u>라고 한다.

다만 이 원칙은 재보험, 해상보험 및 기타 이와 유사한 보험계약(기업보험)에는 적용하지 않는다. 불이익 변경을 금지하는 취지가 계약 당사자 사이의 불평등한 위치에 기인한 것이므로, 이러한 우려가 없는 기업보험에서는 불이익 변경 금지의 원칙을 적용할 이유가 없기 때문이다. 이러한 보험에서는 오히려 민법의 일반 원칙인 계약자유의 원칙에 따라 당사자의 의사를 최대한 존중하는 것이 더욱 합리적이라고 하겠다. 따라서 가계보험을 제외한 <u>기업보험 성격을 지닌 보험은 불이익 변경 금지 원칙이 적용되지 않는다.</u>

📑 관련조항

제663조(보험계약자 등의 불이익변경금지)

이 편의 규정은 당사자간의 특약으로 보험계약자 또는 피보험자나 보험수익자의 불이익으로 변경하지 못한다. 그러나 재보험 및 해상보험 기타 이와 유사한 보험의 경우에는 그러하지 아니하다.

5. 윤리성, 선의성

일반적인 계약에서는 신의성실의 원칙이 적용된다. 그러나 보험계약은 보험계약자가 납부하는 보험료는 소액이며 보험사고 발생시 지급받는 보험금은 고액이라는 비등가성으로 인해 보험계약의 사행성을 <u>악용할 염려가 항상 존재</u>한다. 보험계약법은 이러한 도덕적 위험과 역선택의 발생을 막고 당사자의 선의성을 유지하기 위한 규정들을 두고 있다. 보험계약자 등의 고지의무, 위험변경증가 통지의무, 손해방지의무 등이 그것이다.

제3절 보험계약법의 정의와 특성

보험계약은 당사자 일방이 약정한 보험료를 지급하고 상대방이 불확정한 사고가 발생했을 때에 일정한 금액 기타의 급여를 지급하는 것을 약정하는 채권 채무계약이다.

📑 관련조항

제638조(보험계약의 의의)

보험계약은 당사자 일방이 약정한 보험료를 지급하고 재산 또는 생명이나 신체에 불확정한 사고가 발생할 경우에 상대방이 일정한 보험금이나 그 밖의 급여를 지급할 것을 약정함으로써 효력이 생긴다.

제4절 보험계약의 일반적 특성

1. 불요식낙성계약

보험계약은 형식을 필요로 하지 않으며, 계약자의 청약에 대한 보험자의 승낙이라는 두 의사표시의 합치만으로 유효하게 성립한다.

2. 유상쌍무계약

계약의 당사자가 서로 대가적 의미를 가지는 재산을 출연하며, 서로 대가적 의미를 가지는 채무를 부담하는 계약이다.

3. 상행위성

보험계약은 기본적으로 상행위에 해당한다.

4. 사행계약

투자비용에 비해 산출물이 훨씬 큰 것을 사행성이라 한다. 보험도 이러한 성향이 있기 때문에 이를 악용하려는 도덕적 위험성(moral risk)이 항상 존재한다. 따라서 이를 억제하기 위한 많은 제도와 장치가 있으며, 피보험이익 제도, 실손보상의 원칙, 사기에 의한 초과, 중복보험 무효, 고의사고 면책, 고지의무, 최대선의의무 등이 이에 해당한다.

5. 부합계약성

보험계약은 계약 당사자 일방인 보험자가 작성한 보험약관에 다른 상대방인 보험계약자가 일방적으로 따를 수밖에 없는 방식으로 체결된다.

6. 계속계약성

보험은 보험기간이라는 일정한 기간 동안 계약의 효력이 지속되는 계약이다. 따라서 계약의 효력을 장래에 향하여 소멸시키는 해지와 같은 개념이 발생한다.

7. 독립계약성

다른 계약이 부속하는 것이 아니라 보험계약 자체가 독립된 하나의 계약이다.

8. 최대선의성

계약 당사자에게 일반적으로 요구되는 계약의 원칙인 신의성실의 원칙보다 더 큰 최대선의성을 요구한다.

1. 보험계약은 상행위를 기본으로 하는 영리행위이므로 공공성이나 사회성은 없다.

   해설 보험은 상행위를 기본으로 하는 영리행위임은 틀림없으나 불특정 다수의 보험가입자가 모여 위험단체를 구성하기 때문에 사회 구성원 전체에 미치는 영향력이 일반적인 상행위에 비하여 크다. 따라서 여러가지 사회적, 공공적인 관점에서 제약을 받는다. 답 ✕

2. 상법 제663조 보험계약자 등의 불이익 변경 금지의 원칙은 가계보험에만 적용되며 기업보험에는 그 적용이 배제된다.

   해설 상법 제663조 보험계약자 등의 불이익 변경 금지의 원칙은 보험계약 당사자 사이의 불평등한 위치에 기초한 것이므로 가계보험에만 적용되며 재보험이나 해상보험과 같은 기업보험에는 그 적용이 배제된다. 답 ○

3. 상법 제4편의 규정을 보험계약자 또는 피보험자나 보험수익자의 불이익과 이익을 따지지 않고 당사자 간의 특약으로 변경하는 것은 금지되며 이를 절대적 강행규정이라고 한다.

   해설 상법 제4편의 규정은 당사자간의 특약으로 보험계약자 또는 피보험자나 보험수익자의 불이익으로 변경하지 못한다. 불이익으로 변경하는 것을 금지하는 것이기 때문에 이익으로 변경하는 것은 얼마든지 가능하다. 이를 상대적 강행규정이라고 한다. 답 ✕

4. 보험계약법은 도덕적 위험과 역선택의 발생을 막고 당사자의 선의성을 유지하기 위하여 대수의 법칙과 수지상등의 원칙을 적용한다.

   해설 보험계약법은 도덕적 위험과 역선택의 발생을 막고 당사자의 선의성을 유지하기 위하여 여러가지 규정들을 두고 있다. 보험계약자 등의 고지의무, 위험변경증가 통지의무, 손해방지의무 등이 그것이다. 대수의 법칙과 수지상등의 원칙은 보험제도의 운영과 관련된 것으로 도덕적 위험 방지 등과는 관련이 없다. 답 ✕

5. 보험계약은 정형화된 청약서에 보험계약자가 청약을 하여야 하며, 보험자가 승낙을 한 이후에 보험증권을 발행하여야 하므로 요식계약에 해당한다.

   해설 보험계약은 불요식 계약이므로 형식을 필요로 하지 않으며, 계약자의 청약에 대한 보험자의 승낙이라는 두 의사표시의 합치만으로 유효하게 성립한다. 따라서 청약서의 작성이나 보험증권의 교부는 보험계약의 성립과는 아무런 관련이 없다. 답 ✕

6. 보험계약의 계속계약성 특성 때문에 해지와 같은 개념이 발생한다.

   해설 보험은 보험기간이라는 일정한 기간 동안 계약의 효력이 지속되는 계약으로 단기간 내에 급부의 교환으로 계약이 종료되는 보통의 거래와는 그 형태가 다르다. 따라서 계약의 효력을 장래에 향하여 소멸시키는 해지와 같은 개념이 발생한다. 답 ○

7. 보험계약에서는 신의성실의 원칙보다 더 큰 최대선의성이 요구된다.

   해설 보험계약은 사행계약적 성격을 가지고 있기 때문에 보험을 악용하여 보험계약이 도박화 될 가능성이 항상 존재한다. 따라서 보험계약에서는 일반적으로 계약 당사자에게 요구되는 계약의 원칙인 신의성실의 원칙보다 더 큰 최대선의성을 요구한다. 답 ○

01 상법 보험편에 관한 설명으로 옳지 않은 것은? (다툼이 있으면 판례에 따름)

① 재보험에서는 당사자 간의 특약에 의하여 상법 보험편의 규정을 보험계약자의 불이익으로 변경할 수 있다.

② 보험계약자 등의 불이익변경 금지 원칙은 보험계약자와 보험자가 서로 대등한 경제적 지위에서 계약조건을 정하는 기업보험에 있어서는 그 적용이 배제된다.

③ 상법 보험편의 규정은 그 성질에 반하지 아니하는 범위에서 공제에도 준용된다.

④ 상법 보험편의 규정은 약관에 의하여 피보험자나 보험수익자의 이익으로 변경할 수 없다.

🔊정답 및 해설

①② 보험계약자 등의 불이익 변경 금지의 원칙은 보험계약 당사자 사이의 불평등한 위치에 기초한 것이므로 가계보험에만 적용되며 재보험이나 해상보험과 같은 기업보험에는 그 적용이 배제된다. 즉 기업보험에서는 당사자 간의 특약에 의하여 상법 보험편의 규정을 보험계약자의 불이익으로 변경할 수 있다.

③ 보험계약법은 영리 목적의 상행위에 속하는 보험계약을 규율하는 법규이다. 따라서 영리보험에 대해서는 당연히 그 적용이 있다. 다만 상법은 영리보험 이외에 상호보험이나 공제에 대해서도 그 성질에 반하지 않는 범위에서 보험계약법을 준용하도록 규정하고 있다.

④ 상법 보험편의 규정은 당사자 간의 특약(약관)에 의하여 보험계약자 또는 피보험자나 보험수익자의 불이익으로 변경하지 못한다. 불이익으로 변경하는 것을 금지하는 것이기 때문에 이익으로 변경하는 것은 얼마든지 **가능**하다. 이를 상대적 강행규정이라고 한다.

정답 ④

02 보험계약에 관한 설명으로 옳지 않은 것은?

① 보험계약은 유상·쌍무계약이다.

② 보험계약은 보험자의 청약에 대하여 보험계약자가 승낙함으로써 성립한다.

③ 보험계약은 보험자의 보험금 지급책임이 우연한 사고의 발생에 달려 있으므로 사행계약의 성질을 갖는다.

④ 보험계약은 부합계약이다.

🔊정답 및 해설

① 보험계약은 계약의 당사자가 서로 대가적 의미를 가지는 재산을 출연하며, 서로 대가적 의미를 가지는 채무를 부담하므로 유상·쌍무계약이다.

② 보험계약은 **보험계약자**의 청약에 대하여 **보험자**가 승낙함으로써 성립한다. 이를 낙성계약이라고 한다.

③ 보험계약은 보험자의 보험금 지급책임이 우연한(불확실한) 사고의 발생에 달려 있으므로 사행계약의 성질을 갖는다.

④ 보험계약은 계약 당사자 일방인 보험자가 작성한 보험약관에 다른 상대방인 보험계약자가 일방적으로 따를 수밖에 없는 방식으로 체결되므로 부합계약이다.

정답 ②

03 보험계약자 등의 불이익변경금지에 관한 설명으로 옳지 않은 것은?

① 상법 보험편의 규정은 당사자 간의 특약으로 피보험자의 이익으로 변경하지 못한다.

② 상법 보험편의 규정은 당사자 간의 특약으로 보험수익자의 불이익으로 변경하지 못한다.

③ 해상보험의 경우 보험계약자 등의 불이익변경금지 규정은 적용되지 아니한다.

④ 재보험의 경우 보험계약자 등의 불이익변경금지 규정은 적용되지 아니한다.

🔊 정답 및 해설

①② 상법 보험편의 규정은 당사자 간의 특약(약관)에 의하여 보험계약자 또는 피보험자나 보험수익자의 불이익으로 변경하지 못한다. 불이익으로 변경하는 것을 금지하는 것이기 때문에 이익으로 변경하는 것은 얼마든지 **가능**하다. 이를 상대적 강행규정이라고 한다.

③④ 보험계약자 등의 불이익 변경 금지의 원칙은 보험계약 당사자 사이의 불평등한 위치에 기초한 것이므로 가계보험에만 적용되며 재보험이나 해상보험과 같은 기업보험에는 적용되지 아니한다.

정답 ①

04 보험계약의 성질이 아닌 것은?

① 낙성계약   ② 무상계약

③ 불요식계약   ④ 최대선의계약

🔊 정답 및 해설

보험계약은 일반적으로 다음의 성질이 있다.

1) 불요식낙성계약
2) 유상쌍무계약
3) 상행위
4) 사행계약
5) 부합계약
6) 계속계약
7) 독립계약
8) 최대선의계약

정답 ②

05 보험계약에 관한 설명으로 옳지 않은 것은? (다툼이 있으면 판례에 따름)

① 보험계약은 당사자 일방이 약정한 보험료를 지급하고, 상대방은 일정한 보험금이나 그 밖의 급여를 지급할 것을 약정함으로써 효력이 발생한다.
② 보험계약은 당사자 사이의 청약과 승낙의 의사합치에 의하여 성립한다.
③ 보험계약은 요물계약이다.
④ 보험계약은 부합계약의 일종이다.

🔊 **정답 및 해설**

① 보험계약은 당사자 일방이 약정한 보험료를 지급하고 재산 또는 생명이나 신체에 불확정한 사고가 발생할 경우에 상대방이 일정한 보험금이나 그 밖의 급여를 지급할 것을 약정함으로써 효력이 생긴다(상법 제638조).
②③ 보험계약은 당사자 사이의 청약과 승낙의 의사합치에 의하여 성립하는 불요식의 낙성계약이다. 요물계약이 아니다.
④ 보험계약은 계약 당사자 일방인 보험자가 작성한 보험약관에 다른 상대방인 보험계약자가 일방적으로 따를 수밖에 없는 방식으로 체결되므로 부합계약이다.

정답 ③

06 보험계약법의 적용에 관한 다음 설명 중 틀린 것은?

① 보험법을 넓은 범위로 이해하면 공보험과 사보험 모두에 적용되는 법이라고 할 수 있다.
② 보험계약법은 영리 목적의 상행위에 속하는 보험계약을 규율하는 법규이다.
③ 보험계약법은 영리보험에만 적용되고 상호보험이나 공제에 대해서는 그 적용이 금지된다.
④ 사보험의 보험계약 체결에 따르는 권리 의무를 규율하는 것은 보험계약법이며, 보험업을 운영하는 주체 즉 보험회사를 규율하는 법은 보험업법이다.

🔊 **정답 및 해설**

보험계약법은 일반적으로 상법 제4편을 의미하며 영리보험에 대해서 당연히 그 적용이 있으며, 상호보험이나 공제에 대해서도 그 성질에 반하지 않는 범위 내에서 준용된다.

정답 ③

07 다음은 보험계약의 어떠한 특징을 설명한 것인가?

> 보험은 상행위를 기본으로 하는 영리행위임은 틀림없다. 다만 불특정 다수의 보험가입자가 모여 위험단체를 구성하기 때문에 사회 구성원 전체에 미치는 영향력이 일반적인 상행위에 비하여 크다고 할 수 있다. 따라서 보험계약은 여러가지 규제를 받는다.

① 공공성, 사회성   ② 기술성
③ 단체성   ④ 상대적 강행법규

보험은 상행위를 기본으로 하는 영리행위임은 틀림없다. 다만 불특정 다수의 보험가입자가 모여 위험단체를 구성하기 때문에 사회 구성원 전체에 미치는 영향력이 일반적인 상행위에 비하여 크다고 할 수 있다. 따라서 보험계약은 여러가지 규제를 받게 되는데 이는 보험계약의 **공공성, 사회성**의 특징에 대한 것이다.

정답 ①

08 보험계약을 기업보험과 가계보험으로 구분하는 것과 가장 밀접한 관련이 있는 것은 무엇인가?

① 보험계약의 성립
② 보험약관의 교부 설명의무
③ 손해방지의무
④ 보험계약자 등의 불이익 변경 금지의 원칙

기업보험과 가계보험을 구분하는 실익은 상법 제663조 보험계약자 등의 불이익 변경 금지의 원칙 적용 여부에 있다. 보험계약자 등의 불이익 변경 금지의 원칙은 가계보험에는 적용되나 기업보험에는 적용이 배제되기 때문이다.

정답 ④

09 다음은 상법 제638조의 규정이다. 빈칸 안에 들어갈 단어는?

> 보험계약은 당사자 일방이 약정한 보험료를 지급하고 (   ) 또는 (   )이나 (   )에 불확정한 사고가 발생할 경우에 상대방이 일정한 보험금이나 그 밖의 급여를 지급할 것을 약정함으로써 효력이 생긴다.

① 생명, 상해, 질병
② 물건, 이익, 생명
③ 재산, 생명, 신체
④ 화재, 이익, 손해

제638조(보험계약의 의의)
보험계약은 당사자 일방이 약정한 보험료를 지급하고 **재산** 또는 **생명**이나 **신체**에 불확정한 사고가 발생할 경우에 상대방이 일정한 보험금이나 그 밖의 급여를 지급할 것을 약정함으로써 효력이 생긴다.

정답 ③

10 다음 중 보험계약의 계속계약적 성질을 가장 잘 나타내는 것은?

① 해제
② 해지
③ 취소
④ 무효

🔔정답 및 해설

보험은 보험기간이라는 일정한 기간 동안 계약의 효력이 지속되는 계약이다. 따라서 계약의 효력을 장래에 향하여 소멸시키는 **해지**와 같은 개념이 발생한다.

정답 ②

11 다음은 상법 제663조의 규정이다. 빈 칸 안에 들어갈 단어는?

> 제663조(보험계약자 등의 불이익변경금지)
> 이 편의 규정은 당사자간의 특약으로 보험계약자 또는 피보험자나 보험수익자의 불이익으로 변경하지 못한다. 그러나 (   ) 기타 이와 유사한 보험의 경우에는 그러하지 아니하다.

① 화재보험 및 상해보험
② 자동차보험 및 생명보험
③ 재보험 및 해상보험
④ 초과보험 및 중복보험

🔔정답 및 해설

제663조(보험계약자 등의 불이익변경금지)
이 편의 규정은 당사자간의 특약으로 보험계약자 또는 피보험자나 보험수익자의 불이익으로 변경하지 못한다. 그러나 **재보험 및 해상보험** 기타 이와 유사한 보험의 경우에는 그러하지 아니하다.

정답 ③

제1절 보험계약의 성립

1. 보험계약의 청약과 승낙

보험계약은 별도의 형식을 요하지 않는 <u>불요식 계약</u>이며, 보험계약자의 청약에 대하여 보험자의 승낙만으로 성립하는 <u>낙성계약</u>이다. 보험계약자의 청약의 방식에는 제한이 없으므로 서면은 물론이고 전화, 구두, 팩스, 인터넷 등의 방법이 모두 가능하다. 보험자의 승낙 의사표시도 별도의 제한이 없으나 실무상 보험증권을 전달하는 것으로 승낙 의사표시를 하는 것이 일반적이다.

2. 낙부 통지의무와 승낙의제

가. 의의

민법의 일반 원칙상 청약자가 자신의 청약에 대한 승낙을 상당한 기간 내에 받지 못하였다면 청약은 효력을 잃으며 계약도 성립하지 않는다. 그러나 보험계약의 청약은 보험가입자의 합리적인 기대를 보호하기 위하여 보험자에게 일정한 기간 내에 승낙 혹은 거부의 의사표시를 발송하도록 규정하고 있는데 이를 낙부 통지의무라고 한다.

나. 인정취지

보험계약자는 자신의 위험을 보험자에게 전가하기 위하여 청약과 함께 보험료의 전부 또는 일부를 지급하면 그때부터 위험에 대한 보장을 받는 것으로 신뢰하는 경우가 많고, 보험자의 입장에서도 위험보장의 대가인 보험료를 먼저 지급받았다면 지체없이 위험의 인수여부를 결정하고 그 결과를 상대방에게 통지하는 것이 타당하기 때문이다.

다. 내용 및 기산점

보험자가 유효한 보험계약의 청약과 함께 보험료의 전부 또는 일부를 받았을 때에는 30일 이내에 보험계약자에게 낙부(승낙 or 거절)의 통지를 발송하여야 한다. 따라서 낙부 통지의무 기산점은 청약과 함께 보험료를 지급받은 때부터이다. 다만 인보험계약의 신체검사를 필요로 하는 계약은 신체검사를 받은 날로부터 기산한다.

라. 승낙의제

만약 보험자가 30일이 지나도록 낙부의 통지를 하지 않았다면 해당 보험계약을 승낙한 것으로 보는데 이를 "승낙의제"라고 한다.

3. 승낙전 사고 담보와 보험자 책임

가. 의의

보험계약자가 보험계약의 청약과 함께 보험료 상당액의 전부 또는 일부를 납부하고 아직 보험자가 청약을 승낙하기 전(즉 보험계약 성립 전)이라고 하더라도 보험사고가 발생하였다면, 그 청약을 거절할 사유가 없는 한 이를 보상해 주는 제도를 말한다.

나. 취지

청약과 보험료를 납입하여 보험 보장이 시작되었을 것으로 기대하는 일반 보험계약자의 기대에 부응할 필요가 있으며, 보험자의 입장에서도 위험보장에 상응하는 보험료를 받아 금전적 이익을 누리고 있기 때문에 보험료와 위험보장의 대칭성을 유지할 필요가 있어 인정된다.

다. 요건

① 보험계약자의 청약
② 보험료의 상당액의 전부 또는 일부(제1회 보험료)의 지급
③ 청약을 승낙하기 전에 보험사고 발생
④ 그 청약을 거절할 사유가 없어야 함
⑤ 인보험계약의 피보험자가 신체검사를 받아야 하는 경우에 그 검사를 받아야 함

라. 거절할 사유

상법에는 거절할 사유에 대해서 아무런 설명이 없다. 일반적으로 청약을 거절할 사유란 보험자가 마련한 인수기준에 의하여 인수할 수 없는 위험 상태이거나 인수하기에 적합하지 않은 위험을 말한다. 또한 청약을 거절할 사유의 존재에 대한 증명책임은 보험자에게 있다.

📑 **관련조항**

> **제638조의2(보험계약의 성립)**
> ① 보험자가 보험계약자로부터 보험계약의 청약과 함께 보험료 상당액의 전부 또는 일부의 지급을 받은 때에는 다른 약정이 없으면 30일내에 그 상대방에 대하여 낙부의 통지를 발송하여야 한다. 그러나 인보험계약의 피보험자가 신체검사를 받아야 하는 경우에는 그 기간은 신체검사를 받은 날부터 기산한다.
> ② 보험자가 제1항의 규정에 의한 기간내에 낙부의 통지를 해태한 때에는 승낙한 것으로 본다.
> ③ 보험자가 보험계약자로부터 보험계약의 청약과 함께 보험료 상당액의 전부 또는 일부를 받은 경우에 그 청

약을 승낙하기 전에 보험계약에서 정한 보험사고가 생긴 때에는 그 청약을 거절할 사유가 없는 한 보험자는 보험계약상의 책임을 진다. 그러나 인보험계약의 피보험자가 신체검사를 받아야 하는 경우에 그 검사를 받지 아니한 때에는 그러하지 아니하다.

제2절 보험약관의 교부설명의무

1. 보험약관의 교부설명의무

가. 의의

보험자가 보험계약을 체결할 때에 보험계약자에게 보험약관의 중요한 내용을 설명하고, 해당 약관을 교부해 주어야 할 의무를 말한다.

나. 취지

보험계약의 부합계약 성격에 따라 상대적 약자인 보험계약자가 불이익을 당할 수 있기 때문에 최대한 계약의 내용을 성실히 알려 주도록 법으로 규정한 것이다.

다. 의무의 주체와 상대방

의무를 부담하는 자는 보험자이며 보험모집 종사자도 의무를 대신할 수 있다. 설명의무의 대상은 보험계약자이며, 대리인과 계약을 체결하는 경우에는 그 대리인에게 보험약관 교부설명 의무를 이행해도 된다.

라. 설명하여야 할 내용

보험자는 보험약관의 중요한 사항에 대하여 설명의무를 부담하는데, 여기서 중요한 사항이란 고객의 이해관계에 중대한 영향을 미치는 사항으로서 사회통념상 그 사항의 <u>지(知) 부지(不知)가 계약체결의 여부에 영향을 줄 수 있는 모든 사항</u>을 말한다.

마. 설명하지 않아도 되는 내용

1) 가입자가 이미 잘 알고 있는 사항
   - 대법원 1998. 4. 14. 선고 97다39308 판결
   - 보험계약자가 이미 약관의 내용을 충분히 알고 있는 사항

2) 거래상 널리 알려진 사항
   - 대법원 2001. 7. 27. 선고 99다55533 판결

- 거래상 일반적이고 공통된 것이어서 별도의 설명 없이도 충분히 예상할 수 있었던 사항

3) 설명하였더라도 계약이 체결되었으리라 인정되는 사항
- 대법원 1994. 10. 25. 선고 93다39942 판결
- 설명을 들었더라도 가입하지 않았을 것으로 보이지 않는 사항

4) 법령에 정해진 사항
- 대법원 2011. 7. 28. 선고 2011다23743, 23750 판결
- 법령에 의해 정하여진 것을 되풀이하거나 부연하는 정도에 불과한 사항

바. 증명책임

보험약관의 교부와 설명의무에 대한 증명책임은 보험자가 부담한다. 보험계약자나 그 대리인이 약관의 내용을 충분히 잘 알고 있다는 것도 이를 주장하는 보험자가 증명책임을 진다.

2. 의무 위반의 효과

가. 상법에 의한 효과

보험자가 보험약관의 교부설명 의무를 위반한 경우 계약자는 계약이 성립한 날로부터 <u>3개월</u> 내에 그 계약을 <u>취소</u>할 수 있다.

 관련조항

제638조의3(보험약관의 교부 · 설명 의무)
① 보험자는 보험계약을 체결할 때에 보험계약자에게 보험약관을 교부하고 그 약관의 중요한 내용을 설명하여야 한다.
② 보험자가 제1항을 위반한 경우 보험계약자는 보험계약이 성립한 날부터 3개월 이내에 그 계약을 취소할 수 있다.

나. 약관의 규제에 관한 법률에 의한 효과

해당 약관조항을 <u>보험계약의 내용으로 주장할 수 없다.</u>

 관련조항

제3조(약관의 작성 및 설명의무 등)
③ 사업자는 약관에 정하여져 있는 중요한 내용을 고객이 이해할 수 있도록 설명하여야 한다. 다만, 계약의 성질상 설명하는 것이 현저하게 곤란한 경우에는 그러하지 아니하다.
④ 사업자가 제2항 및 제3항을 위반하여 계약을 체결한 경우에는 해당 약관을 계약의 내용으로 주장할 수 없다.

다. 상법과 약관 규제법의 관계에 대한 학설

1) 상법 단독적용설

보험계약자가 3개월 내의 취소권을 행사하지 않았다면 보험약관의 내용이 그대로 유지된다는 견해로 보험제도의 단체성에 입각한 견해이다.

2) 약관규제법 중첩적용설

취소권은 보험계약자의 선택에 의한 행사여부가 결정되는 권리이므로 보험계약자가 취소권을 행사하지 않았다면 다시 약관규제법이 적용되어 해당 약관 조항을 계약의 내용으로 주장할 수 없다는 견해이다.

3) 대법원의 입장

대법원은 일관되게 <u>약관규제법 중첩적용설</u>을 지지한다.

> **관련판례 ▌** 대법원 1996. 4. 12. 선고 96다4893 판결
>
> 보험자가 약관의 교부설명의무를 위반한 때에 보험계약자가 보험계약 성립일로부터 1개월[1] 내에 행사할 수 있는 취소권은 보험계약자에게 주어진 권리일 뿐 의무가 아님이 그 법문상 명백하므로, 보험계약자가 보험계약을 취소하지 않았다고 하더라도 보험자의 설명의무 위반의 법률효과가 소멸되어 이로써 보험계약자가 보험자의 설명의무 위반의 법률효과를 주장할 수 없다 거나 보험자의 설명의무 위반의 하자가 치유되는 것은 아니다. 따라서 보험자는 **설명의무에 위반한 약관 조항을 계약의 내용으로 주장할 수 없다.**

제3절 ▌ 보험약관의 구속력

1. 보험약관의 구속력에 대한 학설

가. 의사설

보험계약의 당사자가 약관이 정한 바에 따르기로 합의하였기 때문에 그 계약의 내용에 구속된다는 입장이다.

나. 규범설

약관은 법대행적 기능을 하며 보험관계자로 이루어지는 사회에 타당한 규범이라는 입장이다. 단체주의적 입장에서 약관의 구속력을 강하게 인정하는 견해로 보험계약자 평등 대우의 원칙을 실현하기 쉽다는 장점이 있다.

---

1) 본 판결은 2014년 상법 개정 이전으로 당시의 취소권 기간은 1개월이었다. 현재는 3개월이다.

다. 대법원의 입장

대법원은 일관되게 <u>의사설</u>의 입장을 취하고 있다. 약관이 계약당사자를 구속하는 것은 그 자체가 법규범의 성질을 가지게 때문이 아니라 계약 당사자가 상호 간에 해당 보험약관의 내용을 계약으로 하기로 합의하였기 때문이라는 논리이다.

> **관련판례 ▌ 대법원 1989. 3. 28. 선고 88다4645 판결**
>
> 보통보험약관이 계약당사자에 대하여 구속력을 갖는 것은 그 자체가 법규범 또는 법규범적 성질을 가진 약관이기 때문이 아니라 **당사자가 계약내용에 포함시키기로 합의하였기 때문**인 바, 일반적으로 보통보험약관을 계약내용에 포함시킨 보험계약서가 작성되면 약관의 구속력은 계약자가 그 약관의 내용을 알지 못하더라도 배제할 수 없으나 당사자가 명시적으로 약관의 내용과 달리 약정한 경우에는 배제된다고 보아야 하므로 보험회사를 대리한 보험대리점 내지 보험외판원이 보험계약자에게 보통보험약관과 다른 내용으로 보험계약을 설명하고 이에 따라 계약이 체결되었으면 그때 설명된 내용이 보험계약의 내용이 되고 그와 배치되는 약관의 적용은 배제된다.

2. 보험약관에 대한 통제

가. 입법적 통제

상법 제663조에 의한 불이익 변경 금지의 원칙과 약관의 규제에 관한 법률 등 실정법에서 보험약관을 규제 대상으로 하고 있다.

나. 행정적 통제

보험약관에 대하여 규제 및 감독을 하는 행정적 조치를 말한다. 금융위원회, 공정거래위원회 등 행정기관에 의한 규제를 뜻한다.

다. 사법적 통제

법원이 개별사건에 대한 판결로 약관에 대하여 통제하는 것을 말한다. 법원에 의한 사법적 통제는 보험약관 통제 수단 중 최후의 수단이다.

1. 신의성실의 원칙

보험약관은 신의성실의 원칙에 따라 공정하게 해석되어야 하며 고객에 따라 다르게 해석되어서는 아니 된다(약관규제법 제5조 제1항). 신의성실의 원칙은 뒤에 설명할 다른 약관 해석의 원칙들을 통하여 구체적으로 구현되는 가장 기본적인 약관 해석의 원칙이다.

2. 수기문언 우선 원칙(개별약정 우선의 원칙)

보험계약의 당사자가 명시적으로 보험약관과 다른 내용으로 개별약정을 하였거나 달리 합의한 사항이 있다면 그러한 개별약정이나 합의한 사항이 보험약관에 우선한다(약관규제법 제4조).

3. 효력유지적 축소 해석(수정해석)의 원칙

보험약관을 해석할 때에 신의성실의 원칙을 준수하기 위해서 약관 조항의 내용을 일정한 범위로 축소하거나 제한하여 해석하는 원칙이다. 이는 보험약관이 보험자에 의하여 일방적으로 작성된다는 현실을 고려하여, 법원에 의한 수정해석의 정당성을 인정하는 논리이다.

관련판례 ▎ 대법원 1991. 12. 24. 선고 90다카23899 전원합의체 판결

약관의규제에관한법률 제6조 제1항, 제2항, 제7조 제2, 3호가 규정하는 바와 같은 약관의 내용통제원리로 작용하는 신의성실의 원칙은 보험약관이 보험사업자에 의하여 일방적으로 작성되고 보험계약자로서는 그 구체적 조항 내용을 검토하거나 확인할 충분한 기회가 없이 보험계약을 체결하게 되는 계약 성립의 과정에 비추어, 약관 작성자는 계약 상대방의 정당한 이익과 합리적인 기대, 즉 보험의 손해전보에 대한 합리적인 신뢰에 반하지 않고 형평에 맞게끔 약관조항을 작성하여야 한다는 행위원칙을 가리키는 것이며, 보통거래약관의 작성이 아무리 사적자치의 영역에 속하는 것이라고 하여도 위와 같은 행위원칙에 반하는 약관조항은 사적자치의 한계를 벗어나는 것으로서 법원에 의한 내용통제, 즉 **수정해석의 대상이 되는 것은 당연**하며, 이러한 수정해석은 조항 전체가 무효사유에 해당하는 경우 뿐만 아니라 조항 일부가 무효사유에 해당하고 그 무효부분을 추출 또는 배제하여 잔존부분만으로 유효하게 존속시킬 수 있는 경우에도 가능하다.

4. 객관적 해석의 원칙

보험약관은 보험계약의 단체적 성질을 고려하여 신의성실의 원칙에 따라 공정하게 해석하여야 하며 보험계약자에 따라 다르게 해석해서는 아니 된다(약관규제법 제5조 제1항).

5. POP 해석의 원칙

약관의 문장 또는 용어는 평이하게(plain) 고유의미로(ordinary) 통속적(popular) 의미로 해석하여야 한다. 보험약관을 지나치게 기술적이고 기교적인 방법으로 해석하는 것은 보험약관의 올바른 해석 방법에 해당하지 않는다.

6. 동종제한 해석의 원칙

총괄적 문언의 해석은 그 문언 앞에 나열된 것과 동종 유사한 것으로 제한하여 해석해야 한다는 약관 해석원칙을 말한다. 예를 들어, 보험약관 조항 중 "지진, 분화, 태풍, 해일, 범람, 기타 이와 유사한 천재지변의 경우~"와 같은 문장에 있어 "기타 이와 유사한 천재지변"의 총괄적인 문언 해석은 그에 앞서 서술 나열된 지진, 분화, 태풍, 해일 등과 유사한 것으로 제한하여 해석해야 한다.

7. 작성자 불이익 해석의 원칙

보험약관에 사용된 용어가 애매모호함으로써 여러 가지 의미로 해석될 수 있는 경우, 작성자가 이를 명확하게 작성하여야 할 책임이 있기 때문에 그 용어의 애매모호함으로 인한 불이익은 작성자가 부담해야 한다는 원칙이다. 작성자 불이익 해석의 원칙은 보험약관 해석에 관한 다른 원칙들을 모두 적용한 뒤에도 그 뜻이 명확하지 않을 때 최종적으로 적용하는 해석 원칙이다.

○✕ 문제풀이

1. 보험자가 보험계약자로부터 보험계약의 청약과 함께 보험료 상당액의 전부 또는 일부의 지급을 받은 때에는 다른 약정이 없으면 10일 내에 낙부의 통지를 발송하여야 한다.

   해설 보험자가 보험계약자로부터 보험계약의 청약과 함께 보험료 상당액의 전부 또는 일부의 지급을 받은 때에는 다른 약정이 없으면 30일 내에 낙부의 통지를 발송하여야 한다. 답 ✕

2. 보험계약자로부터 보험계약의 청약과 함께 보험료 상당액의 전부 또는 일부를 받은 경우에 그 청약을 승낙하기 전에 보험계약에서 정한 보험사고가 생긴 때에는 그 청약을 거절할 사유가 없는 한 보험자가 보상책임을 진다.

   해설 보험계약자로부터 보험계약의 청약과 함께 보험료 상당액의 전부 또는 일부를 받은 경우에 그 청약을 승낙하기 전에 보험계약에서 정한 보험사고가 생긴 때에는 그 청약을 거절할 사유가 없는 한 보험자가 보상책임을 지는데 이를 승낙전 보호제도라고 한다. 답 ○

3. 승낙전사고 담보를 적용 여부를 판단하기 위한 청약을 거절할 사유 존재의 증명책임은 보험자에게 있다.

   해설 대법원 판례에 따르면, 청약을 거절할 사유 존재의 증명책임은 보험자에게 있다. 답 ○

4. 보험자는 법령에 의하여 이미 정하여진 것을 되풀이하거나 부연하는 정도에 불과한 사항이라도 보험약관에 규정된 것이라면 설명의무를 부담한다.

   해설 법령에 의하여 이미 정하여진 것을 되풀이하거나 부연하는 정도에 불과한 사항이라면 그것은 보험약관 교부 설명의무에서 규정하는 '중요한 사항'이라고 볼 수 없으며 따라서 설명의무의 대상이 되지 않는다. 답 ✕

5. 보험약관의 법률적 통제에 관한 상법과 약관규제법 적용에 대하여 대법원은 일관되게 상법 단독 적용설을 따르고 있다.

   해설 대법원은 일관되게 약관 규제법 중첩적용설을 지지한다. 즉 보험자가 보험약관의 설명의무를 위반한 경우에는 해당 약관 조항이 계약의 내용이 될 수 없으며 보험자는 약관의 효력을 주장할 수 없다. 답 ✕

6. 보험계약자의 대리인과 계약을 체결하는 경우라면 그 대리인에게 보험약관 교부설명의무를 이행하는 것도 가능하다.

   해설 보험약관 교부설명의무는 보험계약자에게 하는 것이 원칙이지만, 반드시 보험계약자 본인에게 국한되는 것은 아니다. 만약 보험계약자의 대리인과 계약을 체결하는 경우라면 그 대리인에게 보험약관 교부설명의무를 이행하는 것으로도 충분하다. 답 ○

7. 보험약관의 구속력에 관한 학설 중 의사설은 보험약관은 그 자체만으로 법대행적 기능을 하며 보험관계자로 이루어지는 사회에 타당한 규범이라는 입장이다.

   해설 보험약관의 구속력에 관한 학설 중 의사설은 보험계약의 당사자가 약관이 정한 바에 따르기로 합의하였기 때문에 그 계약의 내용에 구속된 다는 입장이다. 보험약관은 그 자체만으로 법대행적 기능을 하며 보험관계자로 이루어지는 사회에 타당한 규범이라는 것은 규범설에 관한 설명이다. 답 ✕

8. 보험약관에 대하여 행정적 통제를 하는 행정기관에는 금융위원회와 공정거래위원회 등이 있다.

> 해설 보험약관에 대하여 행정적 통제를 하는 행정기관에는 금융위원회와 공정거래위원회 등이 있다. 답 ○

9. 동종제한 해석의 원칙은 총괄적 문언을 해석할 때에 그 문언 앞에 나열된 것과 동종의 유사한 것으로 제한하여 해석해야 한다는 약관 해석원칙을 말한다.

> 해설 동종제한 해석의 원칙은 총괄적 문언을 해석할 때에 그 문언 앞에 나열된 것과 동종의 유사한 것으로 제한하여 해석해야 한다는 약관 해석원칙을 말한다. 예를 들어, 보험약관 조항 중 "지진, 분화, 태풍, 해일, 범람, 기타 이와 유사한 천재지변의 경우~"와 같은 문장에 있어 "기타 이와 유사한 천재지변"의 총괄적인 문언 해석은 그에 앞서 서술 나열된 지진, 분화, 태풍, 해일 등과 유사한 것으로 제한하여 해석해야 한다는 원칙을 말한다. 답 ○

10. 작성자 불이익 해석의 원칙은 고객 보호를 위하여 가장 우선하여 적용하여야 하는 원칙이다.

> 해설 작성자 불이익 해석의 원칙은 보험약관 해석에 관한 다른 원칙들을 모두 적용한 뒤에도 그 뜻이 명확하지 않을 때 최종적으로 적용하는 해석 원칙이다. 답 ×

출제예상문제

01 보험계약의 성립에 관한 다음 설명 중 틀린 것은?

① 보험계약의 성립과 보험료 지급과는 관련이 없다.

② 보험계약자의 청약의 방식에는 제한이 없다.

③ 보험계약자가 청약과 동시에 제1회 보험료의 전부 또는 일부를 지급한 때에는 보험자는 다른 약정이 없는 한 30일 이내에 승낙여부를 통지하여야 한다.

④ 만약 보험자가 낙부의 통지를 해태한 때에는 그 계약을 승낙한 것으로 추정한다.

● 정답 및 해설

① 보험계약은 낙성계약으로 보험계약자의 청약과 보험자의 승낙에 의하여 성립한다. 보험자의 승낙만 있으면 계약이 성립하기 때문에 최초의 보험료 지급이나 보험증권 교부 등은 계약 성립요건이 아니다.

② 보험계약자의 청약의 방식에는 제한이 없으므로 서면은 물론이고 전화, 구두, 팩스, 인터넷 등의 방법이 모두 가능하다.

③ 보험계약자가 청약과 동시에 제1회 보험료의 전부 또는 일부를 지급한 때에는 보험자는 다른 약정이 없는 한 30일 이내에 승낙여부를 통지하여야 한다.

④ 만약 30일 내에 낙부의 통지를 해태한 때에는 그 계약을 승낙한 것으로 보는 데 이를 "승낙의제"라고 한다. 지문에서는 '추정한다'라고 하였으므로 틀린 지문이다.

추정하다	일단 효과가 발생하나, 반대 사실이 입증되면 적용이 배제되는 것
본다(간주하다)	반대 사실이 입증되더라도 효과를 바로 뒤집을 수 없는 것

정답 ④

02 일정한 요건에 해당할 경우 보험자는 보험계약자의 청약을 승낙하기 전에 사고가 발생하였다면 이를 보상해주어야 한다. 이를 승낙전 사고에 대한 보험자의 책임이라고 하는데, 다음 중 그 요건에 해당하지 않는 것은?

① 보험료의 상당액의 전부 또는 일부의 지불

② 청약을 승낙하기 전에 보험사고 발생

③ 그 청약을 승낙할 사유가 없어야 함

④ 인보험계약의 피보험자가 신체검사를 받아야 하는 경우에 그 검사를 받아야 함

● 정답 및 해설

승낙전 사고에 대한 보험자의 책임은 보험계약자가 보험계약의 청약과 함께 보험료 상당액의 전부 또는 일부를 납부한 경

우에 아직 보험자가 청약을 승낙하기 전에 보험사고가 발생하였다면 이를 보상해 주는 제도를 말한다. 다음의 요건에 해당할 경우 적용 가능하다.
① 보험계약자의 청약
② 보험료의 상당액의 전부 또는 일부의 지불
③ 청약을 승낙하기 전에 보험사고 발생
④ 그 청약을 **거절할 사유**가 없어야 함
⑤ 인보험계약의 피보험자가 신체검사를 받아야 하는 경우에 그 검사를 받아야 함

정답 ③

03 보험약관의 성질과 효력에 관한 다음 설명은 어떤 입장인가?

> 보험계약의 당사자가 약관이 정한 바에 따르기로 합의하였기 때문에 그 계약의 내용에 구속된다는 입장이다. 보험약관의 성질과 효력에 관한 다수설이자 대법원 판례의 입장이기도 하다.

① 의사설 ② 규범설
③ 절충설 ④ 부가설

🔵 정답 및 해설

보험약관의 성질과 효력에 관해서는 크게 의사설과 규범설로 나뉜다. 이 중 의사설이 다수설이자 대법원 판례의 입장이기도 하다.
1) 의사설: 보험계약의 당사자가 약관이 정한 바에 따르기로 합의하였기 때문에 그 계약의 내용에 구속된다는 입장이다.
2) 규범설: 약관은 법대행적 기능을 하며 보험관계자로 이루어지는 사회에 타당한 규범이라는 입장이다.

정답 ①

04 보험자는 보험계약을 체결할 때에 보험약관을 교부하고 그 중요한 내용을 설명하여야 한다. 다음 중 보험약관 설명의무의 대상이 되는 것은?

① 거래상 널리 알려진 사항
② 그 사실의 지(知) 부지(不知)가 보험계약의 체결에 영향을 주는 사항
③ 설명하였더라도 계약이 체결되었으리라 예상되는 사항
④ 법령에 의하여 정해진 사항

🔵 정답 및 해설

▶ **설명해야 할 중요한 사항**
　그 사실의 지(知) 부지(不知)가 보험계약의 체결에 영향을 주는 사항. 보험가입자의 이해관계와 관련 있는 사항.
▶ **설명하지 않아도 되는 사항**
　1) 가입자가 이미 잘 알고 있는 사항
　　– 보험계약자가 이미 약관의 내용을 충분히 알고 있는 사항
　2) 거래상 널리 알려진 사항

- 거래상 일반적이고 공통된 것이어서 별도의 설명 없이도 충분히 예상할 수 있었던 사항
3) 설명하였더라도 계약이 체결되었으리라 인정되는 사항
  - 객관적으로 보아 보험계약자에게 그 내용을 설명하였더라도 계약이 체결되었으리라 인정되는 사항
4) 법령에 정해진 사항
  - 이미 법령에 의해 정하여진 것을 되풀이하거나 부연하는 정도에 불과한 사항

정답 ②

---

05 약관 해석의 원칙 중에서 특정한 문언 뒤에 일반적 문언이 부가되어 그것을 확장하고 있는 경우 후자의 적용은 선행하는 특정한 문언과 같은 성질의 것으로 제한되어야 한다는 원칙은 무엇인가?

① 작성자 불이익의 원칙
② 합리적 기대의 원칙
③ 수기문언 우선의 원칙
④ 동종 제한 해석의 원칙

🔔 정답 및 해설

동종제한 해석의 원칙이란 구체적으로 열거한 사항 다음에 일반적이고 개괄적인 문언이 부가되어 열거사항을 확장하고 있는 경우(예: ~ 등 기타사항)에 개괄적인 문언은 열거사항과 같은 종류의 것으로 한정하여 해석해야 한다는 원칙이다.

정답 ④

---

06 보험자가 보험약관 교부설명의무를 위반한 경우에 대한 다음 설명 중 틀린 것은?

① 상법에 따르면 보험계약자는 보험계약이 성립한 날부터 3개월 이내에 그 계약을 취소할 수 있다.
② 약관규제법이 따르면 보험자는 해당 약관을 계약의 내용으로 주장할 수 없다.
③ 대법원 판례는 상법단독적용설을 지지하고 있다.
④ 중첩적용설은 상법이 보험계약자 보호에 불충분하다는 것을 근거로 하고 있다.

🔔 정답 및 해설

보험자가 보험약관 교부설명의무를 위반했을 경우에 상법과 약관규제법의 적용에 관하여 다툼이 있다. 상법에는 보험자의 보험약관 교부설명의무를 규정하고 있으며, 약관규제법에서도 약관의 작성 및 설명의무를 규정하고 있기 때문이다.
▶ 관련 법규
  1) 상법: 보험계약이 성립한 날부터 3개월 이내에 그 계약을 취소할 수 있다.
  2) 약관규제법: 그 약관을 계약의 내용으로 주장할 수 없다.
▶ 학설
  1) 상법단독적용설: 상법이 약관규제법에 대한 특별법이므로 상법만 적용해야 한다.
  2) 중첩적용설: 상법이 보험계약자 보호에 불충분하므로 약관규제법도 적용해야 한다.
  3) 대법원: 대법원은 일관되게 **중첩적용설**을 지지하고 있다.

정답 ③

07 다음 중 POP 해석의 원칙에 해당하지 않는 것은?

① 조직적으로(organizationally)

② 평이하게(plain)

③ 고유의미로(ordinary)

④ 통속적으로(popular)

🔵 **정답 및 해설**

POP 해석 원칙의 원칙이란, 약관의 문장 또는 용어는 평이하게(plain) 고유의미로(ordinary) 통속적인(popular) 의미로 해석하여야 한다는 뜻이다. 보험약관을 지나치게 기술적이고 기교적인 방법으로 해석하는 것은 보험약관의 올바른 해석 방법에 해당하지 않는다.

정답 ①

08 보험계약의 낙부 통지의무와 관련하여 빈칸 안에 들어갈 단어는?

> 유효한 보험계약의 청약과 함께 보험료의 전부 또는 일부를 보험자가 받았을 때는 (   ) 이내에 그 상대방에 대하여 낙부(승낙 or 거절)의 통지를 발송하여야 한다. 신체검사를 필요로 하는 계약은 신체검사를 받은 날로부터 기산한다.

① 3일   ② 10일

③ 30일   ④ 3개월

🔵 **정답 및 해설**

유효한 보험계약의 청약과 함께 보험료의 전부 또는 일부를 보험자가 받았을 때는 **30일** 이내에 그 상대방에 대하여 낙부(승낙 or 거절)의 통지를 발송하여야 한다. 신체검사를 필요로 하는 계약은 신체검사를 받은 날로부터 기산한다.

정답 ③

09 A보험회사의 화재보험 약관에는 보험계약자에게 설명해야 하는 중요한 내용을 포함하고 있으나 이를 설명하지 않고 보험계약을 체결하였다. 이에 관한 설명으로 옳지 않은 것은? (다툼이 있는 경우 판례에 따름)

① 보험계약이 성립한 날로부터 1개월이 된 시점이라면 보험계약자는 보험계약을 취소할 수 있다.

② A보험회사는 화재보험약관을 보험계약자에게 교부해야 한다.

③ 보험계약이 성립한 날로부터 4개월이 된 시점이라면 보험계약자는 보험계약을 취소할 수 없다.

④ 보험계약자가 보험계약을 취소하지 않았다면 A보험회사는 중요한 약관조항을 계약의 내용으로 주장할 수 있다.

①③ 보험자가 약관 설명의무를 위반한 경우 보험계약자는 보험계약이 성립한 날로부터 3개월 이내에 그 계약을 취소할 수 있다(상법 제638조의3). 따라서 1개월이 된 시점이라면 보험계약자는 보험계약을 취소할 수 있으나, 4개월이 된 시점이라면 취소권 행사가 불가능하다.

② 보험자는 보험계약을 체결할 때에 보험계약자에게 보험약관을 교부하고 그 약관의 중요한 내용을 설명하여야 한다.

④ 대법원 판례에 따르면, 약관 설명의무 위반으로 인한 보험계약자의 취소권은 보험계약자의 선택에 의한 행사여부가 결정되는 권리이므로 보험계약자가 취소권을 행사하지 않았다면 다시 약관규제법이 적용되어 해당 약관 조항을 계약의 내용으로 주장할 수 **없다.**

정답 ④

10 보험약관에 관한 설명으로 옳은 것을 모두 고른 것은? (다툼이 있으면 판례에 따름)

> ㄱ. 보통보험약관이 계약당사자에 대하여 구속력을 가지는 것은 보험계약 당사자 사이에서 계약내용에 포함시키기로 합의하였기 때문이다.
> ㄴ. 보험자가 약관의 교부·설명 의무를 위반한 경우에 보험계약이 성립한 날부터 3개월 이내에 피보험자 또는 보험수익자가 그 계약을 해지할 수 있다.
> ㄷ. 약관의 내용이 이미 법령에 의하여 정하여진 것을 되풀이하는 정도에 불과한 경우, 보험자는 고객에게 이를 따로 설명하지 않아도 된다.

① ㄱ, ㄴ
② ㄱ, ㄷ
③ ㄴ, ㄷ
④ ㄱ, ㄴ, ㄷ

ㄱ. 보통보험약관이 계약당사자에 대하여 구속력을 가지는 것은 보험계약 당사자 사이에서 계약내용에 포함시키기로 합의하였기 때문이다. (○)

ㄴ. 보험자가 약관의 교부·설명 의무를 위반한 경우에 보험계약이 성립한 날부터 3개월 이내에 **보험계약자**가 그 계약을 **취소**할 수 있다. (×)

ㄷ. 약관의 내용이 이미 법령에 의하여 정하여진 것을 되풀이하는 정도에 불과한 경우, 보험자는 고객에게 이를 따로 설명하지 않아도 된다. (○)

정답 ②

11 보험계약의 의의와 성립에 관한 설명으로 옳지 않은 것은?

① 보험계약의 성립은 특별한 요식행위를 요하지 않는다.

② 보험계약의 사행계약성으로 인하여 상법은 도덕적 위험을 방지하고자 하는 다수의 규정을 두고 있다.

③ 보험자가 상법에서 정한 낙부통지 기간내에 통지를 해태한 때에는 청약을 거절한 것으로 본다.

④ 보험계약은 쌍무 · 유상계약이다.

① 보험계약의 성립은 특별한 형식을 필요로 하지 않는 불요식계약이다.

② 보험계약의 사행계약성으로 인하여 상법은 도덕적 위험을 방지하고자 하는 다수의 규정을 두고 있다. 피보험이익 제도, 실손보상의 원칙, 사기에 의한 초과중복보험 무효, 고의사고 면책 등이 이에 해당한다.

③ 보험자가 상법에서 정한 낙부통지 기간내에 통지를 해태한 때에는 청약을 **승낙**한 것으로 본다.

④ 보험계약은 계약의 당사자가 서로 대가적 의미를 가지는 재산을 출연하며, 서로 대가적 의미를 가지는 채무를 부담하는 쌍무 · 유상계약이다.

정답 ③

12 보험계약에 관한 설명으로 옳지 않은 것은?

① 보험자가 보험계약자로부터 보험계약의 청약과 함께 보험료 상당액의 전부를 지급받은 때에는 다른 약정이 없으면 30일내에 그 상대방에 대하여 낙부의 통지를 발송하여야 한다.

② 보험계약은 청약과 승낙뿐만 아니라 보험료 지급이 이루어진 때에 성립한다.

③ 보험자가 보험계약자로부터 보험계약의 청약과 함께 보험료 상당액의 전부를 지급받은 경우에 그 청약을 승낙하기 전에 보험계약에서 정한 보험사고가 생긴 때에는 그 청약을 거절할 사유가 없는 한 보험자는 보험계약상의 책임을 진다.

④ 보험자가 낙부의 통지 기간내에 낙부의 통지를 해태한 때에는 승낙한 것으로 본다.

① 보험자가 보험계약자로부터 보험계약의 청약과 함께 보험료 상당액의 전부를 지급받은 때에는 다른 약정이 없으면 30일 내에 그 상대방에 대하여 낙부의 통지를 발송하여야 한다.

② 보험계약은 청약과 승낙만으로 성립하는 낙성계약이다.

③ 보험자가 보험계약자로부터 보험계약의 청약과 함께 보험료 상당액의 전부를 지급받은 경우에 그 청약을 승낙하기 전에 보험계약에서 정한 보험사고가 생긴 때에는 그 청약을 거절할 사유가 없는 한 보험자는 보험계약상의 책임을 진다.

④ 보험자가 낙부의 통지 기간내에 낙부의 통지를 해태한 때에는 승낙한 것으로 본다.

정답 ②

13 보험약관 교부 설명의무에 관한 다음 설명 중 틀린 것은? (다툼이 있는 경우 판례에 의함)

① 보험자가 약관 설명의무를 위반한 경우 보험계약자는 일정한 기간 내에 보험계약을 취소할 수 있다.

② 보험자가 설명의무를 위반했으나, 보험계약자가 일정한 기간 내에 계약을 취소를 하지 아니하면 보험약관에 있는 내용이 계약의 내용으로 편입된다.

③ 보험자는 보험계약 체결 시 보험계약자에게 해당 보험약관을 교부하는 동시에 설명해야 할 의무를 부담한다.

④ 보험약관을 보험계약자에게 설명해야 할 부분은 약관 전체를 의미하는 것이 아니라 약관의 중요한 내용을 설명하여야 한다.

대법원은 보험자가 보험약관의 교부 설명의무를 위반한 경우에 상법상 3개월의 취소 가능 기간이 경과하면 다시 약관규제법이 적용되어 해당 보험약관의 내용을 계약의 내용으로 주장할 수 없다고 판단한다. 즉 약관규제법 중첩 적용설의 입장에 따른다.

정답 ②

14 상법상 보험약관 교부 · 설명의무에 대한 설명으로 틀린 것은? (다툼이 있는 경우 판례에 의함)

① 보험자는 보험계약자의 대리인에게 보험약관을 교부하거나 설명할 수도 있다.

② 약관의 규제에 관한 법률이 규정하는 약관의 명시 · 설명의무와 중복 적용된다.

③ 약관 조항 가운데 이미 법령에 의하여 정하여진 것을 되풀이하거나 부연하는 정도에 불과한 사항도 이를 설명하여야 한다.

④ 보험 청약서나 안내문의 송부만으로는 그 약관에 대한 보험자의 설명의무를 이행하였다고 인정하기에는 부족하다.

대법원 판례에 따르면, 설명의무의 대상이 되는 '중요한 내용'은 사회통념에 비추어 고객이 계약체결의 여부나 대가를 결정하는 데 직접적인 영향을 미칠 수 있는 사항을 말한다. 사업자에게 약관의 명시 · 설명의무를 요구하는 것은 어디까지나 고객이 알지 못하는 가운데 약관의 중요한 사항이 계약 내용으로 되어 고객이 예측하지 못한 불이익을 받게 되는 것을 피하고자 하는 것에 근거가 있다. 따라서 약관에 정하여진 사항이라고 하더라도 거래상 일반적이고 공통된 것이어서 고객이 별도의 설명 없이도 충분히 예상할 수 있었던 사항이거나 이미 법령에 의하여 정하여진 것을 되풀이하거나 부연하는 정도에 불과한 사항이라면, 그러한 사항에 대하여서까지 사업자에게 설명의무가 있다고 할 수는 없다.

정답 ③

03 타인을 위한 보험계약

제1절 타인을 위한 보험계약

1. 의의

타인을 위한 보험계약이란 보험계약자가 타인에게 보험계약에 따른 이익을 주기 위하여 자기 명의로 체결한 보험계약이다. 보험계약의 대표적인 효용은 보험금 청구권이므로, <u>손해보험에서는 보험계약자와 피보험자가 다른 계약</u>을 말하며, <u>인보험에서는 보험계약자와 보험수익자가 다른 계약</u>을 말한다.

시험 출제 Point

	타인을 위한 계약	타인의 계약
손해보험	보험계약자와 피보험자가 다른 계약	X
인보험	보험계약자와 보험수익자가 다른 계약	보험계약자와 피보험자가 다른 계약

관련조항

제639조(타인을 위한 보험)

① 보험계약자는 위임을 받거나 위임을 받지 아니하고 특정 또는 불특정의 타인을 위하여 보험계약을 체결할 수 있다. 그러나 손해보험계약의 경우에 그 타인의 위임이 없는 때에는 보험계약자는 이를 보험자에게 고지하여야 하고, 그 고지가 없는 때에는 타인이 그 보험계약이 체결된 사실을 알지 못하였다는 사유로 보험자에게 대항하지 못한다.

② 제1항의 경우에는 그 타인은 당연히 그 계약의 이익을 받는다. 그러나 손해보험계약의 경우에 보험계약자가 그 타인에게 보험사고의 발생으로 생긴 손해의 배상을 한 때에는 보험계약자는 그 타인의 권리를 해하지 아니하는 범위안에서 보험자에게 보험금액의 지급을 청구할 수 있다.

③ 제1항의 경우에는 보험계약자는 보험자에 대하여 보험료를 지급할 의무가 있다. 그러나 보험계약자가 파산선고를 받거나 보험료의 지급을 지체한 때에는 그 타인이 그 권리를 포기하지 아니하는 한 그 타인도 보험료를 지급할 의무가 있다.

2. 법적 성질

민법상 제삼자를 위한 계약으로 보는 것이 일반적인 견해이다. 다만 민법상 제삼자를 위한 계약에서 제삼자의 권리는 그 제삼자가 채무자에 대하여 계약의 이익을 받을 의사표시를 한 때 생기는 것(민법 제539조 제2항)과는 달리, 타인을 위한 보험계약에서는 타인의 수익 의사표시가 없어도 당연히 생긴다는 차이점이 있다. 따라서 보험사고가 발생하면 피보험자 또는 보험수익자는 보험계약자의 동의나 협조가 없더라도 당연히 보험금청구권을 가진다.

3. 성립요건

가. 타인을 위한다는 의사표시

보험계약을 체결할 때에 계약 당사자 사이에 타인을 위한 보험계약이라는 의사표시가 있어야 한다. 타인을 위한다는 의사가 불분명하다면 자기를 위한 보험계약으로 추정한다.

나. 타인의 특정 여부

보험계약자가 타인을 위한 보험계약을 체결할 때에 그 타인을 특정하여 정할 수도 있고, 특정하지 않은 상태에서 보험계약을 체결한 뒤 사고가 발생하기 전에 정하여도 무방하다. 반드시 타인이 구체적으로 특정되어야 하는 것도 아니므로 보험사고의 발생 시에 피보험이익의 주체가 되는 자를 피보험자로 지정하거나, 보험계약자나 피보험자의 상속인을 보험수익자로 하는 등과 같이 이른바 불특정 타인을 위한 보험계약도 가능하다.

다. 타인의 위임 여부

보험계약자는 위임을 받거나, 위임을 받지 아니하고 특정 또는 불특정 타인을 위하여 보험계약을 체결할 수 있다. 따라서 보험계약자는 타인의 위임이 없더라도 얼마든지 타인을 위한 보험계약 체결이 가능하다. 다만 손해보험 계약의 경우에 그 타인의 위임이 없다면 보험계약자는 이를 보험자에게 고지하여야 하며, 만일 그 고지가 없는 때에는 타인이 그 보험계약이 체결된 사실을 알지 못하였다는 이유로 보험자에게 대항하지 못한다(상법 제639조 제1항).

1. 타인에게 미치는 효과

가. 타인의 권리

타인을 위한 보험계약이 체결되면 그 타인은 수익의 의사표시를 하지 않아도 당연히 그 계약의 이익을 받는다. 그러므로 보험사고가 발생하였다면 타인은 보험계약자의 동의나 협조를 구할 필요없이 보험자에게 직접 보험금 지급을 청구할 수 있다. 다만 보험금 청구권은 그 타인이 당연히 취득하는 권리이지만 보험자는 보험계약자에게 가지는 항변 사유로 타인에게 대항할 수 있다. 예를 들어 고지의무 위반으로 인한 보험계약의 해지, 계속보험료 미납으로 인한 보험계약의 실효 등을 이유로 타인의 보험금 청구를 거절할 수 있다.

나. 타인의 의무

손해보험의 피보험자는 고지의무, 위험변경증가 통지의무, 위험유지의무, 사고발생 통지의무, 손해방지의무 등을 부담하며, 만약 보험계약자가 파산선고를 받거나, 보험료 지급을 지체한 때에는 보험금 청구권을 포기하지 않는 이상 이차적으로 보험료 지급의무를 부담한다. 인보험의 보험수익자는 위험유지의무, 사고발생 통지의무 등을 부담한다.

2. 보험계약자에게 미치는 효과

가. 보험계약자의 권리

타인을 위한 보험계약에서도 보험계약자는 엄연히 보험계약의 당사자이다. 따라서 보험증권 교부 청구권, 보험계약 해지권, 보험료 반환청구권, 보험료 감액청구권, 보험적립금 반환청구권, 인보험에서는 보험수익자 지정변경권 등 보험계약과 관련된 여러가지 권한을 가진다. 다만 보험계약 해지권은 타인의 동의를 얻거나 보험증권을 소지한 경우에만 행사할 수 있다.

보험금 청구권은 원칙적으로 타인의 권리이므로 보험계약자는 보험금 청구권을 행사할 수 없다. 다만 손해보험계약의 경우에 보험계약자가 그 타인에게 보험사고의 발생으로 생긴 손해의 배상을 한 때에는 보험계약자는 그 타인의 권리를 해하지 아니하는 범위 안에서 보험자에게 보험금청구권을 행사할 수 있다(상법 제639조 제2항).

나. 보험계약자의 의무

타인을 위한 보험에서도 보험계약자는 보험계약의 당사자로서 대부분의 의무를 부담한다. 보험료 지급의무, 고지의무, 위험변경증가 통지의무, 위험유지의무, 사고발생 통지의무 등을 부담하며, 손해보험의 보험계약자는 손해방지의무를 부담한다.

3. 타인을 위한 보험계약의 해지

가. 동의 또는 보험증권 소지 필요

타인을 위한 보험계약의 경우에 보험계약자는 그 타인의 동의를 얻지 아니하거나 보험증권을 소지하지 않으면 그 계약을 해지하지 못한다. 이처럼 별도의 규정을 둔 이유는 타인이 자신이 예상하지 못한 상황에서 보험계약이 해지되어 보험금을 지급받지 못하는 불이익을 방지하기 위함이다.

나. 계속보험료 미납시 타인에게 최고

상법 제650조 제3항에서는 특정한 타인을 위한 보험의 경우에 보험계약자가 보험료의 지급을 지체한 때에는 보험자는 그 타인에게도 상당한 기간을 정하여 보험료의 지급을 최고(독촉)한 후가 아니면 그 계약을 해제 또는 해지하지 못하도록 규정하고 있다. 따라서 보험계약자가 보험료 납입 의무를 게을리한 경우에는 보험자는 그 특정한 타인에게도 보험료 지급을 최고(독촉)하여야 하며, 그로 인하여 타인은 자신이 예상하지 못한 상황에서 보험계약이 해지되는 것을 미연에 방지할 수 있다.

○✕ 문제풀이

1. **타인을 위한 보험계약이 체결되기 위해서는 그 타인이 특정되어 있어야 한다.**

   해설 타인을 위한 보험계약에서 그 타인은 특정되어도 되고 불특정인 상태에서도 얼마든지 보험계약 체결이 가능하다. 답 ✕

2. **타인을 위한 손해보험 계약의 경우에 그 타인의 위임이 없는 때에는 보험계약자는 이를 보험자에게 고지하여야 하고, 그 고지가 없는 때에는 타인이 그 보험계약이 체결된 사실을 알지 못하였다는 사유로 보험자에게 대항하지 못한다.**

   해설 타인을 위한 보험계약은 특정, 불특정을 따지지 않고, 위임 여부도 따지지 않는다. 따라서 보험계약자는 그 타인의 위임을 받지 않더라도 보험계약 체결이 가능하다. 다만 손해보험 계약의 경우에 그 타인의 위임이 없는 때에는 보험계약자는 이를 보험자에게 고지하여야 하고, 그 고지가 없는 때에는 타인이 그 보험계약이 체결된 사실을 알지 못하였다는 사유로 보험자에게 대항하지 못한다. 답 ○

3. **타인을 위한 보험에서 타인이 보험금청구권을 행사하기 위해서는 보험계약자의 동의가 필요하다.**

   해설 민법상 제3자를 위한 계약과는 달리, 타인을 위한 보험계약에서는 보험사고가 발생하면 그 타인은 보험계약자의 동의나 협조가 없더라도 당연히 보험금청구권을 가진다. 답 ✕

4. **타인을 위한 손해보험은 보험계약자와 피보험자가 다른 경우이다.**

   해설 손해보험에서 타인을 위한 보험은 보험계약자와 피보험자가 다른 계약을 의미하며, 인보험에서는 보험계약자와 보험수익자가 다른 계약을 의미한다. 답 ○

5. **타인을 위한 보험계약의 경우에 보험계약자는 언제든지 보험계약을 해지할 수 있다.**

   해설 타인을 위한 보험계약의 경우에 보험계약자는 그 타인의 동의를 얻지 아니하거나 보험증권을 소지하지 않으면 그 계약을 해지하지 못한다. 답 ✕

6. **타인을 위한 보험계약에서 타인도 이차적으로 보험료 지급의무를 부담한다.**

   해설 보험료 지급의무는 원칙적으로 보험계약자가 부담하나, 타인을 위한 보험계약에서 보험계약자가 파산선고를 받거나, 보험료 지급을 지체한 때에는 타인도 이차적으로 보험료 지급의무를 부담한다. 답 ○

01 타인을 위한 보험에 관한 설명으로 옳은 것은?

① 보험계약자는 위임을 받지 아니하면 특정의 타인을 위하여 보험계약을 체결할 수 없다.

② 타인을 위한 보험계약의 경우에 그 타인은 수익의 의사표시를 하여야 그 계약의 이익을 받을 수 있다.

③ 타인을 위한 손해보험계약을 그 타인의 위임 없이 체결할 경우에는 이를 보험자에게 고지할 필요가 없다.

④ 타인을 위한 보험계약의 경우 보험계약자가 보험료의 지급을 지체한 때에는 그 타인이 그 권리를 포기하지 아니하는 한 그 타인도 보험료를 지급할 의무가 있다.

●● 정답 및 해설

①③ 보험계약자는 위임을 받거나 위임을 받지 아니하고 특정 또는 불특정의 타인을 위하여 보험계약을 체결할 수 있다. 손해보험계약의 경우에 그 타인의 위임이 없는 때에는 보험계약자는 이를 보험자에게 고지하여야 한다. 만약 그 고지가 없는 때에는 타인이 그 보험계약이 체결된 사실을 알지 못하였다는 사유로 보험자에게 대항하지 못한다.

② 타인을 위한 보험계약은 민법상 제삼자를 위한 계약의 일종으로 보는 것이 일반적인 견해이다. 다만 제3자가 계약의 이익을 받겠다는 의사표시 여부는 불필요하다는 것이 민법상 제삼자를 위한 계약과 다른 점이다. 따라서 그 타인은 수익의 의사표시를 하지 않아도 당연히 그 계약의 이익을 받는다. 즉 보험계약자의 동의나 협조 필요없이 보험자에게 직접 보험금 지급을 청구할 수 있다.

④ 타인을 위한 보험계약의 경우 보험계약자가 보험료의 지급을 지체한 때에는 그 타인이 그 권리를 포기하지 아니하는 한 그 타인도 보험료를 지급할 의무가 있다.

정답 ④

02 타인을 위한 보험에 관한 설명으로 옳은 것은?

① 보험계약자는 위임을 받아야만 특정한 타인을 위하여 보험계약을 체결할 수 있다.

② 타인을 위한 손해보험계약의 경우에 보험계약자는 그 타인의 서면 위임이 있어야 보험계약이 성립한다.

③ 타인을 위한 손해보험계약의 경우에 보험계약자가 그 타인에게 보험사고의 발생으로 생긴 손해의 배상을 한 때에는 타인의 권리를 해하지 않는 범위 내에서 보험자에게 보험금액의 지급을 청구할 수 있다.

④ 타인을 위해서 보험계약을 체결한 보험계약자는 보험자에게 보험료를 지급할 의무가 없다.

①② 보험계약자는 위임을 받거나 위임을 받지 아니하고 특정 또는 불특정의 타인을 위하여 보험계약을 체결할 수 있다.

③ 타인을 위한 손해보험계약의 경우에 보험계약자가 그 타인에게 보험사고의 발생으로 생긴 손해의 배상을 한 때에는 타인의 권리를 해하지 않는 범위 내에서 보험자에게 보험금액의 지급을 청구할 수 있다.

④ 타인을 위한 보험계약에서도 보험계약의 당사자는 엄연히 보험계약자이다. 따라서 보험계약자는 보험자에게 보험료를 지급할 의무를 부담한다.

정답 ③

03 타인을 위한 보험계약의 보험계약자가 피보험자의 동의를 얻어야 할 수 있는 것은?

① 보험증권 교부청구권

② 보험계약 해지권

③ 특별위험 소멸에 따른 보험료 감액청구권

④ 보험계약 무효에 따른 보험료 반환청구권

타인을 위한 보험계약의 경우에 보험계약자는 그 타인의 동의를 얻지 아니하거나 보험증권을 소지하지 않으면 그 계약을 해지하지 못한다.

정답 ②

04 타인을 위한 보험계약에서 보험계약자의 권리와 의무에 관한 다음 설명 중 틀린 것은?

① 보험계약자는 타인의 동의를 얻거나 보험증권을 소지한 경우에만 보험계약해지권을 행사할 수 있다.

② 보험계약자가 타인에게 보험사고 발생으로 인한 손해배상을 한 경우에는 그 타인의 권리를 해하지 아니하는 범위 안에서 보험금청구권을 갖는다.

③ 타인을 위한 보험계약은 타인이 보험계약의 효용을 얻으므로 보험료 감액청구권과 반환청구권도 타인에게 귀속된다.

④ 보험계약자는 타인의 위임을 받지 아니하고 불특정의 타인을 위하여 보험계약을 체결할 수 있다.

보험료의 감액청구권 또는 반환청구권은 보험계약자의 고유 권리이다. 따라서 특별위험의 소멸(제647조), 보험계약의 무효(제648조), 보험계약의 임의 해지(제649조 제3항) 등의 사유발생시 보험계약자는 보험료의 감액청구권 또는 반환청구권을 행사할 수 있다.

정답 ③

05 다음 중 보험계약의 당사자에 대한 다음 설명 중에서 틀린 것은?

① 보험계약의 당사자는 보험계약자와 보험자 둘 뿐이다.

② 보험계약자는 자기는 물론 타인을 위한 보험계약도 체결할 수 있는데, 이때의 보험계약의 당사자는 그 타인이다.

③ 보험계약자란 보험자와 보험계약을 체결하고 보험료 지급의무를 부담하는 자로서, 그 자격에는 제한이 없고 자연인이나 법인을 불문한다.

④ 보험자는 보험사업의 주체로서 보험을 인수하는 자를 말한다.

◉ 정답 및 해설

보험계약자는 자기는 물론 타인을 위한 보험계약도 체결할 수 있는데, 이때에도 보험계약의 당사자는 그 타인이 아니라 보험계약자이다.

정답 ②

06 타인을 위한 보험계약에서 그 타인의 주요한 권리는 어떤 것인가?

① 보험금 청구권

② 보험증권 수령권

③ 보험계약 해지권

④ 보험료 감액 청구권

◉ 정답 및 해설

타인을 위한 보험계약에서 보험계약자와 타인의 주요한 권리 의무는 다음과 같다.

타인을 위한 보험	보험계약자	타인
권리	보험증권 수령권 계약 해지권 보험금 청구권(예외적) 기타 권리	보험금 청구권
의무	보험료 납입의무 고지의무 통지의무 위험유지의무	보험료 납입의무(예외적) 고지의무 통지의무 위험유지의무

정답 ①

07 타인을 위한 보험계약에 대한 다음 설명 중 틀린 것은?

① 타인을 위한 보험은 타인의 위임을 받아 보험계약을 체결하는 것을 말한다.
② 손해보험계약에서 타인의 위임이 없는 때에는 보험계약자는 이를 보험자에게 고지하여야 한다.
③ 민법상 제삼자를 위한 보험계약으로 보는 것이 일반적이지만, 제3자가 계약의 이익을 받겠다
는 의사표시가 불필요하다는 것이 차이점이다.
④ 타인은 특정되어도 되며, 특정되지 않아도 된다.

🔊 **정답 및 해설**

보험계약자는 위임을 받거나 위임을 받지 아니하고 특정 또는 불특정의 타인을 위하여 보험계약을 체결할 수 있다. 그러나
손해보험계약의 경우에 그 타인의 위임이 없는 때에는 보험계약자는 이를 보험자에게 고지하여야 하고, 그 고지가 없는
때에는 타인이 그 보험계약이 체결된 사실을 알지 못하였다는 사유로 보험자에게 대항하지 못한다.

정답 ①

08 다음은 타인을 위한 보험계약에 관한 기술이다. 옳지 않은 것은?

① 보험계약자는 위임받지 않고 불특정 타인을 위한 보험계약을 체결할 수 있다.
② 손해보험계약의 경우 타인 위임 없이는 타인을 위한 보험계약을 체결할 수 없다.
③ 타인을 위한 보험계약의 경우 그 타인은 당연히 그 계약의 이익을 받는다.
④ 보험계약자가 보험료 지급을 지체한 경우 그 타인도 보험료를 지급할 수 있다.

🔊 **정답 및 해설**

①② 보험계약자는 위임을 받거나 위임을 받지 아니하고 특정 또는 불특정의 타인을 위하여 보험계약을 체결할 수 **있다.**
다만 손해보험계약의 경우에 그 타인의 위임이 없는 때에는 보험계약자는 이를 보험자에게 고지하여야 하고, 그 고지가
없는 때에는 타인이 그 보험계약이 체결된 사실을 알지 못하였다는 사유로 보험자에게 대항하지 못한다.
③ 타인을 위한 보험계약의 경우 그 타인은 당연히 그 계약의 이익을 받는다. 민법상 제삼자를 위한 계약에서는 제3자가
계약의 이익을 받을 의사표시를 한 때에 권리가 생긴다. 이것이 타인을 위한 보험계약과 민법상 제삼자를 위한 계약과
의 차이점이다.
④ 보험계약자가 파산 선고를 받거나 보험료 지급을 지체한 경우 그 타인도 이차적으로 보험료를 지급의무를 부담한다.

정답 ②

09 타인을 위한 보험계약에서 보험계약자가 보험계약을 해지하기 위해 필요한 것은?

① 타인의 동의를 얻거나 보험증권을 소지
② 타인의 협조를 얻거나 보험증권을 소지
③ 타인에게 통보
④ 타인과 보험자 모두의 동의

🔵 정답 및 해설

타인을 위한 보험계약에서 보험계약자가 보험계약을 해지하기 위해서는 타인의 동의를 얻거나 보험증권을 소지하고 있어야 한다.

정답 ①

10 특정한 타인을 위한 보험계약에서 보험계약자가 계속보험료를 미납하였을 때에 보험자가 계약을 해지하기 위하여 그 타인에게 취해야 하는 조치는 어떤 것인가?

① 별다른 조치없이 보험계약을 해지할 수 있다.
② 타인의 동의를 얻어 보험계약을 해지한다.
③ 보험계약자에게 보험료 납입을 최고(독촉)하며, 보험계약의 해지 의사표시는 타인에게 하여야 한다.
④ 타인에게도 상당한 기간을 정하여 보험료 납입을 최고(독촉)하여야 한다.

🔵 정답 및 해설

상법 제650조 제3항에서는 특정한 타인을 위한 보험의 경우에 보험계약자가 보험료의 지급을 지체한 때에는 보험자는 그 타인에게도 상당한 기간을 정하여 보험료의 지급을 최고(독촉)한 후가 아니면 그 계약을 해지하지 못하도록 규정하고 있다. 따라서 보험계약자가 보험료 납입 의무를 게을리한 경우에는 보험자는 그 특정한 타인에게도 보험료 지급을 최고(독촉)하여야 하며, 그로 인하여 타인은 자신이 예상하지 못한 상황에서 보험계약이 해지되는 것을 미연에 방지할 수 있다.

정답 ④

11 타인을 위한 보험계약에서 보험계약의 당사자는 누구인가?

① 피보험자   ② 보험계약자
③ 보험수익자   ④ 보험설계사

🔵 정답 및 해설

보험계약의 당사자는 보험계약자와 보험자 둘이다. 피보험자나 보험수익자는 보험계약의 당사자가 아니니 주의하여야 한다.

정답 ②

제1절   보험증권

1. 의의

보험증권이란 보험계약의 성립과 그 내용을 증명하기 위하여 보험자가 보험계약의 내용을 기재하여 보험계약자에게 교부하는 증권이다. 일반적으로 보험자는 보험증권을 교부하는 것으로 청약에 대한 승낙 의사표시를 한다.

2. 보험증권의 교부

가. 교부시점

보험자는 보험계약이 성립한 때에는 지체없이 보험증권을 작성하여 교부하여야 한다. 다만 보험료의 전부 또는 최초의 보험료를 지급되지 않았다면 보험증권 교부의무가 면제된다.

나. 기존 보험계약의 연장 또는 변경

기존의 보험계약을 연장하거나 변경한 경우에는 보험자는 그 보험증권에 그 사실을 기재함으로써 새로운 보험증권의 교부를 대신할 수 있다.

다. 보험계약자에게 교부

보험증권은 보험계약자에게 교부하여야 한다. 타인을 위한 보험계약이라고 하더라도 달라지지 않으므로, 타인(피보험자나 보험수익자)이 아니라 보험계약자에게 보험증권을 교부하여야 한다. 보험계약자는 1인이고 피보험자가 수인인 단체보험에서도 보험계약자에게 보험증권을 교부한다. 즉 수인의 피보험자 전부에게 보험증권을 교부할 필요가 없다.

라. 멸실 또는 훼손의 경우

보험증권을 멸실 또는 현저하게 훼손한 때에는 보험계약자는 보험자에 대하여 증권의 재교부를 청구할 수 있다. 그 증권 작성의 비용은 <u>보험계약자의 부담</u>으로 한다.

3. 보험증권에 대한 이의 제기

보험계약의 당사자는 보험증권의 교부가 있은 날로부터 일정한 기간 내에 한하여 그 증권내용의 정부(正否)에 관한 이의를 할 수 있음을 약정할 수 있다. 이 기간은 <u>1월을 내리지 못한다</u>. 즉 1월 이상으로 하여야 한다.

4. 손해보험증권 기재사항

손해보험 증권에는 다음의 사항을 기재하고 보험자가 기명날인 또는 서명하여야 한다.
1) 보험의 복적
2) 보험사고의 성질
3) 보험금액
4) 보험료와 그 지급방법
5) 보험기간을 정한 때에는 그 시기와 종기
6) 무효와 실권의 사유
7) 보험계약자의 주소와 성명 또는 상호
8) 피보험자의 주소, 성명 또는 상호
9) 보험계약의 연월일
10) 보험증권의 작성지와 그 작성년월일

관련조항

제640조(보험증권의 교부)
① 보험자는 보험계약이 성립한 때에는 지체없이 보험증권을 작성하여 보험계약자에게 교부하여야 한다. 그러나 보험계약자가 보험료의 전부 또는 최초의 보험료를 지급하지 아니한 때에는 그러하지 아니하다.
② 기존의 보험계약을 연장하거나 변경한 경우에는 보험자는 그 보험증권에 그 사실을 기재함으로써 보험증권의 교부에 갈음할 수 있다.

제641조(증권에 관한 이의약관의 효력)
보험계약의 당사자는 보험증권의 교부가 있은 날로부터 일정한 기간내에 한하여 그 증권내용의 정부에 관한 이의를 할 수 있음을 약정할 수 있다. 이 기간은 1월을 내리지 못한다.

제2절　보험증권의 법적 성질

1. 증거증권성

일반적인 보험증권은 보험계약의 성립을 증명하기 위하여 보험자가 발행하는 증거증권에 불과하므로 보험증권을 작성하여야만 보험계약상의 권리의무가 발생하는 것이 아니다. 따라서 보험증권의 발행은 보험계약 성립요건에 해당하지 않는다. 보험증권에 기재된 내용은 사실 상의 추정으로 증거의 효력이 인정되므로 만약 다른 증거 등에 의하여 반대사실이 입증된다면 그 추정은 번복될 수 있다.

2. 면책증거성

보험자가 증권을 제시한 자에 대하여 악의 또는 중과실 없이 보험금을 지급하였다면 보험자는 해당 행위에 대한 책임을 면한다. 보험자가 보험증권을 제시하는 자의 자격을 조사할 권리는 있어도 의무사항은 아니기 때문이다.

3. 유가증권성

유가증권이란 재산적 가치가 있는 증권으로 권리의 행사를 위해 증권의 소지를 필요로 하는 것을 말한다. 유가증권은 권리의 주체로부터 권리를 분리시킴으로써 이를 유통의 대상으로 할 수 있도록 만들어진 제도이다. 보험증권이 지시식 또는 무기명식으로 발행된 경우의 운송보험이나 적하보험의 경우에는 유가증권성을 인정할 수 있으나, 기본적으로 인정하기 어려운 경우가 많아 불완전한 유가증권에 불과하다.

4. 상환증권성

보험증권과 상환하여 보험금을 지급하는 경우에는 상환증권성을 인정할 수 있다. 그러나 현실적으로 보험증권을 제출할 수 없는 경우에 다른 방법으로 권리를 증명함으로써 보험금 청구기 기능히며, 상법에서도 보험증권이 멸실이나 훼손되는 경우에 보험증권을 재교부할 수 있도록 규정하고 있는 바, 보험증권의 상환증권성을 인정할 필요가 없다는 것이 통설이다. 운송보험 등에서 일부 상환증권성을 인정해야 한다는 견해도 있으나 이 경우에도 약한 상환증권의 성격을 보유하고 있다고만 주장할 뿐이다.

5. 요식증권성

요식증권이란 증권에 일정한 사항을 기재하여야 하는 증권을 말한다. 보험증권에 기재하여야 할 사항에 대하여 상법이 명시하고 있으므로 요식증권의 성격을 가지고 있다. 그러나 이러한 경우에도 보험계약 자체는 불요식 계약임에는 틀림없으며, 어음이나 수표와 같은 엄격한 요식성을 필요로 하는 것은 아니므로 불완전한 요식증권에 불과하다. 보험증권에 흠결이 있다고 하여 보험계약의 효력이 좌우되는 것은 아니기 때문이다.

6. 유인증권성

유인증권이란 증권의 권리가 증서의 발행만으로는 발생하지 아니하고 원인이 되는 법률관계의 존재를 필요로 하는 증권을 말한다. 보험계약에 있어서도 보험증권의 효력은 증권 그 자체만으로 발생하지 않으며, 증권의 원인이 되는 보험계약에 따라 영향을 받는다. 예를 들어 정당한 보험증권의 소지인이라고 하더라도, 보험증권의 원인이 되는 보험계약이 해지 등 법률 효력에 변경이 발생하였다면 그 영향을 받을 수 밖에 없다. 따라서 보험증권은 유인증권에 해당한다.

○✗ 문제풀이

1. 단체보험에서는 보험계약자에게만 보험증권을 교부하면 된다.

   해설 보험계약자는 1인이고 피보험자가 수인인 단체보험에서는 보험계약자에게만 보험증권을 교부한다. 즉 수인의 피보험자 전부에게 보험증권을 교부할 필요가 없다. 답 ○

2. 보험증권을 멸실 또는 현저하게 훼손한 때에는 보험계약자는 보험자에 대하여 증권의 재교부를 청구할 수 있다. 그 증권 작성의 비용은 보험자의 부담으로 한다.

   해설 보험증권을 멸실 또는 현저하게 훼손한 때에는 보험계약자는 보험자에 대하여 증권의 재교부를 청구할 수 있다. 그 증권 작성의 비용은 보험계약자의 부담으로 한다. 답 ✗

3. 상법에서는 보험증권의 교부가 있은 날로부터 3월 이상의 기간을 정하여 그 증권내용의 정부에 관하여 이의할 수 있다고 규정한다.

   해설 상법은 보험계약의 당사자는 보험증권의 교부가 있은 날로부터 일정한 기간 내에 한하여 그 증권내용의 정부(正否)에 관한 이의를 할 수 있음을 약정할 수 있다고 규정하는데, 그 기간은 1월 이상으로 하여야 한다. 답 ✗

4. 보험자가 증권을 제시한 자에 대하여 악의 또는 중과실 없이 보험금을 지급하였다면 보험자는 책임을 면한다는 것은 보험증권의 상환증권성 성격을 뜻한다.

   해설 보험증권의 면책증권성 성격을 설명한 내용이다. 답 ✗

5. 보험증권은 요식증권에 해당하나, 어음이나 수표와 같은 엄격한 요식성을 필요로 하는 것은 아니다.

   해설 보험증권은 요식증권에 해당하나, 어음이나 수표와 같은 엄격한 요식성을 필요로 하는 것은 아니다. 따라서 불완전한 요식증권에 불과하다. 답 ○

출제예상문제

01 보험증권에 관한 설명 중 옳지 않은 것은?

① 보험계약의 성립요건이 아니다.

② 보험계약의 증거증권이다.

③ 타인을 위한 보험계약에서 보험계약자가 보험증권을 소지한 경우에는 그 타인의 동의 없이 계약을 해지할 수 있다.

④ 보험증권은 무인증권(無因證券)이다.

🔔 **정답 및 해설**

보험증권은 유인증권(有因證券)이며, 무인증권(無因證券)이 아니다. 유인증권이란 증권의 권리가 증권의 발행만으로 발생하지 아니하고 증권발행의 원인이 되는 법률관계의 존재를 필요로 하는 것을 말한다. 보험증권의 효력은 증권 그 자체만으로 효력을 발생하는 것이 아니며 유효한 보험계약의 성립에 따라 효력에 영향을 받는다. 따라서 보험계약이 해지 등 효력에 변경이 발생하면 정당한 보험증권 소지인이라고 하더라도 그 영향을 받을 수 밖에 없기에 보험증권은 유인증권에 해당한다고 할 수 있다.

정답 ④

02 보험증권에 관한 설명 중 틀린 것은?

① 보험계약이 성립하여도 보험료의 전부 또는 최초의 보험료가 지급되지 않으면 보험자는 보험증권 교부의무가 없다.

② 상법상 보험증권의 재교부시 증권 작성 비용은 보험계약자가 부담한다.

③ 보험증권 내용의 정부에 관한 이의제기 기간은 보험증권의 교부일로부터 3월을 내리지 못한다.

④ 보험증권은 유인증권이다.

🔔 **정답 및 해설**

보험계약의 당사자는 보험증권의 교부가 있은 날로부터 일정한 기간 내에 한하여 그 증권 내용의 정부(正否)에 관한 이의를 할 수 있음을 약정할 수 있다. 이 기간은 1월을 내리지 못한다. 즉 1월 이상으로 하여야 한다.

정답 ③

03 보험증권에 관한 설명으로 옳지 않은 것은? (다툼이 있는 경우 판례에 의함)

① 보험증권은 증거증권성이 인정된다.
② 보험증권은 보험계약자의 청구에 의하여 보험계약자에게 교부된다.
③ 보험증권에는 무효와 실권사유를 기재하여야 한다.
④ 보험증권이 멸실 또는 현저하게 훼손된 경우 보험계약자는 자신의 비용으로 증권의 재교부를 청구할 수 있다.

정답 및 해설

보험자는 보험계약이 성립한 때에는 지체없이 보험증권을 작성하여 보험계약자에게 교부하여야 한다. 따라서 보험계약자의 **청구가 없더라도** 보험계약이 성립하면 보험자는 당연히 보험증권 교부의무를 부담한다. 다만 보험자의 보험증권 교부의무가 면제되는 경우는 보험계약자가 보험료의 전부 또는 최초의 보험료를 지급하지 아니한 때이다.

정답 ②

04 손해보험증권에 기재하여야 할 사항으로 옳은 것을 모두 고른 것은?

> ㉠ 보험의 목적
> ㉡ 피보험자의 주소, 성명 또는 상호
> ㉢ 보험계약 체결의 장소
> ㉣ 보험계약자의 주민등록번호

① ㉠, ㉡
② ㉠, ㉡, ㉢
③ ㉡, ㉢, ㉣
④ ㉡, ㉣

정답 및 해설

손해보험증권 기재사항은 다음과 같다.
1. **보험의 목적**
2. 보험사고의 성질
3. 보험금액
4. 보험료와 그 지급방법
5. 보험기간을 정한 때에는 그 시기와 종기
6. 무효와 실권의 사유
7. 보험계약자의 주소와 성명 또는 상호
8. **피보험자의 주소, 성명 또는 상호**
9. 보험계약의 연월일
10. 보험증권의 작성지와 그 작성년월일

정답 ①

05 보험증권에 대한 설명으로 옳지 않은 것은?

① 보험증권을 멸실한 때에는 보험계약자는 자신의 비용 부담으로 증권의 재교부를 청구할 수 있다.

② 보험자는 보험료의 전부 또는 최초보험료의 지급이 있기 전까지 보험증권 교부를 거절할 수 있다.

③ 기존의 보험계약을 연장하는 경우에 보험자는 그 보험증권에 그 사실을 기재함으로써 새로운 보험증권의 교부에 갈음할 수 있다.

④ 보험자가 보험증권 교부의무를 위반한 경우에 보험계약자는 보험계약 성립일로부터 3월 내에 보험계약을 취소할 수 있다.

🔔 정답 및 해설

보험자는 보험계약이 성립한 때에는 지체없이 보험증권을 작성하여 보험계약자에게 교부하여야 한다. 그러나 보험증권 교부의무를 위반한 경우에 대한 규정은 없다.

정답 ④

06 보험증권에 관한 다음 설명 중 틀린 것은?

① 보험자는 보험계약이 성립한 때에는 지체없이 보험증권을 작성하여 보험계약자에게 교부하여야 하며 보험계약자가 보험료의 전부 또는 최초의 보험료를 지급하지 아니한 때에도 그러하다.

② 기존의 보험계약을 연장하거나 변경한 경우에는 보험자는 그 보험증권에 그 사실을 기재함으로써 보험증권의 교부에 갈음할 수 있다.

③ 보험계약의 당사자는 보험증권의 교부가 있은 날로부터 일정한 기간 내에 한하여 그 증권내용의 정부에 관한 이의를 할 수 있음을 약정할 수 있다. 이 기간은 1월을 내리지 못한다.

④ 보험증권을 멸실 또는 현저하게 훼손한 때에는 보험계약자는 보험자에 대하여 증권의 재교부를 청구할 수 있다. 그 증권작성의 비용은 보험계약자의 부담으로 한다.

🔔 정답 및 해설

보험자는 보험계약이 성립한 때에는 지체없이 보험증권을 작성하여 보험계약자에게 교부하여야 한다. 그러나 보험계약자가 보험료의 전부 또는 최초의 보험료를 지급하지 아니한 때에는 증권교부의무가 면제된다(상법 제640조 제1항).

정답 ①

07 보험증권에 대한 다음 설명 중 틀린 것은?

① 보험증권은 요식증권의 성질을 지니고 있으나 어음이나 수표와 같이 엄격한 요식증권 성격을 가지는 것은 아니다.

② 보험자는 보험증권을 제시한 자에게 보험금 등을 지급하면 악의 또는 중과실이 없는 한 그 보험증권을 제시한 자가 권리가 없었던 자라고 하더라도 책임을 면하므로 면책증권이다.

③ 보험증권은 상환증권 성질을 지니고 있으나 다른 방법으로 자신이 권리자임을 증명하면 보험금 수령 등 권리를 행사할 수 있으므로 약한 상환증권이다.

④ 보험증권이 지시식 또는 무기명식으로 발행된 생명보험이라면 유가증권성을 인정할 수도 있으나 보험증권 상의 권리는 일종의 기대권에 불과한 점 등에서 불완전한 유가증권에 불과하다.

🔊 **정답 및 해설**

① 보험증권은 요식증권의 성질을 지니고 있으나 어음이나 수표와 같이 엄격한 요식증권 성격을 가지는 것은 아니다.

② 보험자는 보험증권을 제시한 자에게 보험금 등을 지급하면 악의 또는 중과실이 없는 한 그 보험증권을 제시한 자가 권리가 없었던 자라고 하더라도 책임을 면하므로 면책증권이다.

③ 보험증권은 상환증권 성질을 지니고 있으나 다른 방법으로 자신이 권리자임을 증명하면 보험금 수령 등 권리를 행사할 수 있으므로 약한 상환증권이다.

④ 보험증권이 유가증권인지에 대하여는 긍정설과 반대설이 있다. 인보험의 경우 유가증권성을 인정하면 생명보험 계약의 전매를 허용하는 결과가 되므로 유가증권을 인정하기 어렵지만 보험증권이 지시식 또는 무기명식으로 발행된 경우의 **운송보험이나 적하보험**에는 유가증권성을 인정할 수 있다. 그러나 보험증권의 유가증권성을 인정하더라도 보험증권 상의 권리는 일종의 기대권에 불과하기 때문에 불완전한 유가증권에 불과하다.

정답 ④

08 상법상 보험에 관한 설명으로 옳은 것은?

① 보험증권의 멸실로 보험계약자가 증권의 재교부를 청구한 경우 증권의 작성비용은 보험자의 부담으로 한다.

② 보험기간의 시기는 보험계약 이후로만 하여야 한다.

③ 보험계약 당시에 보험사고가 이미 발생하였을 경우 당사자 쌍방과 피보험자가 이를 알지 못하였어도 그 계약은 무효이다.

④ 보험계약의 당사자는 보험증권의 교부가 있는 날로부터 일정한 기간내에 한하여 그 증권내용의 정부(正否)에 관한 이의를 할 수 있음을 약정할 수 있다.

🔊 **정답 및 해설**

① 보험증권의 멸실로 보험계약자가 증권의 재교부를 청구한 경우 증권의 작성비용은 **보험계약자**의 부담으로 한다.

② 보험기간의 시기는 보험계약 이후는 물론이고 **보험계약 이전**으로도 할 수 있다. 이를 소급보험이라고 한다.

③ 보험계약 당시에 보험사고가 이미 발생하였을 경우 당사자 쌍방과 피보험자가 이를 알지 못한 경우에는 그 보험계약은 **유효**하다.

④ 보험계약의 당사자는 보험증권의 교부가 있는 날로부터 일정한 기간내에 한하여 그 증권내용의 정부(正否)에 관한 이의를 할 수 있음을 약정할 수 있다. 그 기간은 1월 이상으로 하여야 한다.

정답 ④

CHAPTER 05 보험사고

제1절　보험사고

1. 의의

보험사고란 보험자의 보험금 지급의무를 구체화시키는 우연한 사고를 말한다. 즉 화재의 발생이나 사람의 사망, 자동차의 사고 등과 같이 보험계약에서 보험자에게 보험금 지급책임을 발생시키는 우연한 사고를 의미한다.

2. 요건

가. 우연성

보험사고는 우연한 것이어야 한다. 다만 보험사고의 불확정성은 반드시 객관적일 필요는 없고, 당사자 사이에 주관적으로 불확정하면 충분하다. 예를 들어, 보험계약을 체결할 당시에 보험사고가 이미 발생하였으나, 보험계약의 당사자 쌍방과 피보험자가 이를 알지 못했다면 그 보험계약은 유효하다. (아래의 소급보험에 대한 예시 참조)

나. 발생 가능성

보험사고는 발생이 가능하여야 한다. 만약 보험계약 당시에 보험사고의 발생이 불가능하거나 이미 발생하였다면 그 계약은 무효이다. 또한 설령 시간의 경과에 따라 보험사고의 발생이 필연적으로 예견된다고 하더라도 보험계약 체결 당시에 사고가 실체적으로 발생하지 않았다면 이는 보험사고가 발생한 것이라고 볼 수 없다(대법원 2010. 12. 9. 선고 2010다66835).

다. 한정성

사고의 범위가 한정되고 특정되어 있어야 하며 일정한 목적에 대하여 일정한 기간 내에 발생하는 사고이어야 한다. 사고의 범위가 곧 보험자의 책임범위가 되므로 보험사고의 범위를 넘어서는 경우 보험금 지급사유로 인정되지 않는다.

1. 보험기간

가. 의의

보험기간이란 보험자의 책임이 개시되고 종료할 때까지의 일정기간을 말하는 것으로 책임기간 또는 위험기간이라고도 한다. 보험자가 보험금을 지급하기 위해서는 보험사고가 보험기간 내에 발생하여야 하기 때문에 보험자의 책임을 기간으로 한정하는 것으로 이해하면 쉽다. 별도의 약정이 없는 한 보험기간은 보험자가 <u>최초의 보험료를 받은 때부터 시작</u>된다.

나. 보험기간을 정하는 방법

(1) 기간보험(time period)

일시(역법)에 의한 보험기간 설정 방법으로 약정일에 개시하여 만료일에 종료한다. 대부분의 보험이 기간보험 방식을 취하고 있다.

(2) 구간보험(voyage period)

일정행위의 시작부터 담보책임이 함께 개시하여 그 행위의 종료시점에 보험기간이 종료하는 방식이다. 위험이 거리에 비례하는 방식이라고 할 수 있다. 주로 수출입화물의 운송적하보험(해상, 항공 등), 항해단위 선박보험 등에서 운용된다.

(3) 혼합보험(mixed period)

기간보험과 구간보험이 혼합된 형태이다. 주로 여행보험류(국내여행보험, 해외여행보험 등) 및 공사보험류(조립공사보험, 건설공사보험 등)가 이 방식을 채택하고 있다.

> **시험 출제　Point**
>
> **현재 국내에서 사용 중인 해외여행보험 약관 문구**
>
> 회사는 피보험자가 보험증권에 기재된 여행을 목적으로 주거지를 출발하여 여행을 마치고 주거지에 도착할 때까지의 여행 도중에 보험금 지급사유가 발생한 경우에 약정한 보험금을 지급합니다.

2. 보험계약기간

보험계약이 유효하게 존속하는 기간을 말한다. 보험계약의 성립은 보험계약자의 청약과 보험자의 승낙으로 이루어지므로 보험자의 승낙시점이 보험계약기간의 시기가 되고 보험계약에서 정한 만료일이 보험계약기간의 종기이다. 일반적으로 보험계약기간과 보험기간은 일치하는 것으로 기대되지만, 소급보험이나 승낙전 사고 담보제도가 적용되는 경우처럼 보험기간이 보험계약기간보다 장기인 경우도 얼마든지 존재할 수 있다. 또한 보험계약 성립 이후 장래의 특정일로부터 보험자의 책임이 개시되는 예정보험이나, 보험계약이 성립한 날로부터 그 날을 포함하여 90일 이후에 보험자의 책임이 개시되는 암보험과 같이 보험계약 성립 후 일정한 기간 이후에 보장이 개시되는 보험도 존재한다. 따라서 보험기간과 보험계약기간은 반드시 일치하는 것은 아니다.

3. 보험료 기간

가. 의의

보험자가 위험을 측정하여 보험료를 산출하는 단위기간을 말한다. 보험자가 보험제도를 운영하기 위해서는 통계적 기법을 활용하여 위험을 측정하여야 하는데, 그 위험을 측정하기 위한 일정한 단위기간이다. 실무상 보통 1년의 기간을 말하며 이 기간에 기초하여 보험자는 사고발생률을 측정하여 계산한다. 예를 들어 화재보험의 위험발생률과 손실심도는 계절에 따라 크게 달라지므로, 1년 단위로 계산하는 것이다.

나. 보험료 불가분의 원칙

상법에 명문화된 규정이 없으나 보험기술상 인정되는 것으로 보험료 기간의 보험료는 하나이므로 보험기간 중 보험계약이 해지되더라도 보험자는 그 보험료 전액을 취득한다는 원칙이다. 따라서 보험자가 손해를 보상할 경우에 보험료의 지급을 받지 아니한 잔액이 있으면 그 지급기일이 도래하지 아니한 때라도 보상할 금액에서 이를 공제할 수 있다(상법 제677조). 그러나 오늘날 통계기술의 발달과 소비자 보호 측면에서 실무상 일할 계산한 나머지의 보험료를 환급하는 경우가 많다. 보험료 불가분의 원칙은 보험의 기술적인 측면에서 제시된 이론이므로 절대적인 것이 아니며 계약 당사자의 합의로 얼마든지 그 적용 여부 및 범위를 변경할 수 있기 때문이다.

제3절 소급보험

1. 보험사고의 객관적 확정의 효과

가. 의의

보험계약 당시에 보험사고가 이미 발생하였거나 또는 발생할 수 없는 것인 때에는 그 계약은 무효이다. 그러나 당사자 쌍방과 피보험자가 이를 알지 못한 때에는 유효하다.

나. 취지

보험제도는 불확정한 사고에 기초한 것이기 때문에 보험계약 당시에 보험사고가 이미 발생하였거나 발생할 수 없는 때에는 보험제도의 의미가 없는 바 그 계약은 무효이다.

다. 주관적 우연성

이러한 보험사고의 우연성은 객관적으로 우연할 것이 아니라 보험계약의 당사자 쌍방과 피보험자가 몰랐다면 충분하다는 주관적 우연성을 필요로 한다. 따라서 보험계약자, 보험자 및 피보험자가 보험사고의 발생 사실을 알지 못한 상태(선의)에서 보험계약을 체결하였다면 해당 보험계약은 유효하다.

2. 소급보험

가. 의의

보험계약이 성립하기 전의 어느 시점부터 보험기간이 시작되는 보험을 말한다.

1월 1일	1월 10일	1월 20일	1월 30일
출항	사고	계약	도착

→ 해상보험을 예로 들면 1월 1일 선박이 출항한 이후, 1월 20일에 보험계약을 체결하면서 보험기간을 1월 1일부터 시작으로 설정하는 것이 소급보험이다.

→ 보험계약 체결 이전인 1월 10일에 보험사고가 이미 발생하였다면 그 계약은 무효이나, 당사자 쌍방과 피보험자가 보험사고가 발생했다는 사실을 알지 못했다면 보험계약은 유효하다.

나. 요건

① 주관적 우연성이 존재하여야 한다. 객관적 우연성이 아님에 주의해야 한다.

② 당사자 간에 위험개시 시점 또는 소급하기로 정한 시점까지 소급한다는 것에 대하여 합의가 존재하여야 한다.

③ 보험계약이 온전히 성립되고, 최초보험료가 납입되어야 한다.

다. 소급보험의 효과

① 약정일자로 소급하여 보험계약의 효력이 발생한다.

② 소급일자 이후에 발생한 사고를 보상한다.

③ 만약 보험계약의 당사자 쌍방 또는 피보험자가 사고 발생 사실을 알았다면 그 보험계약은 무효이다.

시험 출제 Point

소급보험과 승낙전보호 제도의 비교	소급보험	승낙전보호 제도
공통점	계약 성립 이전의 어느 시점에 대하여 보상책임	
차이점	유효하게 성립된 계약 당사자 간의 약정 청약 이전 시점 보장	계약 성립 이전 상법이 보장 청약 이후 시점 보장

O✗ 문제풀이

1. **당사자 간의 약정을 통하여 보험계약의 일정 시점 이전의 어느 시점을 보험기간의 시작점으로 정할 수 있다.**

   해설 보험계약 당사자 간의 약정을 통하여 보험계약의 일정 시점 이전의 어느 시점을 보험기간의 시작점으로 정할 수 있는데, 이를 소급보험이라고 한다. **답** ○

2. **별도의 약정이 없는 한 보험기간은 보험자가 보험계약을 승낙한 때부터 시작된다.**

   해설 별도의 약정이 없는 한 보험기간은 보험자가 최초의 보험료를 받은 때부터 시작된다. 보험자의 승낙은 보험계약 성립요건이며, 보험료의 지급은 보험자의 책임개시 요건이다. **답** ✗

3. **보험기간과 보험계약기간은 반드시 일치한다.**

   해설 일반적으로 보험계약기간과 보험기간은 일치하는 것으로 기대되나, 소급보험이나 암보험처럼 보험기간과 보험계약기간이 불일치하는 경우도 얼마든지 존재할 수 있다. **답** ✗

4. **보험자가 위험을 측정하여 보험료를 산출하는 단위기간을 보험료기간이라고 한다.**

   해설 보험료기간이란 보험자가 보험제도를 운영하기 위해서 위험을 측정하여 보험료를 산출하는 단위기간을 말한다. **답** ○

5. **보험료 불가분의 원칙은 반드시 지켜야 하는 절대 원칙이다.**

   해설 보험료 불가분의 원칙이란 보험기술상 인정되는 것으로 오늘날 통계기술의 발달과 소비자 보호 측면에서 실무상 일할 계산한 나머지의 보험료를 환급하는 경우가 많다. 보험료 불가분의 원칙은 보험의 기술적인 측면에서 제시된 이론이므로 절대적인 것이 아니며 계약 당사자의 합의로 얼마든지 그 적용 여부 및 범위를 변경할 수 있기 때문이다. **답** ✗

01 다음 중 보험사고의 요건에 해당하지 않는 것은?

① 우연성 ② 발생 가능성
③ 한정성 ④ 거대성

🔘 **정답 및 해설**

보험사고란 보험자의 보험금 지급의무를 구체화시키는 우연한 사고를 말하는 것으로, 우연성, 발생 가능성, 한정성의 요건을 만족하여야 한다.

정답 ④

02 보험사고의 객관적 확정의 효과에 관한 설명으로 옳은 것은?

① 보험계약 당시에 보험사고가 이미 발생하였더라도 그 계약은 무효로 하지 않는다.
② 보험계약 당시에 보험사고가 발생할 수 없는 것이라도 그 계약은 무효로 하지 않는다.
③ 보험계약 당시에 보험사고가 이미 발생하였지만 보험수익자가 이를 알지 못한 때에는 그 계약은 무효로 하지 않는다.
④ 보험계약 당시에 보험사고가 발생할 수 없는 것이었지만 당사자 쌍방과 피보험자가 그 사실을 몰랐다면 그 계약은 유효하다.

🔘 **정답 및 해설**

보험계약 당시에 보험사고가 이미 발생하였거나 또는 발생할 수 없는 것인 때에는 그 계약은 무효이다. 그러나 당사자 쌍방과 피보험자가 이를 알지 못한 때에는 유효하다.

정답 ④

03 보험계약의 당사자 간에 다른 약정이 없는 경우 보험자의 책임개시 시기는?

① 최초의 보험료의 지급을 받은 때로부터 개시한다.
② 보험계약자의 청약에 대하여 보험자가 승낙하여 계약이 성립한 때로부터 개시한다.
③ 보험사고 발생사실이 통지된 때로부터 개시한다.
④ 보험자가 재보험에 가입하여 보험자의 보험금 지급 위험에 대한 보장이 확보된 때로부터 개시한다.

보험자의 책임은 당사자간에 다른 약정이 없으면 **최초의 보험료의 지급을 받은 때**로부터 개시한다(상법 제656조).

정답 ①

---

04 보험기간, 보험료기간, 보험계약기간에 대한 다음 설명 중 틀린 것은?

① 보험기간은 책임기간 또는 위험기간이라고도 한다.

② 보험기간은 별도의 약정이 없는 한 보험자가 최초의 보험료를 받은 때부터 시작한다.

③ 보험계약기간과 보험기간은 일치하여야 한다.

④ 보험료기간은 보험자가 위험을 측정하여 보험료를 산출하는 단위기간이다.

①② 보험기간은 책임기간 또는 위험기간이라고도 하며, 보험자의 책임이 개시되고 종료할 때까지의 일정기간을 말한다. 보험기간은 별도의 약정이 없는 한 보험자가 최초의 보험료를 받은 때부터 시작한다.

③ 보험계약기간과 보험기간은 일치하는 것으로 기대되나, 소급보험처럼 불일치하는 경우도 얼마든지 존재할 수 있다.

④ 보험료기간은 보험자가 위험을 측정하여 보험료를 산출하는 단위기간이다.

정답 ③

---

05 다음 중 보험료 불가분의 원칙과 가장 밀접한 관련이 있는 개념은?

① 보험계약기간   ② 보험기간

③ 보험책임기간   ④ 보험료기간

보험료 불가분의 원칙이란, 보험료를 결정하는 단위 기간인 보험료기간에 해당하는 보험료는 위험의 성질상 이를 나누는 것이 불가하므로, 보험료기간에 해당하는 보험료를 취득한 보험자는 그 기간 동안 보험계약의 효력이 소멸하더라도 보험료기간 전부의 보험료를 취득할 수 있고 미경과 기간에 대한 보험료를 반환할 의무가 없다는 원칙을 말한다.

정답 ④

---

06 보험사고의 객관적 확정의 효과와 소급보험에 대한 다음 설명 중 틀린 것은?

① 소급보험은 보험계약이 성립하기 전의 어느 시점부터 보험기간이 시작되는 보험을 말한다.

② 보험사고의 우연성은 주관적으로 우연할 것이 아니라 객관적 우연성을 필요로 한다.

③ 보험계약 당시에 보험사고가 이미 발생하였거나 또는 발생할 수 없는 것인 때에는 그 계약은 무효이다.

④ 보험계약 당시에 보험사고가 이미 발생하였지만 당사자 쌍방과 피보험자가 이를 알지 못하였다면 유효하다.

① 소급보험은 보험계약이 성립하기 전의 어느 시점부터 보험기간이 시작되는 보험을 말한다.

② 보험사고의 우연성은 객관적으로 우연할 것이 아니라 보험계약자 당사자 쌍방과 피보험자가 몰랐다면 충분하다는 주관적 우연성을 필요로 한다. 지문에서는 객관적 우연성과 주관적 우연성이 반대로 서술되어 있다.

③④ 보험계약 당시에 보험사고가 이미 발생하였거나 또는 발생할 수 없는 것인 때에는 그 계약은 무효이다. 다만 당사자 쌍방과 피보험자가 이를 알지 못하였다면 유효하다.

정답 ②

07 다음 보험사고 우연성에 대한 설명 중 틀린 것은?

① 보험사고의 우연성은 반드시 객관적일 필요는 없고 주관적으로 우연하면 충분하다.

② 보험계약 체결 당시에 보험사고 발생하였으나 계약 당사자 쌍방과 피보험자가 이를 알지 못했다면 그 계약은 유효하다.

③ 보험사고는 발생여부 및 발생시기가 모두 불확정하여야 하며, 하나라도 이를 만족하지 못한다면 보험사고의 대상이 될 수 없다.

④ 보험사고가 이미 발생한 것 뿐만 아니라 발생할 수 없는 때에도 보험계약은 무효이다.

사고 발생 여부가 불확정인 것 뿐만 아니라 발생 시기가 불확실한 것도 보험사고의 우연성을 만족한 것으로 볼 수 있다. 예를 들어 생명보험 계약에서 보험사고인 사람의 사망은 누구나 사망을 하지만(확정적), 언제 사망할 지 모르기 때문에(불확정적) 우연성을 만족하여 보험사고의 대상이 될 수 있다.

정답 ③

08 보험계약에 대한 설명 중 옳지 않은 것은?

① 소급보험은 보험기간이 보험계약기간보다 장기이다.

② 보험계약기간과 보험기간은 불일치할 수 있다.

③ 현재 우리나라에서 판매 중인 암보험은 약관 규정상 보험계약기간과 보험기간이 다르다.

④ 보험계약 당시에 보험사고가 이미 발생한 사실을 계약 당사자는 몰랐으나 피보험자가 그 사실을 알았다면 보험계약은 유효하다.

① 소급보험은 보험기간이 보험계약기간보다 장기인 보험계약이다.

② 보험계약기간과 보험기간은 일치하는 것으로 기대되나, 소급보험처럼 불일치하는 경우도 얼마든지 존재할 수 있다.

③ 현재 우리나라에서 판매 중인 암보험은 보험계약 이후 90일째 되는 날부터 보장이 개시된다는 약관 규정을 두고 있다. 즉 보험계약기간과 보험기간이 다르다.

④ 보험계약 당시에 보험사고가 이미 발생하였거나 또는 발생할 수 없는 것인 때에는 그 계약은 무효이다. 다만 당사자 쌍방과 피보험자가 이를 알지 못한 때에는 유효하다. 즉 계약 당사자 쌍방(보험자, 보험계약자)과 피보험자가 모두 몰라야 한다.

정답 ④

09 보험기간 및 보험계약기간에 관한 다음 설명 중 틀린 것은? (다툼이 있는 경우 판례에 따름)

① 보험기간은 당사자의 약정에 의해 정하고, 보험증권에 기재하여야 한다.

② 보험기간 내에 보험사고가 발생하였다면 보험자는 보험금을 지급하여야 한다.

③ 보험계약기간은 보험계약이 성립하여 소멸할 때까지의 기간이다.

④ 소급보험계약은 보험계약기간이 보험기간보다 앞서 시작된다.

🔵 정답 및 해설

① 보험기간은 당사자의 약정에 의해 정해지며 보험증권 기재사유에 해당한다(상법 제666조 및 제728조).

② 보험기간 내에 보험사고가 발생하였다면 보험자는 보험금을 지급할 책임이 있다.

③ 보험계약기간은 보험계약이 유효하게 성립하여 소멸할 때까지의 존속기간을 말한다.

④ 보험계약기간과 보험기간은 일반적으로 일치하는 것으로 기대되지만, 반드시 일치할 필요는 없다. 예를 들어 소급보험계약은 **보험기간이 보험계약기간보다** 앞서 시작한다.

정답 ④

06 보험계약의 관계자 및 보조자

제1절 보험계약의 관계자

1. 보험계약자(policy holder)

보험계약자는 보험계약의 당사자로서 보험료 지급의무를 지는 자이다. 권리능력이 있는 한 보험계약자의 자격에는 제한이 없으므로 자연인과 법인 모두 보험계약자가 될 수 있다. 민법상 권리능력이 있으면 족하기 때문에 미성년자 등 제한능력자도 보험계약자가 될 수 있다. 다만 행위능력이 없기 때문에 법정대리인을 통하여 보험계약을 체결하여야 한다. 보험계약은 보험계약자가 직접 체결하는 것이 보통이지만 대리인을 통하여 보험계약을 체결할 수도 있으며, 이 때 대리인이 안 사유는 본인이 안 것과 동일한 것으로 한다(상법 제646조).

2. 보험자(insurer)

보험자는 보험사고가 발생한 때에 보험금 지급의무를 부담하는 자로서 보험계약의 당사자이며 위험단체를 관리하고 유지하는 주체이다. 일반적으로 보험회사를 생각하면 쉽다. 보험의 인수는 기본적 상행위에 해당하며 따라서 보험의 인수를 영업으로 하는 보험자는 상법상 당연상인이다(상법 제4조, 제46조). 보험업을 경영하기 위해서는 보험업법 규정에 따라 금융위원회의 허가를 얻어야 한다.

> **시험 출제 Point**
>
> 보험계약의 당사자는 보험자, 보험계약자 둘 뿐이며, 피보험자, 보험수익자, 보험설계사, 보험대리상, 보험중개사, 보험의는 보험계약의 당사자가 아니니 주의해야 한다.

3. 피보험자(insured)

손해보험에서의 피보험자는 보험목적물에 대하여 경제적 이해관계를 가진 자로서 보험금 청구권을 가진 사람을 말하며, 인보험에서의 피보험자는 보험사고의 객체가 되는 사람을 말한다. 손해보험에서의 피보험자는 피보험이익이 가지고 있으면 충분하며 별도의 제한 규정을 두지 않는다. 따라서 자연인 뿐만 아니라 법인도 피보험자가 될 수 있다. 피보험자는 보험계약의 당사자가 아니기 때문에 보험계약의 당사자로서 권리와 의무는 갖지 못하고 원칙적으로 보험료 납입의무도 부담하지 않는다. 그러나 고지의무나 각종 통지의무를 부담하며, 타인을 위한 보험에서 보험계약자가 파산하거나 보험료 지급을 지체한 때에는 피보험자가 보험계약에 따른 권리를 포기하지 않는 한 이차적으로 보험료 지급의무를 부담한다. 인보험의 피보험자는 i) 타인의 사망보험에서 피보험자의 서면 동의 필요, ii) 만15세 미만자, 심신상실자, 심신박약자를 피보험자로 하는 사망보험 계약 무효 등의 제한 규정을 두고 있다.

4. 보험수익자(beneficiary)

앞서 손해보험에서 보험금 청구권을 가지는 사람이 피보험자라고 했으며, 인보험에서는 보험사고의 객체가 되는 사람이 피보험자라고 했다. 인보험에서 보험금 청구권을 가지는 사람이 바로 보험수익자이다. 보험수익자 자격에도 특별한 제한이 없으므로 미성년자와 같은 제한능력자도 얼마든지 보험수익자가 될 수 있다. 보험수익자는 보험계약자가 지정 또는 변경할 권한을 가지고 있으며, 보험실무상 특정인을 지정하는 경우도 있고 '법정상속인'과 같이 관계를 지정하는 경우도 있다. 보험수익자도 보험계약의 당사자가 아니기 때문에 보험계약의 당사자로서 권리와 의무를 갖지 않는다. 다만 손해보험의 피보험자와 동일하게 각종 의무와 이차적인 보험료 지급의무를 부담한다.

| 제2절 | 보험계약의 보조자 |

1. 보험대리상

가. 의의

보험자를 위하여 보험계약의 체결을 대리하는 독립된 상인으로 보험계약의 체결과 관련하여 보험자를 보조하는 자이다. 상법에서는 보험대리상이라고 하며, 보험업법에서는 보험대리점으로 부른다.

나. 보험대리상의 권한

1) 보험계약자로부터 보험료를 수령할 수 있는 권한
2) 보험자가 작성한 보험증권을 보험계약자에게 교부할 수 있는 권한
3) 보험계약자로부터 청약, 고지, 통지, 해지, 취소 등 보험계약에 관한 의사표시를 수령할 수 있는 권한
4) 보험계약자에게 보험계약의 체결, 변경, 해지 등 보험계약에 관한 의사표시를 할 수 있는 권한

다. 권한의 제한

보험자는 보험대리상의 권한 중 일부를 제한할 수 있다. 다만 보험자는 그러한 권한 제한을 이유로 선의의 보험계약자에게 대항하지 못한다. 보험대리상은 보험자의 상호와 상표를 사용하기 때문에 보험계약자로서는 보험대리상을 보험자로 신뢰하는 경우가 많고, 보험자와 보험대리상 사이에 체결된 내부적 계약관계를 보험계약자가 구체적으로 알 수 없기 때문에 보험자가 보험대리상의 권한을 일부 제한하였다고 하더라도 보험자는 선의의 보험계약자에게는 대항할 수 없도록 한 것이다.

라. 보험료수령권

보험대리상은 보험료수령권이 있기 때문에 보험계약자로부터 받은 보험료를 보험대리상이 횡령하였다고 하더라도 보험자가 실제 보험료를 영수하였는지 여부와 관계없이 보험료를 지급받은 효과가 발생한다. 따라서 보험대리상이 보험계약자에게 받은 보험료를 횡령하였거나 보험대리상이 보험료 대납약정을 하였다면 그것으로 곧바로 보험계약자가 보험회사에 대하여 보험료를 지급한 것과 동일한 법률적 효과가 발생하며, 실제로 보험대리상이 보험회사에 보험료를 납부하여야 그 효과가 발생하는 것은 아니다.

2. 보험설계사

가. 의의

보험대리상이 아니면서 특정한 보험자를 위하여 계속적으로 보험계약의 체결을 중개하는 보험자의 사용인이다. 보험업법에서는 보험회사·보험대리점 또는 보험중개사에 소속되어 보험계약의 체결을 중개하는 자로 정의한다.

나. 보험설계사의 권한

1) 보험자가 작성한 영수증을 보험계약자에게 교부하는 경우에 한하여 보험계약자로부터 보험료를 수령할 수 있는 권한
2) 보험자가 작성한 보험증권을 보험계약자에게 교부할 수 있는 권한

다. 보험료수령권

보험설계사는 본래 보험료수령권이 인정되지 않으나 과거 대법원 판례에 따라 생명보험설계사에 한하여 초회보험료 수령권을 인정하였다(대법원 1989. 11. 28. 선고 88다카33367). 이후 2014년 상법을 개정하면서 이를 명문화하여 보험자가 작성한 영수증을 보험계약자에게 교부하는 경우에 한하여 보험설계사에게도 보험료를 수령할 수 있는 권한을 부여하였다.

3. 보험중개사

가. 의의

보험자에 소속되지 않고 독립적으로 보험계약의 체결을 중개하는 자이다.

나. 보험중개사의 권한

보험중개사는 계약의 체결을 중개하는 중개인에 불과하므로 계약체결권, 고지수령권, 보험료수령권 등 계약과 관련된 일체의 권한이 없다. 다만 업무의 성격상 보험요율의 협상권 정도만 인정될 뿐이다.

4. 보험의

가. 의의

생명보험에서 피보험자의 신체를 검사하는 보험자의 보조인이다. 보험자는 보험의의 소견을 기초로 청약의 승낙여부를 결정하나 보험의의 판정시점을 계약의 성립시점으로 보지는 않는다.

나. 보험의의 권한

보험계약체결권, 보험료수령권 등은 인정되지 않지만 고지수령권은 인정된다. 따라서 보험계약자 또는 피보험자가 중요한 병력사항을 청약서에는 진술하지 않았지만 신체검사 당시에 보험의에게 고지하였다면 이는 고지의무를 이행한 것으로 본다.

시험 출제 Point

주요 권리	보험설계사	보험대리상	보험중개사	보험의
고지수령권	X	O	X	O
계약체결대리권	X	O	X	X
보험료 수령권	△ (보험자가 발급한 영수증을 교부하는 경우에 한함)	O	X	X
보험증권 교부권	O	O	X	X
의사표시 수령권	X	O	X	X
의사표시권	X	O	X	X

○✗ 문제풀이

1. **만15세 미만자와 같은 제한능력자는 보험계약자가 될 수 없다.**

   해설 보험계약자는 보험계약의 당사자로서 보험료 지급의무를 지는 자이다. 권리능력이 있는 한 보험계약자의 자격에는 제한이 없으며 만15세 미만자와 같은 제한능력자도 법정대리인의 통하여 보험계약을 체결한다면 얼마든지 보험계약자가 될 수 있다. 답 ✗

2. **손해보험과 인보험에서 피보험자의 개념은 서로 다르다.**

   해설 손해보험에서의 피보험자는 보험목적물에 대하여 경제적 이해관계를 가진 자로서 보험금 청구권을 가진 사람을 말하며, 인보험에서의 피보험자는 보험사고의 객체가 되는 사람을 말한다. 답 ○

3. **보험수익자는 인보험에서만 있는 개념이며, 손해보험에서는 존재하지 않는다.**

   해설 보험수익자는 인보험에서 보험금 청구권을 가지는 자이다. 손해보험에서는 피보험자가 보험금 청구권을 가지며 보험수익자라는 개념은 존재하지 않는다. 답 ○

4. **보험대리상이 아니면서 특정한 보험자를 위하여 계속적으로 보험계약의 체결을 중개하는 자에게는 의사표시 수령권이 인정된다.**

   해설 보험대리상이 아니면서 특정한 보험자를 위하여 계속적으로 보험계약의 체결을 중개하는 자에게는 보험료 수령권(보험자가 작성한 영수증을 교부하는 경우)과 보험증권 교부권만 인정되며, 의사표시 수령권 등은 인정되지 않는다. 답 ✗

5. **보험설계사에게 구두로 고지한 것은 유효한 고지의무를 이행한 것이다.**

   해설 보험설계사는 고지수령권이 없으므로 보험설계사에게 구두로 고지한 것은 유효한 고지행위로 볼 수 없다. 따라서 고지의무 위반에 해당한다. 답 ✗

6. **보험의에게는 고지수령권이 인정된다.**

   해설 보험의는 생명보험에서 보험자의 위탁을 받아 피보험자의 신체를 검사하는 보험자의 보조인을 말하며 의사(醫師, medical examiner)이다. 보험의에게는 고지수령권이 인정된다. 답 ○

출제예상문제

01 다음 중 보험계약의 당사자에 해당하는 사람은 누구인가?

① 보험계약자
② 피보험자
③ 보험수익자
④ 보험대리상

🔘 **정답 및 해설**

보험계약의 당사자는 보험계약자와 보험자 둘 뿐이다. 보험계약자는 보험계약의 당사자로서 보험료 지급의무를 지는 자를 말한다.

정답 ①

02 다음 중 보험대리상이 아니면서 특정한 보험자를 위하여 보험계약의 체결을 계속적으로 중개하는 사람에게 인정되는 권한은?

① 영수증 교부 여부를 불문하고 보험계약자로부터 보험료를 수령할 수 있는 권한
② 보험자가 작성한 보험증권을 보험계약자에게 교부할 수 있는 권한
③ 보험계약자로부터 청약, 고지, 통지, 해지, 취소 등 보험계약에 관한 의사표시를 수령할 수 있는 권한
④ 보험계약자에게 보험계약의 체결, 변경, 해지 등 보험계약에 관한 의사표시를 할 수 있는 권한

🔘 **정답 및 해설**

보험대리상이 아니면서 특정한 보험자를 위하여 계속적으로 보험계약의 체결을 중개하는 자는 다음의 권한이 있다.
1) 보험자가 작성한 영수증을 보험계약자에게 교부하는 경우에 한하여 보험계약자로부터 보험료를 수령할 수 있는 권한
2) 보험자가 작성한 보험증권을 보험계약자에게 교부할 수 있는 권한

정답 ②

03 보험자가 보험대리상과 보험모집에 관한 위탁계약을 체결하였고, 위탁계약을 체결하면서 보험대리상이 보험계약자에게 보험계약의 체결, 변경, 해지 등 보험계약에 관한 의사표시를 할 수 있는 권한을 제한하였다. 다음 설명 중 틀린 것은?

① 보험대리상은 보험자가 작성한 영수증을 보험계약자에게 교부하는 경우에만 보험계약자로부터 보험료를 수령할 수 있는 권한이 있다.

② 보험대리상은 보험계약자로부터 청약, 고지, 통지, 해지, 취소 등 보험계약에 관한 의사표시를 수령할 수 있는 권한을 가지고 있다.

③ 만약 보험계약자가 보험대리상의 권한이 제한되었다는 사실을 몰랐다면, 보험자는 그러한 권한 제한을 이유로 보험계약자에게 대항하지 못한다.

④ 보험대리상은 보험자가 작성한 보험증권을 보험계약자에게 교부할 수 있는 권한이 있다.

🔊 **정답 및 해설**

보험자가 작성한 영수증을 교부하는 경우에만 보험료 수령권을 가지는 것은 '보험대리상이 아니면서 특정한 보험자를 위하여 계속적으로 보험계약의 체결을 중개하는 자'이다. 보험대리상은 영수증 교부 여부와는 관계없이 보험료 수령권을 가진다.

정답 ①

04 보험자의 보조자에 관한 설명으로 옳지 않은 것은? (다툼이 있는 경우 판례에 의함)

① 보험목적인 건물에서 영위하고 있는 업종이 변경된 경우 보험설계사가 업종변경사실을 알았다고 하더라도 보험자가 이를 알았다거나 보험계약자가 보험자에게 업종변경사실을 통지한 것으로 볼 수 없다.

② 보험대리상이 계약의 청약을 받으면서 보험료를 대납하기로 약정한 경우 이 약정일에 보험계약이 체결되었다 하더라도 보험자가 보험료를 수령한 것으로는 볼 수 없다.

③ 보험대리상이 보험계약자와 보험계약을 체결하고 그 보험료 수령권에 기하여 보험계약자로부터 1회분 보험료를 받으면서 2, 3회분 보험료에 해당하는 약속 어음을 교부받은 경우 그 대리상이 해당 약속어음을 횡령하였다 하더라도 그 변제수령은 보험자에게 미치게 된다.

④ 보험설계사는 특정 보험자를 위하여 보험계약의 체결을 중개하는 자일뿐 보험자를 대리하여 보험계약을 체결할 권한이 없고 보험계약자 또는 피보험자가 보험자에 대하여 하는 고지를 수령할 권한이 없다.

🔊 **정답 및 해설**

① 보험설계사에게는 고지수령권 등이 없으므로 비록 보험설계사가 업종 변경사실을 알았다고 하더라도 보험자가 이를 알았다거나 보험계약자가 보험자에게 업종 변경 사실을 통지한 것으로는 볼 수 없다.

② 보험대리상은 보험료 수령권이 있기 때문에 보험대리상이 계약의 청약을 받으면서 보험료를 대납하기로 약정한 경우에는 보험자가 보험료를 수령한 것으로는 보아야 한다.

③ 보험대리상이 보험계약자와 보험계약을 체결하고 그 보험료수령권에 기하여 보험계약자로부터 1회분 보험료를 받으면서 2, 3회분 보험료에 해당하는 약속 어음을 교부받은 경우 그 대리상이 해당 약속어음을 횡령하였다 하더라도 그 변제수령은 보험자에게 미치게 된다.

④ 보험설계사는 특정 보험자를 위하여 보험계약의 체결을 중개하는 자일뿐 보험자를 대리하여 보험계약을 체결할 권한이 없고 보험계약자 또는 피보험자가 보험자에 대하여 하는 고지를 수령할 권한이 없다. 상법도 보험대리상이 아니면서 특정한 보험자를 위하여 계속적으로 보험계약의 체결을 중개하는 자에 대하여 보험료영수권(보험자가 작성한 영수증을 보험계약자에게 교부하는 경우에 한함) 및 보험증권 교부권만 인정하고 있을 뿐 의사표시권과 의사표시수령권은 제한하고 있다.

정답 ②

05 보험설계사에 대한 다음 설명 중 틀린 것은?

① 보험업법에서 보험설계사는 보험회사 · 보험대리점 또는 보험중개사에 소속되어 보험계약의 체결을 중개하는 자[법인이 아닌 사단(社團)과 재단을 포함한다]로서 보험업법에 따라 등록된 자로 정의한다.

② 보험설계사는 중개행위를 할 뿐이므로 계약 체결을 대리할 권한이나 고지수령권이 없다.

③ 보험설계사는 보험자가 작성한 보험증권을 보험계약자에게 교부하는 권한이 인정되지 않는다.

④ 상법은 보험자가 작성한 영수증을 보험계약자에게 교부하는 경우에 한하여 보험료 수령권을 인정하고 있다.

🔔 **정답 및 해설**

보험설계사는 보험회사 등에 소속되어 보험계약의 체결을 중개하는 자로, 중개행위를 할 뿐이므로 계약 체결을 대리할 권한이나 고지수령권이 없다. 다만 상법은 특정한 보험자를 위하여 계속적으로 보험계약의 체결을 중개하는 자에게 1) 보험자가 작성한 보험증권을 보험계약자에게 교부하는 권한, 2) 보험자가 작성한 영수증을 보험계약자에게 교부하는 경우에 한하여 보험료를 수령할 권한을 인정하고 있다.

정답 ③

06 다음 중 인보험 계약의 보험의(保險醫)에게 인정되는 권한은 어떤 것인가?

① 고지수령권
② 보험계약 체결권
③ 보험료 수령권
④ 보험증권 교부권

🔔 **정답 및 해설**

인보험 계약의 보험의는 피보험자의 신체를 검사하는 보험자의 보조인으로, 고지수령권만 가지고 있으며 보험계약 체결권, 보험료 수령권, 보험증권 교부권은 인정되지 않는다.

정답 ①

07 다음은 보험계약 당사자 및 관계자에 관한 설명이다. 옳은 것은?

① 만16세의 미성년자는 사망보험의 피보험자가 될 수 있다.

② 상법은 보험수익자의 범위를 피보험자에 대하여 일정한 경제적 이해관계 있는 사람으로 한정하고 있다.

③ 인보험의 경우 보험계약자란 생명 또는 신체에 관하여 보험이 붙여진 자를 말한다.

④ 손해보험의 경우 피보험자란 보험계약자를 의미한다.

🔔 정답 및 해설

① 만15세 미만자, 심신상실자, 심신박약자의 사망을 보험사고로 하는 보험계약은 무효이다. 1번 지문에서는 만16세라고 하였으므로 유효한 보험계약에 해당한다.

② 상법은 보험수익자의 범위를 한정하지 않는다.

③ 인보험의 경우 피보험자란 생명 또는 신체에 관하여 보험이 붙여진 자를 말한다.

④ 손해보험의 경우 피보험자란 보험금청구권자를 의미한다.

정답 ①

보험계약의 해제, 해지, 취소, 무효

제1절   해제, 해지, 취소, 무효

1. 해제

계약당사자의 일방적인 의사표시에 의하여 유효하게 성립된 계약의 효력을 소급적으로 소멸시켜 계약이 처음부터 없었던 것과 같은 법률효과를 발생시키는 것을 말한다. 계약이란 당사자 사이의 맺어진 일종의 약속이므로 계약이 성립되었다면 그 계약의 당사자는 계약에 따른 의무를 성실하게 수행해야 한다. 만약 계약당사자 어느 일방이 이러한 의무를 지키지 않은 때에는 다른 당사자가 계약을 해제할 수 있다. 계약이 해제되면 아직 이행되지 않은 채무는 이행할 필요가 없고, 이미 이행된 경우에는 상대방에게 부당이득반환의무의 일종인 원상회복의무가 생긴다.

2. 해지

이미 유효하게 성립한 계속적인 계약을 일방적인 의사표시로 장래에 향하여 소멸시키는 것을 말한다. 장래에 향하여 계약을 소멸시키는 점에서 해제의 소급적 효력과는 구별된다. 해지는 장래에 대한 소멸이므로 원상회복의 의무가 발생하지 않는다는 특징이 있다.

3. 취소

일단 유효하게 성립한 법률행위의 효력을 계약의 흠결 등을 이유로 소급하여 소멸하게 하는 의사표시를 말한다. 특정인이 취소를 하겠다는 의사표시가 필요하다는 점에서 무효와 구분되며 법률행위를 소급적으로 소멸시키는 점에서 해지와 구분된다. 따라서 특정인(취소권자)이 취소권을 행사하기 전에는 법률행위가 유효한 것으로 다루어 지며, 추인을 하여 취소권이 포기되거나 기간의 경과로 취소권이 소멸되면 그 행위는 완전히 유효한 것으로 확정된다. 이것이 무효와의 대표적인 차이점이다.

4. 무효

법률행위가 법률요건을 결하였기 때문에 당사자가 의도한 법률상의 효과가 발생하지 않는 것을 말한다. 무효는 법률효과를 절대로 발생시키지 않는 점에서 추인에 의하여 유효하게 되는 취소와 다르며, 특정인의 주장이 필요없이 당연히 효력이 없다는 특징이 있다. 무효인 법률행위에 의하여 이미 발생한 부분은 일반적으로 부당이득에 해당하므로 부당이득 반환의 소를 제기할 수 있다.

제2절   보험에서의 해제

1. 초회보험료 지급

보험계약자는 계약 체결 후 지체없이 보험료의 전부 또는 제1회 보험료를 지급하여야 한다.

2. 초회보험료 미납

보험계약자가 초회보험료를 지급하지 않은 경우에는 다른 약정이 없는 한 계약 성립 후 2월이 경과하면 그 계약은 <u>해제</u>된 것으로 본다.

제3절   보험에서의 해지

1. 계속보험료 미납

계속보험료가 약정한 시기에 지급되지 않은 때에는 보험자는 상당한 기간을 정하여 보험계약자에게 최고(독촉)하고 그 기간 내에도 지급되지 않으면 그 계약을 <u>해지</u>할 수 있다.

2. 고지의무 위반

보험계약자 또는 피보험자가 보험계약 당시에 고의 또는 중대한 과실로 인하여 고지의무를 위반한 경우 보험자는 그 사실을 안 날로부터 1월 내에, 계약을 체결한 날로부터 3년 내에 한하여 계약을 <u>해지</u>할 수 있다.

3. 위험변경증가 통지의무 이행

보험기간 중에 보험계약자 또는 피보험자가 사고발생의 위험이 현저하게 변경 또는 증가된 사실을 안 때에는 지체없이 보험자에게 통지하여야 한다. 보험자가 위험변경증가의 통지를 받은 때에는 1월 내에 보험료의 증액을 청구하거나 계약을 <u>해지</u>할 수 있다.

4. 위험변경증가 통지의무 위반

보험기간 중에 보험계약자 또는 피보험자가 사고발생의 위험이 현저하게 변경 또는 증가된 사실을 안 때에는 지체없이 보험자에게 통지하여야 한다. 이를 해태한 때에는 보험자는 그 사실을 안 날로부터 1월 내에 한하여 계약을 <u>해지</u>할 수 있다.

5. 위험유지의무 위반

보험기간 중에 보험계약자, 피보험자 또는 보험수익자의 고의 또는 중대한 과실로 인하여 사고발생의 위험이 현저하게 변경 또는 증가된 때에는 보험자는 그 사실을 안 날부터 1월 내에 보험료의 증액을 청구하거나 계약을 <u>해지</u>할 수 있다

6. 선박미확정의 적하예정보험

보험계약의 체결당시에 하물을 적재할 선박을 지정하지 않은 경우에 보험계약자 또는 피보험자가 그 하물이 선적되었음을 안 때에는 지체없이 보험자에 대하여 그 선박의 명칭, 국적과 하물의 종류, 수량과 가액의 통지를 발송하여야 한다. 통지를 해태한 때에는 보험자는 그 사실을 안 날부터 1월 내에 계약을 <u>해지</u>할 수 있다.

7. 플러스 알파

가. 보험계약자의 임의 해지

(1) 임의 해지
보험사고가 발생하기 전에는 보험계약자는 언제든지 계약의 전부 또는 일부를 해지할 수 있다. 그러나 타인을 위한 보험계약의 경우에는 보험계약자는 그 타인의 동의를 얻지 않았거나 보험증권을 소지하지 않았으면 그 계약을 해지하지 못한다.

(2) 자동복원주의
보험사고의 발생으로 보험자가 보험금액을 지급한 때에도 보험금액이 감액되지 않는, 이른바 자동복원주의 보험의 경우에는 보험계약자는 그 사고 발생 후에도 보험계약을 해지할 수 있다.

나. 보험자의 파산

보험자가 파산 선고를 받은 때에는 보험계약자는 보험계약을 해지할 수 있다. 만약 해지하지 않은 계약은 보험자의 파산 선고 후 3월이 경과하면 효력을 잃는다.

제4절   보험에서의 취소

1. 보험약관 교부설명의무 위반시 보험계약자의 취소권

보험자는 보험계약을 체결할 때에 보험계약자에게 보험약관을 교부하고 그 약관의 중요한 내용을 설명하여야 한다. 보험자가 이를 위반한 경우 보험계약자는 보험계약이 성립한 날부터 3개월 이내에 그 계약을 <u>취소</u>할 수 있다.

2. 고지의무 위반이 사기에도 해당하는 경우 보험자의 취소권

가. 상법상 고지의무 위반 해지

보험계약자 또는 피보험자가 보험계약 당시에 고의 또는 중대한 과실로 인하여 고지의무를 위반한 경우 보험자는 그 사실을 안 날로부터 1월 내에, 계약을 체결한 날로부터 3년 내에 보험계약을 <u>해지</u>할 수 있다.

나. 민법상 사기 착오 취소

민법 제109조의 규정에 의하면 법률행위의 중요 부분에 착오가 있는 때에는 해당 법률행위를 <u>취소</u>할 수 있으며, 민법 제110조에서는 사기나 강박에 의한 의사표시를 <u>취소</u>할 수 있다고 규정하고 있다.

다. 고지의무 위반이 사기 착오에도 해당하는 경우에 대한 학설

단순한 고지의무 위반이라면 상법상 해지권을 적용하는 것이 당연하겠으나, 고지의무 위반이 사기 착오에도 해당하는 경우에 대해서는 학설이 대립된다. 아래에는 간략하게 그 내용만 소개하겠으며 상세한 내용은 고지의무에 대한 부분을 참조하기 바란다.

1) 상법 단독적용설

상법은 민법에 대한 특칙이므로 상법상 해지권만 적용할 수 있다는 입장이다.

2) 민상법 중복적용설

보험자의 선택에 따라 상법상 해지권과 민법상 취소권을 모두 적용할 수 있다는 입장이다.

3) 절충설

단순한 착오인 경우에는 상법상 해지권만 적용하는 것이 타당하겠으나, 보험계약자의 사기가 있는 경우에는 상법상 해지권과 민법상 취소권을 모두 적용하자는 주장이다.

4) 판례 및 통설

대법원 판례는 <u>민상법 중복적용설</u>이며, 다수설은 절충설에 따른다.

1. 보험사고가 확정된 후의 보험계약

보험계약 당시에 보험사고가 이미 발생하였거나 또는 발생할 수 없는 것인 때에는 그 계약은 무효로 한다. 그러나 당사자 쌍방과 피보험자가 이를 알지 못한 때에는 유효하다.

2. 보험계약자의 사기로 체결된 초과보험

보험계약자의 사기로 체결된 초과보험은 무효이다. 보험자는 그 사실을 안 때까지의 보험료를 청구할 수 있다.

3. 보험계약자의 사기로 체결된 중복보험

보험계약자의 사기로 체결된 중복보험은 무효이다. 보험자는 그 사실을 안 때까지의 보험료를 청구할 수 있다.

4. 만15세 미만자 등을 피보험자로 하는 사망보험

만15세 미만자, 심신상실자 또는 심신박약자의 사망을 보험사고로 한 보험계약은 무효이다. 이는 자기 결정권이 미약한 사회적 약자에 대한 사망보험 계약이 체결되어 보험범죄에 악용될 수 있는 염려에서 이들을 보호하기 위함이다. 다만 심신박약자가 보험계약을 체결하거나 단체보험의 피보험자가 될 때에 의사능력이 있는 경우에는 유효하다.

5. 피보험자의 서면동의 없는 타인의 사망보험

타인의 사망을 보험사고로 하는 보험계약에는 보험계약 체결 시에 그 타인의 서면에 의한 동의를 얻어야 하며, 동의가 없는 보험계약은 무효이다. 이 때 서면동의에는 전자서명법에 따른 전자서명이 있는 경우로서 대통령령으로 정하는 바에 따라 본인 확인 및 위조ㆍ변조 방지에 대한 신뢰성을 갖춘 전자문서를 포함한다.

6. 플러스 알파

가. 보험계약자 등의 불이익 변경 금지 원칙

상법 제4편의 규정은 당사자 간의 특약으로 보험계약자 또는 피보험자나 보험수익자의 불이익으로 변경하지 못한다(상법 제663조). 만약 불이익하게 변경한 약관 조항이 있다면 그 조항은 무효이다.

다만 이 때의 무효는 보험계약 전체가 무효로 되는 것은 아니며 불이익으로 변경된 해당 약관 조항만 무효이다.

나. 민법 일반원칙에 의한 무효

선량한 풍속 기타 사회질서에 위반하는 사항을 내용으로 하는 법률행위는 무효이다(민법 제103조). 예를 들어 처음부터 보험금을 부정 취득할 목적으로 보험계약을 체결하였거나, 피보험자를 살해하여 보험금을 편취하고자 하는 목적으로 생명보험 계약을 체결하였다면 그 보험계약은 무효이다.

다. 보험료의 반환

보험계약의 전부 또는 일부가 무효인 경우에 보험계약자와 피보험자가 선의이며 중대한 과실이 없는 때에는 보험자에 대하여 보험료의 전부 또는 일부의 반환을 청구할 수 있다. 보험계약자와 보험수익자가 선의이며 중대한 과실이 없는 때에도 같다.

○✗ 문제풀이

1. 해지란 계약당사자의 일방적인 의사표시에 의하여 유효하게 성립된 계약의 효력을 소급적으로 소멸시켜 계약이 처음부터 없었던 것과 같은 법률효과를 발생시키는 것을 말한다.

   해설 해지란 이미 유효하게 성립한 계속적인 계약을 일방적인 의사표시로 장래에 향하여 소멸시키는 것을 말한다.   답 ✗

2. 보험계약자가 초회보험료를 지급하지 않은 경우에는 다른 약정이 없는 한 계약 성립 후 3월이 경과하면 그 계약은 해제된 것으로 본다.

   해설 보험계약자가 초회보험료를 지급하지 않은 경우에는 다른 약정이 없는 한 계약 성립 후 2월이 경과하면 그 계약은 해제된 것으로 본다.   답 ✗

3. 보험사고가 발생하기 전에는 보험계약자는 언제든지 계약의 전부를 해지할 수 있다. 다만 보험계약의 일부만을 해지하는 것은 금지된다.

   해설 보험사고가 발생하기 전에는 보험계약자는 언제든지 계약의 전부 또는 일부를 해지할 수 있다.   답 ✗

4. 보험계약자가 위험변경증가 통지의무를 이행했을 경우 보험자는 보험계약을 해지할 수 있으며, 불이행했을 경우에도 보험계약을 해지할 수 있다.

   해설 보험기간 중에 보험계약자 또는 피보험자가 사고발생의 위험이 현저하게 변경 또는 증가된 사실을 안 때에는 지체없이 보험자에게 통지하여야 한다. 보험자는 위험변경증가의 통지를 받은 때에는 1월 내에 보험료의 증액을 청구하거나 보험계약을 해지할 수 있으며, 보험계약자가 위험변경증가 통지의무를 위반했을 때에는 보험계약을 해지할 수 있다.   답 ○

5. 보험자가 보험약관 교부 설명의무를 위반한 경우 보험계약자는 보험계약이 성립한 날부터 3개월 이내에 그 계약을 해지할 수 있다.

   해설 보험자가 보험약관 교부 설명의무를 위반한 경우 보험계약자는 보험계약이 성립한 날부터 3개월 이내에 그 계약을 취소할 수 있다.   답 ✗

6. 보험계약자의 사기로 체결된 초과보험과 중복보험은 무효이다.

   해설 보험계약자의 사기로 체결된 초과보험과 중복보험은 모두 무효이다. 또한 보험자는 그 사실을 안 때까지의 보험료도 청구할 수 있다.   답 ○

01 다음 중 상법상 보험계약이 무효가 되는 사유에 해당하지 않는 것은?

① 보험계약 당시에 이미 보험사고가 발생하였거나 발생할 수 없는 것인 때
② 보험계약자의 사기로 체결된 초과보험
③ 보험계약자의 사기로 체결된 중복보험
④ 보험계약 성립 후 초회보험료를 납입하지 아니하고 2월이 경과한 때

🔵 **정답 및 해설**

상법상 보험계약이 무효로 되는 사유는 다음과 같다. 4번 지문에서 '보험계약 성립 후 초회보험료를 납입하지 않고 2월이 경과한 때'는 보험계약 무효사유가 아니라 해제사유이다.

1) 보험계약 당시에 이미 보험사고가 발생하였거나 발생할 수 없는 것인 때. 다만, 보험계약의 당사자 쌍방과 피보험자가 이를 알지 못한 때에는 보험계약은 유효하다.
2) 보험계약자의 사기로 인하여 체결된 초과보험과 중복보험은 무효이다. 이 경우 보험자는 그 사실을 안 때까지의 보험료를 청구할 수 있다.
3) 만15세 미만자, 심신상실자 또는 심신박약자의 사망을 보험사고로 한 보험계약은 무효로 한다. 다만, 심신박약자가 보험계약을 체결하거나 단체보험의 피보험자가 될 때에 의사능력이 있는 경우에는 그러하지 아니하다.
4) 타인의 사망을 보험사고로 하는 보험계약에는 보험계약 체결 시에 그 타인의 서면에 의한 동의를 얻어야 하며, 동의가 없는 보험계약은 무효이다.

정답 ④

02 보험계약자나 피보험자의 고지의무 위반이 사기에도 해당하는 경우에 대한 다음 설명 중 옳은 것은? (다만 다툼이 있는 경우 대법원 판례에 따름)

① 대법원 판례에 따르면 고지의무 위반이 사기에도 해당하는 경우 보험자는 해지권과 취소권을 중복적으로 선택하여 행사할 수 있다.
② 상법 단독적용설에 따르면 보험자는 해지권과 취소권을 모두 행사할 수 있다.
③ 절충설에 따르면 사기인 경우에는 상법상 해지권만 적용하나, 착오인 경우에는 상법상 해지권과 민법상 취소권을 모두 적용할 수 있다.
④ 민법은 상법에 대한 특칙이므로 상법상 해지권만 행사할 수 있다.

🔵 **정답 및 해설**

① 대법원 판례는 고지의무 위반이 사기에도 해당하는 경우 보험자는 해지권과 취소권을 중복적으로 선택하여 행사할 수 있다는 민상법 중복적용설의 입장에 있다.

② 중복적용설에 따르면 보험자는 해지권과 취소권을 모두 행사할 수 있다.

③ 절충설에 따르면 착오인 경우에는 상법상 해지권만 적용하나, 사기인 경우에는 상법상 해지권과 민법상 취소권을 모두 적용할 수 있다.

④ 상법은 민법에 대한 특칙이므로 상법상 해지권만 행사할 수 있다.

정답 ①

03 다음 괄호 안에 들어갈 것으로 옳은 것은?

> 보험계약 당시에 보험계약자 또는 (가)가 고의 또는 중대한 과실로 인하여 중요한 사항을 고지하지 아니하거나 부실의 고지를 한 때에는 보험자는 그 사실을 안 날로부터 (나)내에, 계약을 체결한 날로부터 (다)내에 한하여 계약을 (라)할 수 있다. 그러나 보험자가 계약 당시에 그 사실을 알았거나 중대한 과실로 인하여 알지 못한 때에는 그러하지 아니하다.

① 가: 피보험자   나: 1월   다: 3년   라: 해지
② 가: 보험수익자   나: 2월   다: 1년   라: 해지
③ 가: 피보험자   나: 1월   다: 3년   라: 해제
④ 가: 보험수익자   나: 2월   다: 1년   라: 해제

🗨 **정답 및 해설**

보험계약 당시에 보험계약자 또는 **피보험자**가 고의 또는 중대한 과실로 인하여 중요한 사항을 고지하지 아니하거나 부실의 고지를 한 때에는 보험자는 그 사실을 안 날로부터 **1월** 내에, 계약을 체결한 날로부터 **3년** 내에 한하여 계약을 **해지**할 수 있다. 그러나 보험자가 계약 당시에 그 사실을 알았거나 중대한 과실로 인하여 알지 못한 때에는 그러하지 아니하다. (상법 제651조)

정답 ①

04 다음 중 보험계약의 무효사유에 해당하는 것으로만 묶인 것은?

> ㉠ 보험계약자가 보험사고를 가장하여 보험금을 취득할 목적으로 보험계약을 체결한 경우
> ㉡ 보험자가 파산선고를 받고 3월이 경과한 경우
> ㉢ 보험계약자가 고지의무를 위반한 경우
> ㉣ 사기로 인한 중복보험이 체결된 경우
> ㉤ 계속보험료가 최고기간 이후에도 지급되지 아니한 경우
> ㉥ 타인의 서면동의를 얻지 않고 그 타인의 사망보험 계약을 체결한 경우

① ㉠㉡㉣   ② ㉡㉢㉣
③ ㉠㉣㉥   ④ ㉠㉡㉥

🗨 **정답 및 해설**

㉠ 보험계약자가 보험사고를 가장하여 보험금을 취득할 목적으로 보험계약을 체결한 경우에는 선량한 풍속 기타 사회질서

에 위반한 반사회적인 법률행위로 보아 **무효**이다.

ⓒ 보험자가 파산선고를 받고 3월이 경과한 때에는 보험계약은 효력을 잃는다.

ⓒ 보험계약자가 고지의무를 위반한 경우에는 보험자는 그 사실을 안 날로부터 1월 내에, 계약을 체결한 날로부터 3년 내에 한하여 보험계약을 해지할 수 있다.

ⓔ 보험계약자의 사기로 중복보험이 체결된 경우 그 계약은 **무효**이며, 보험자는 그 사실을 안 때까지의 보험료를 청구할 수 있다.

ⓜ 계속보험료가 약정한 시기에 지급되지 아니한 때에는 보험자는 상당한 기간을 정하여 보험계약자에게 최고하고 그 기간 내에 지급되지 아니한 때에는 그 계약을 해지할 수 있다.

ⓗ 타인의 사망을 보험사고로 하는 보험계약에는 보험계약 체결 시에 그 타인의 서면에 의한 동의를 얻어야 하며, 이를 얻지 못한 보험계약은 **무효**이다.

정답 ③

05 다음은 상법 제638조의3의 규정이다. 빈칸에 들어갈 말로 각각 알맞은 것은?

> ① 보험자는 보험계약을 체결할 때에 보험계약자에게 보험약관을 교부하고 그 약관의 중요한 내용을 설명하여야 한다.
> ② 보험자가 제1항을 위반한 경우 보험계약자는 보험계약이 성립한 날부터 (A) 이내에 그 계약을 (B)할 수 있다.

① A: 1개월, B: 취소   ② A: 3개월, B: 취소

③ A: 1개월, B: 해지   ④ A: 3개월, B: 해지

🔔 **정답 및 해설**

상법 제638조의3(보험약관의 교부 · 설명 의무)
① 보험자는 보험계약을 체결할 때에 보험계약자에게 보험약관을 교부하고 그 약관의 중요한 내용을 설명하여야 한다.
② 보험자가 제1항을 위반한 경우 보험계약자는 보험계약이 성립한 날부터 **3개월** 이내에 그 계약을 **취소**할 수 있다.

정답 ②

06 다음 중 보험계약이 해지되는 사유가 아닌 것은?

① 보험계약자 또는 피보험자가 고의 또는 중대한 과실로 중요한 사항을 고지하지 아니하거나 부실의 고지를 한 때

② 보험계약자가 보험계약 체결 후에도 보험료의 전부 또는 제1회 보험료를 납입하지 않고 계약 성립 후 2월이 경과한 경우

③ 보험계약자 또는 피보험자가 사고 발생의 위험이 현저하게 변경 또는 증가된 사실을 알고 그 사실을 통지한 경우

④ 보험계약자 또는 피보험자가 사고 발생의 위험이 현저하게 변경 또는 증가된 사실을 알고도 그 사실을 통지하지 않은 경우

보험계약자는 계약체결 후 지체 없이 보험료의 전부 또는 제1회 보험료를 지급하여야 하며, 보험계약자가 이를 지급하지 아니하는 경우에는 다른 약정이 없는 한 계약 성립 후 2월이 경과하면 그 계약은 **해제**된 것으로 본다.

정답 ②

07 다음 중 보험계약의 해지, 해제, 취소, 무효가 바르게 짝지어진 것은?

① 해지: 소급적으로 소멸하는 것
② 해제: 법률행위에 흠결이 있어 이를 이유로 법률효과를 부인할 수 있는 것
③ 취소: 장래에 대하여 소멸하는 것
④ 무효: 법률효과가 전혀 없는 것

1) 해지: 장래에 대하여 소멸하는 것
2) 해제: 소급적으로 소멸하는 것
3) 취소: 법률행위에 흠결이 있어 이를 이유로 법률효과를 부인할 수 있는 것
4) 무효: 법률효과가 전혀 없는 것

정답 ④

08 다음 괄호 안에 들어갈 말을 고르세요.

> 보험계약의 체결당시에 하물을 적재할 선박을 지정하지 아니한 경우에 보험계약자 또는 피보험자가 그 하물이 선적되었음을 안 때에는 지체없이 보험자에 대하여 그 선박의 명칭, 국적과 하물의 종류, 수량과 가액의 통지를 발송하여야 한다. 만약 이러한 통지를 해태한 때에는 보험자는 그 사실을 안 날부터 1월내에 계약을 (   ) 할 수 있다.

① 해제   ② 해지
③ 취소   ④ 무효

보험계약의 체결당시에 하물을 적재할 선박을 지정하지 아니한 경우에 보험계약자 또는 피보험자가 그 하물이 선적되었음을 안 때에는 지체없이 보험자에 대하여 그 선박의 명칭, 국적과 하물의 종류, 수량과 가액의 통지를 발송하여야 한다. 만약 이러한 통지를 해태한 때에는 보험자는 그 사실을 안 날부터 1월내에 계약을 **해지**할 수 있다.

정답 ②

09 다음 중 보험자가 보험계약을 해지할 수 있는 사유에 해당하는 항목 수는?

> (a) 계속보험료의 납입을 연체한 경우
> (b) 고지의무를 위반한 경우
> (c) 보험자가 파산의 선고를 받은 때
> (d) 타인의 사망보험에서 피보험자의 서면동의가 없는 경우
> (e) 위험의 현저한 변경증가 통지의무를 위반한 경우

① 2항목 ② 3항목
③ 4항목 ④ 5항목

정답 및 해설

(a) 계속보험료의 납입을 연체한 경우 → 보험자의 해지 사유
(b) 고지의무를 위반한 경우 → 보험자의 해지 사유
(c) 보험자가 파산의 선고를 받은 때 → 보험계약자의 해지 사유
(d) 타인의 사망보험에서 피보험자의 서면동의가 없는 경우 → 보험계약 무효 사유
(e) 위험의 현저한 변경증가 통지의무를 위반한 경우 → 보험자의 해지사유

정답 ②

CHAPTER 08 보험계약의 부활

제1절 계속보험료 미납으로 인한 해지

1. 계속보험료 미납

가. 의의

계속보험료가 약정한 시기에 지급되지 않은 때에는 보험자는 상당한 기간을 정하여 보험계약자에게 최고(독촉)하고 그 기간 내에도 지급되지 않으면 그 계약을 <u>해지</u>할 수 있다.

나. 특정한 타인을 위한 보험의 경우

특정한 타인을 위한 보험에서 보험계약자가 보험료의 지급을 지체한 때에는 보험자는 그 타인에게도 상당한 기간을 정하여 보험료의 지급을 최고한 후가 아니면 그 계약을 해지하지 못한다.

2. 계속보험료 미납으로 인한 해지

가. 최고와 해지

최고라는 것은 법률용어로, 독촉을 의미한다. 즉 보험계약자가 계속보험료를 미납한 경우에 보험자는 상당한 기간을 정하여 계속보험료를 납입할 것을 독촉해야 하며, 그 이후에도 보험료가 납입되지 않을 때에 비로소 보험계약의 해지권을 행사할 수 있다. 보험계약은 불요식 계약이므로 최고의 방법에는 제한이 없으며 서면이나 전화 및 구두에 의한 최고도 가능하다. 다만 보험실무상 불필요한 분쟁 방지를 위하여 서면 혹은 전자적 방식에 의하여 최고를 진행하고 있다. 최고의 절차를 거쳤다는 것에 대한 증명은 보험자가 부담하며 만약 최고기간 내에 보험사고가 발생하였다면 아직 보험계약이 유효한 상태이므로 보험자는 보험금을 지급하여야 한다.

나. 실효약관

예전 일부 보험약관 중에서 보험자의 최고 절차를 생략하고 일정한 기간 내에 보험료가 납입되지 않으면 보험계약이 곧바로 실효됨을 약관에 규정한 이른바 실효약관이 있었다. 대법원은 전원합의체 판결을 통하여 이 실효약관에 대하여 상법 제663조 보험계약자 등의 불이익 변경 금지의 원칙에 위배된다고 하여 무효라고 판단하였다.

> 제650조는 보험료가 적당한 시기에 지급되지 아니한 때에는 보험자는 상당한 기간을 정하여 보험계약자에게 최고하고 그 기간 내에 지급하지 아니한 때에는 계약을 해지할 수 있도록 규정하고, 같은 법 제663조는 위 규정을 보험당사자 간의 특약으로 보험계약자 또는 보험수익자의 불이익으로 변경하지 못한다고 규정하고 있으므로, 분납 보험료가 소정의 시기에 납입되지 아니하였음을 이유로 그와 같은 절차를 거치지 아니하고 막바로 보험계약이 해지되거나 실효됨을 규정하고 보험자의 보험금지급 책임을 면하도록 규정한 보험약관은 위 상법의 규정에 위배되어 **무효**이다.

제2절 보험계약의 부활

1. 의의

계속보험료의 미납으로 보험계약이 해지되었으나 보험계약자에게 해지환급금이 미지급된 경우에는 보험계약자가 일정한 기간 내에 지체된 보험료에 약정이자를 더하여 보험계약의 부활을 청구할 수 있다. 보험자가 부활 청약을 승낙하면 보험계약의 효력이 다시 살아난다. 이를 보험계약의 부활이라고 한다. 부활제도는 손해보험보다는 보험기간이 장기인 인보험에서 주로 이용된다.

2. 법적 성질

해지된 계약과 동일한 내용을 가지는 별도의 새로운 계약이 아니라 해지된 기존 계약을 회복시키는 상법상 특수한 계약으로 보는 것이 일반적인 통설이다. 따라서 해지된 계약을 부활할 때 기존 계약의 무효, 실효, 해지 등의 원인이 있다면 그 원인이 제거되지 않는 이상 부활계약에서도 그대로 인정된다.

3. 부활의 요건

계속보험료 미납으로 인한 해지	계속보험료 미납으로 해지된 보험계약이 부활 대상이다. 고지의무 위반 등으로 해지된 보험계약은 부활대상이 아니므로 부활이 불가능하다.
해지환급금 미지급	해지환급금이 지급되지 않았어야 한다. 보험계약자가 해지환급금까지 받았다면 해당 계약은 완전히 소멸하였다고 보기 때문이다. 한편 해지환급금이 없는 계약이거나 해지환급금이 발생하지 않는 계약이라면 당연히 부활 청구가 가능하다.
보험계약자의 청약	일정한 기간 내에 연체보험료에 약정이자를 붙여 보험자에게 보험계약의 부활을 청약하여야 한다. 부활의 청약은 해지된 종래의 보험계약을 회복시키는 것이지만, 보험계약자는 새로운 보험계약을 체결하는 것과 동일한 절차를 밟아야 한다. 따라서 부활 청약 시에 고지의무도 동일하게 부담하며 때론 신체검사를 받아야 하는 경우도 있다. 이는 보험계약의 실효 이후에 피보험자의 건강상태가 악화되었을 때에만 보험계약을 부활하여 제도를 악용하는 것을 방지하기 위함이다.

보험자의 승낙	보험자가 부활 청약을 심사하여 승낙하면 보험계약이 부활한다. 부활청약에 대해서도 낙부통지의무, 승낙의제, 승낙전보호제도가 모두 그대로 적용된다.

4. 효과

보험계약이 부활하면 부활 이후 종전의 계약과 동일한 내용의 계약 효력이 존속한다. 다만 해지시점부터 부활 사이에 발생한 보험사고에 대해서는 보험자의 보상책임이 발생하지 않는다.

5. 보험계약의 성립 규정 준용

보험계약의 부활에 대해서는 보험계약의 성립 규정이 준용된다. 따라서 30일 낙부통지의무, 승낙의제, 승낙전 담보 등의 규정이 부활 청약에서도 그대로 적용된다. 보험자는 보험계약자의 부활 청약에 대하여 다른 약정이 없는 한 30일 내에 낙부의 통지를 발송해야 하고, 그 기간 내에 통지하지 아니하면 보험자의 승낙이 의제된다. 낙부 통지기간의 경과 전에 보험사고가 발생한 때에는 부활의 청구를 거절할 사유가 없는 한 부활 계약상의 책임을 진다.

○✕ 문제풀이

1. **고지의무 위반으로 인하여 보험계약이 해지된 경우에 보험계약자는 의무 위반 사실을 치유한 이후 보험계약의 부활을 청약할 수 있다.**

   해설 보험계약의 부활은 계속보험료 미납으로 인한 해지 시에만 가능하다. 따라서 고지의무 위반 등으로 인한 해지 시에는 부활이 불가능하다. 답 ✕

2. **보험계약이 부활되면 부활 이후 종전의 계약과 동일한 내용의 효력이 존속하게 되므로 해지부터 부활 사이에 발생한 사고에 대해서 보험자의 보상책임이 발생한다.**

   해설 보험계약이 부활되면 부활 이후 종전의 계약과 동일한 내용의 효력이 존속하게 된다. 다만 해지부터 부활 사이에 발생한 사고에 대해서는 보험자의 보상책임이 발생하지 않는다. 답 ✕

3. **부활 청약을 보험자가 승낙하기 전에 보험사고가 발생한 때에는 보험자가 부활의 청구를 거절할 사유가 없는 보상책임을 진다.**

   해설 보험계약의 부활에 대해서는 보험계약의 성립 규정이 준용된다. 따라서 30일 낙부통지의무, 승낙의제, 승낙전 담보 등의 규정이 부활 청약에서도 그대로 적용된다. 답 ○

4. **보험자의 최고 절차를 생략하고 일정한 기간 내에 보험료가 납입되지 않으면 보험계약이 바로 실효되도록 규정한 실효약관은 대법원에 의하여 그 효력이 인정되었다.**

   해설 대법원은 실효약관에 대하여 상법 제663조 보험계약자 등의 불이익 변경 금지의 원칙에 위배된다고 하여 무효라고 판결하였다. 답 ✕

출제예상문제

01 보험계약의 부활에 관한 다음 설명 중 틀린 것은?

① 최초보험료의 지급지체로 인해 보험계약이 해제된 경우에는, 그 계약의 부활이 허용된다.
② 보험계약자가 보험계약의 부활을 청약한 경우에 보험자가 일정 기간 내에 낙부(諾否)의 통지를 하지 아니하면, 그 계약이 부활된 것으로 본다.
③ 보험계약자가 보험자의 보험약관 설명의무 위반을 이유로 보험계약을 취소한 경우에는 그 계약의 부활이 허용되지 않는다.
④ 보험계약자가 해지환급금을 받은 경우에는 보험계약의 부활이 허용되지 않는다.

> **정답 및 해설**
>
> 보험계약의 부활은 계속보험료의 지급 지체로 계약이 해지된 경우에 가능하다. 초회보험료 미납으로 인하여 보험계약이 해제된 경우에는 부활이 불가능하다.
>
> 정답 ①

02 보험계약의 부활에 관한 다음의 설명 중 틀린 것은?

① 보험계약자가 계속보험료를 납입하지 않아 보험계약이 해지되었어야 한다.
② 해지환급금이 있는 경우에 해지환급금을 보험자가 반환하지 아니하였어야 한다.
③ 보험계약자는 부활계약을 청약하면서 일정한 기간 내에 연체보험료에 약정이자를 붙여 보험자에게 지급하여야 한다.
④ 보험자는 보험계약 부활의 청약을 받은 때에는 10일 이내에 승낙여부의 통지를 발송하여야 하며 보험자가 이 기간 내에 낙부의 통지를 발송하지 아니한 때에는 승낙한 것으로 본다.

> **정답 및 해설**
>
> 보험계약의 부활에 대해서는 보험계약의 성립 규정이 준용된다. 따라서 30일 낙부통지의무, 승낙의제, 승낙전 담보 등의 규정이 부활 청약에서도 그대로 적용된다. 보험자는 보험계약자의 부활 청약에 대하여 다른 약정이 없는 한 **30일** 내에 낙부의 통지를 발송해야 하고, 그 기간 내에 통지하지 아니하면 보험자의 승낙이 의제된다. 낙부 통지기간의 경과 전에 보험사고가 발생한 때에는 부활의 청구를 거절할 사유가 없는 한 부활 계약상의 책임을 진다.
>
> 정답 ④

03 보험계약의 부활에 관한 다음 설명 중 틀린 것은?

① 해지 시점부터 부활 시점까지 발생한 보험사고에 대하여는 보험자는 보험금 지급책임이 없다.

② 통설은 부활계약의 법적 성질은 종래의 보험계약과 동일성을 유지하여 존속할 것을 목적으로 하는 특수한 계약으로 본다.

③ 보험계약 부활청약의 경우에도 보험계약자는 보험계약의 부활에 따르는 중요한 사항의 고지의무를 부담한다고 해석된다.

④ 종래 보험계약에 존재하던 해지나 무효 사유 등은 소멸된다.

🔊 정답 및 해설

부활계약은 종래의 보험계약과 동일성을 유지하여 존속할 것을 목적으로 하는 특수한 계약이라는 것이 통설이다. 따라서 종래의 보험계약에 존재하던 해지나 무효사유는 그대로 존속한다.

정답 ④

04 다음 중 부활을 청구할 수 있는 보험계약은 어느 것인가?

① 고지의무 위반에 따라 보험계약이 해지되고 해지환급금이 지급되지 아니한 계약

② 계속보험료 미납에 따라 보험계약이 해지되고 해지환급금이 지급되지 아니한 계약

③ 위험의 변경증가 통지의무 위반에 따라 보험계약이 해지되고 해지환급금이 지급되지 아니한 계약

④ 위험의 유지의무 위반에 따라 보험계약이 해지되고 해지환급금이 지급되지 아니한 계약

🔊 정답 및 해설

계속보험료 미납에 따라 보험계약이 해지되고 해지환급금이 지급되지 아니한 경우에 보험계약자는 일정한 기간 내에 연체보험료에 약정이자를 붙여 보험자에게 지급하고 그 계약의 부활을 청구할 수 있다.

정답 ②

05 보험계약의 부활에 대한 다음 설명 중 틀린 것은?

① 계속보험료 미납으로 인한 보험계약의 해지시에만 부활 청구가 가능하다. 따라서, 고지의무 위반으로 인한 해지는 부활이 불가하다.

② 보험계약자가 해지환급금을 받았다면 보험계약의 부활 청구가 불가하다.

③ 부활을 청약하기 위해서는 연체보험료에 약정이자를 붙여 납입하여야 한다.

④ 보험계약이 부활되면 보험자는 해지시부터 부활 사이에 발생한 사고에 대하여 보상할 책임이 발생한다.

🔊 정답 및 해설

보험계약이 부활되더라도 해지시부터 부활 사이에 발생한 사고에 대해서는 보험자의 보상책임이 발생하지 않는다.

정답 ④

06 상법상 보험계약의 부활에 관한 설명으로 옳지 않은 것은? (다툼이 있는 경우 판례에 의함)

① 계속보험료의 부지급으로 인하여 보험계약이 해지되거나 실효되었을 경우에 발생한다.

② 보험계약자가 해지환급금을 반환받은 경우에는 부활을 청구할 수 없다.

③ 보험계약이 해지된 시점부터 부활이 되는 시점 사이에 발생한 보험사고에 대하여 보험자는 책임을 지지 않는다.

④ 부활계약 체결시의 보험약관이 법률에서 정한 내용과 달리 규정되어 부활 후에도 적용될 경우 보험자는 원칙적으로 해당 약관의 내용에 대하여 설명의무를 이행할 필요가 없다.

🔔 정답 및 해설

①② 계속보험료 미납에 따라 보험계약이 해지되고 해지환급금이 지급되지 아니한 경우에 보험계약자는 일정한 기간 내에 연체보험료에 약정이자를 붙여 보험자에게 지급하고 그 계약의 부활을 청구할 수 있다.

③ 보험계약이 해지된 시점부터 보험계약의 부활 사이에 발생한 보험사고에 대해서는 보험자가 보상책임을 부담하지 않는다.

④ 부활계약 체결시의 보험약관이 법률에서 정한 내용과 달리 규정되어 부활 후에도 적용된다면 보험자는 원칙적으로 해당 약관의 내용에 대하여 설명의무를 이행하여야 한다.

정답 ④

07 보험료의 지급과 지체의 효과에 관한 설명으로 옳지 않은 것은?

① 보험계약자는 계약 체결 후 지체없이 보험료의 전부 또는 제1회 보험료를 지급하여야 하며, 보험계약자가 이를 지급하지 아니하는 경우에는 다른 약정이 없는 한 계약 성립 후 1월이 경과하면 그 계약은 해제된 것으로 본다.

② 계속보험료가 약정한 시기에 지급되지 아니한 때에는 보험자는 상당한 기간을 정하여 보험계약자에게 최고하고 그 기간내에 지급되지 아니한 때에는 그 계약을 해지할 수 있다.

③ 특정한 타인을 위한 보험의 경우에 보험계약자가 보험료의 지급을 지체한 때에는 보험자는 그 타인에게도 상당한 기간을 정하여 보험료의 지급을 최고한 후가 아니면 그 계약을 해제 또는 해지하지 못한다.

④ 판례에 따르면 계속보험료가 약정한 시기에 지급되지 아니한 때 일정한 유예기간이 경과하면 보험자의 최고나 해지의 의사표시 없이 자동적으로 계약의 효력이 상실되는 약관의 내용은 보험법의 상대적 강행법규성에 위배되어 무효라고 한다.

🔔 정답 및 해설

보험계약자는 계약 체결 후 지체없이 보험료의 전부 또는 제1회 보험료를 지급하여야 하며, 보험계약자가 이를 지급하지 아니하는 경우에는 다른 약정이 없는 한 계약 성립 후 **2월**이 경과하면 그 계약은 해제된 것으로 본다(상법 제650조 제1항).

정답 ①

08 보험료 지급에 관한 다음 설명 중 틀린 것은?

① 보험료 상당액의 전부 또는 일부의 지급이 있어야 보험계약이 성립된다.

② 최초보험료 지급이 있어야 보험자 책임이 개시되는 것이 원칙이다.

③ 보험계약이 성립되었지만 보험자의 책임이 개시하지 않는 경우도 있다.

④ 계속보험료가 지급되지 않으면 일정한 유예기간을 주고 그 기간이 지나면 보험계약이 실효된 다고 규정한 약관은 무효이다.

정답 및 해설

① 보험계약은 보험계약자의 청약과 보험자의 승낙으로 이루어지는 불요식 낙성계약이다. 따라서 보험료의 지급은 보험계 약의 성립과는 아무런 상관이 없으며, 보험료가 지급되지 않았더라도 보험계약은 얼마든지 성립할 수 있다.

②③ 보험료의 지급은 보험자의 책임개시 요건에 해당한다. 따라서 보험자가 청약을 승낙하여 보험계약이 성립되었더라도 보험료가 지급되지 않았다면 보험자의 책임은 개시하지 않는다.

④ 계속보험료가 지급되지 않은 경우 일정한 유예기간을 주고 그 기간이 지나면 보험계약이 실효되도록 하는 이른바 실효 약관은 상법 제650조 제2항의 최고절차를 거치지 않기 때문에 상법 제663조에 저촉되어 무효이다(대법원 1995.11.16 선고 94다56852 판결).

정답 ①

CHAPTER 09 고지의무 등

고지의무 등

제1절 고지의무

1. 의의

보험계약을 체결할 때에 보험계약자 또는 피보험자가 중요한 사실을 보험자에게 고지하고, 부실의 고지를 하지 않을 의무를 말한다. 보험계약의 사행계약적 성질을 극복하며, 당사자 사이에 고도의 선의성 또는 윤리성이 요구되는 것과 관련하여 인정되는 보험계약 특유의 의무이다.

2. 법적 성질

보험계약자 측의 고지의무 위반이 있더라도 보험자가 손해배상을 청구하거나 의무 이행을 강제할 수 없다. 따라서 간접의무이다. 또한 보험계약의 효과에 의하여 발생하는 것이 아니며 보험계약 성립 전에 상법에서 정한 법률 규정에 의하여 발생하는 법정의무이다. 즉 보험계약의 묵시적 조건이 아니라 계약 밖에서 인정되는 보험법상의 특수한 의무이다.

3. 당사자

가. 고지의무자

보험계약자와 피보험자가 고지의무를 부담한다. 의무의 이행은 대리인에 의해서도 가능하며, 대리인에 의하여 보험계약이 체결되는 경우에는 보험계약자 등 본인이 알고 있는 사실 뿐만 아니라 대리인 자신이 알고 있는 사항도 고지하여야 한다. 인보험의 보험수익자는 고지의무자에 포함되지 않으니 주의하여야 한다.

나. 고지수령권자

보험자는 보험계약의 당사자로서 당연히 고지수령권을 가진다. 이외에 보험대리상과 인보험의 보험의도 고지수령권을 가진다. 보험설계사와 보험중개사는 고지수령권이 없으니 주의하여야 한다. 예를 들어 보험청약서에 자신이 보유하고 있는 병력에 관한 사항을 기재하지 않고 보험설계사에게 구두로만 이야기 하였다면 제대로 된 고지의무를 이행한 것이 아니다.

4. 중요한 사항

가. 중요한 사항

고지의 대상이 되는 중요한 사항이란 보험자가 위험을 측정하여 보험료를 산출하는 것에 영향을 주는 사항으로 계약 당시에 그 사실을 알았더라면 보험계약을 체결하지 않았거나 적어도 같은 조건으로는 체결하지 않았으리라 예상되는 사항이다. 어떠한 사실이 이에 해당하는가는 사실 인정의 문제로 보험의 기술에 비추어 객관적으로 관찰하여 판단하여야 한다.

나. 서면에 의한 질문

보험계약자의 입장에서는 어떤 사항이 중요한 것인지 잘 알지 못하는 경우가 많으며 중요성에 대한 판단은 서로의 이해관계에 따라 다를 수 있기 때문에 분쟁의 우려가 높다. 대법원도 고지의 대상이 되는 중요한 사항에 대한 기준을 보험자의 입장을 기준으로 판단하기 때문에 보험의 기술과 법률적인 특성을 잘 알지 못하는 보험계약자나 피보험자가 보험자의 입장에 서서 무엇이 중요한가를 판단하여 고지하는 것은 쉽지 않다. 따라서 보험 실무상 청약서의 질문표를 이용하여 보험계약자 등이 중요한 사항을 고지하도록 유도하고 있으며, 우리 상법은 보험자가 서면으로 질문한 사항은 중요한 사항으로 추정한다고 하여 이에 대한 법률적 근거를 뒷받침하고 있다.

> **📑 관련조항**
>
> **제651조의2(서면에 의한 질문의 효력)**
> 보험자가 서면으로 질문한 사항은 중요한 사항으로 추정한다.

5. 고지의무 위반 증명책임

가. 요건

보험계약자 또는 피보험자의 고의, 중대한 과실로 중요한 사항에 대한 불고지 또는 부실고지가 있어야 한다.

나. 증명책임

고지의무 위반에 대한 증명책임은 보험계약의 해지권을 행사하고자 하는 보험자에게 있다.

> **시험 출제 Point**
>
> **증명책임이 누구에게 있는지 아는 가장 쉬운 방법**
> 어떠한 사실의 증명책임을 누가 부담하는가를 판단할 때는, **그 사실이 밝혀질 경우 유리한 사람**이 증명책임을 부담한다고 생각하면 쉽다.

6. 고지의무 위반으로 인한 보험자의 해지권

가. 해지권의 행사

보험계약자 측에게 고지의무 위반이 있다면 보험자는 그 계약을 해지할 수 있다. 이는 보험계약의 계속계약적 성격에서 비롯된다. 해지의 의사표시는 보험계약자에게 하는 것이 원칙이며 만약 보험계약자가 사망한 경우라면 그 상속인이나 대리인에게 하여야 한다. 따라서 특별한 사정이 없는한 보험계약자가 아닌 보험수익자에게 행한 해지의 의사표시는 그 효력이 없다(대법원 2002. 11. 8. 선고 2000다19281 판결).

나. 해지의 효과

해지의 효력은 장래에 향하여 발생하는 것이 원칙이지만 고지의무 위반을 이유로 보험계약을 해지하는 경우에는 보험자는 보험금을 지급할 책임이 없고 이미 지급한 보험금의 반환을 청구할 수 있다. 이렇게 보험계약에서 고지의무 위반 해지에 대하여 특칙을 부여한 이유는, 일반적으로 보험자가 보험계약자 측의 고지의무 위반 사실을 알게 되는 것은 보험사고가 발생한 이후이기 때문이다. 따라서 해지의 장래효를 그대로 인정하면, 보험자의 입장에서는 고지의무 위반에도 불구하고 보험금을 지급해야 하기 때문에 해지가 무의미한 조항이 되어 버린다. 이러한 점에서 특칙을 인정한 것이다.

다. 해지권 행사 제한 사유

1) 제척기간
고지의무 위반 사실을 안 날로부터 <u>1월</u>, 계약이 성립한 날로부터 <u>3년</u>이 지나면 그 계약을 해지할 수 없다.

2) 보험자의 고의 또는 중과실
보험자가 보험계약 체결 당시에 고지의무 위반 사실을 알았거나 중대한 과실로 알지 못한 때에는 그 계약을 해지할 수 없다.

라. 설명의무와의 충돌

보험자가 보험약관 교부 설명의무를 위반한 경우하여, 보험계약자 측의 고지의무 위반이 서로 충돌하는 경우에는 보험계약자가 설명 받지 아니한 사항에 대하여 고지의무를 위반하였다고 하더라도 보험자는 이를 이유로 계약을 해지할 수 없다(대법원 1998. 4. 10. 선고 97다47255 판결). 예를 들어 보험계약자가 자동차보험을 체결하면서 주운전자에 대하여 고지의무를 위반하였으나 보험자가 그에 관하여 아무런 설명을 하지 않은 경우라면 보험계약자의 고지의무 위반을 이유로 보험계약을 해지할 수 없다.

7. 고지의무 위반과 보험금 지급

가. 의의

상법 제655조 단서에 의하면 고지의무(告知義務)를 위반한 사실이 보험사고 발생에 영향을 미치지 않았음이 증명된 경우에는 보험자는 보험금을 지급할 책임이 있다.

나. 증명책임

고지의무 위반 사실이 보험사고 발생에 영향을 미치지 않았다는 증명책임은 보험계약자 측이 부담한다. 보험계약자 측이 인과관계가 없음을 증명하면 고지의무 위반에도 불구하고 보험금을 지급받을 수 있기 때문이다. 다만 현재 생명보험 표준약관상 이에 대한 증명책임을 보험자에게 돌려놓았다.

다. 해지 여부

고지의무 위반 사실과 보험사고 발생 사이의 인과관계 존부(存否)는 보험자의 보험금 지급책임 유무(有無)에 대한 것이다. 따라서 고지의무 위반에 따른 보험자의 보험계약 해지권은 인과관계 여부를 불문하고 여전히 행사 가능하다.

라. 인과관계

이때 고지의무 위반 사실과 보험사고 발생 사이에는 상당인과관계를 요구하는 것이 아니라 인과관계를 조금이라도 엿볼 수 있는 여지가 있으면 인과관계를 인정한다.

> **관련판례 | 대법원 1992. 10. 23. 선고 92다28259 판결**
>
> 보험계약을 체결함에 있어 중요한 사항의 고지의무를 위반한 경우 고지의무 위반사실이 보험사고의 발생에 영향을 미치지 아니하였다는 점, 즉 보험사고의 발생이 보험계약자가 불고지하였거나 부실고지한 사실에 의한 것이 아니라는 점이 증명된 때에는 상법 제655조 단서의 규정에 의하여 보험자는 위 부실고지를 이유로 (생략) 만일 그 **인과관계의 존재를 조금이라도 규지할 수 있는 여지가 있으면 위 단서는 적용되어서는 안될 것**이다.

8. 고지의무 위반이 사기에도 해당하는 경우

가. 상법상 고지의무 위반

상법 규정에 의하면 보험계약자 또는 피보험자가 보험계약 당시에 고의 또는 중대한 과실로 인하여 고지의무를 위반한 경우 보험자는 그 사실을 안 날로부터 1월 내에, 계약을 체결한 날로부터 3년 내에 한하여 보험계약을 <u>해지</u>할 수 있다.

나. 민법상 사기 착오 취소

민법 제109조의 규정에 의하면 법률행위의 중요 부분에 착오가 있는 때에는 해당 법률행위를 <u>취소</u>할 수 있으며, 민법 제110조에서는 사기나 강박에 의하여 행한 의사표시를 <u>취소</u>할 수 있도록 규정하고 있다. 민법에 의하여 계약을 취소하는 경우에는 추인할 수 있는 날로부터 3년, 법률행위를 한 날로부터 10년의 기간동안 취소권을 행사할 수 있다. 따라서 상법상 해지와 비교하여 행사 기간의 차이가 발생한다. 또한 보험료 반환에 있어서도 해지는 장래효이므로 원칙적으로 이미 지나간 보험기간에 대해서는 보험자에게 보험료 반환의무가 없지만, 취소는 소급효가 있으므로 보험료 반환의무가 발생한다.

다. 고지의무 위반이 사기 착오에도 해당하는 경우에 대한 학설

단순한 고지의무 위반이라면 상법상 해지권을 적용하는 것이 당연하겠으나, 고지의무 위반이 사기나 착오에도 해당하는 경우 보험자가 상법상 해지권만 행사할 수 있는지 혹은 민법상 취소권도 행사할 수 있는지에 대해서는 학설이 대립되고 있다.

1) 상법 단독적용설

상법은 민법에 대한 특칙이므로 상법상 해지권만 적용할 수 있다는 입장이다. 상법이 고지의무 위반 시에 해지권을 부여하도록 규정하고 있으므로 보험계약의 특수성을 고려하여 민법의 취소권 적용은 배제해야 한다는 견해이다. 고지의무에 관한 상법 규정에 사기에 관한 민법 규정까지 적용을 허용하면 보험계약자 등의 보호 정신이 훼손될 염려가 있다는 것이다.

2) 민상법 중복적용설

보험자의 선택에 따라 상법상 해지권과 민법상 취소권을 모두 적용할 수 있다는 입장이다. 이 입장에 따르면 보험자는 고지의무 위반의 해지권을 행사할 수도 있으며 민법 규정에 의하여 취소권을 행사할 수도 있다. 사기 등에 의한 의사표시가 있음에도 이를 취소할 수 없다고 한다면 보험자에게 부당한 불이익이 가해지고 반대로 보험계약자 등을 부당하게 보호하는 결과가 될 수 있다는 것이다.

3) 절충설(사기 착오 구별설)

단순한 착오인 경우에는 상법상 해지권만 적용하는 것이 타당하겠으나, 보험계약자의 사기가 있는 경우에는 특혜를 줄 필요가 없기 때문에 상법상 해지권과 민법상 취소권을 모두 적용하자는 주장이다. 착오와 사기를 구분하여 사기에 대한 경우에는 상법상 해지권 제척기간이 경과하였더라도 민법상 취소권을 행사할 수 있도록 하는 것이 합리적이라는 입장이다. 만약 보험계약자의 사기 행위에 대하여 민법이 적용되지 않는다면 사기행위를 한 자가 상법에 의하여 더 두터운 보호를 받게 되는 모순이 발생하기 때문이다.

4) 판례 및 통설

대법원 판례는 <u>민상법 중복적용설</u>에 있으며, 다수설은 절충설[1]에 따른다.

관련판례 ┃ 대법원 1991. 12. 27. 선고 91다1165 판결

보험계약을 체결함에 있어 중요한 사항에 관하여 보험계약자의 고지의무위반이 <u>사기에 해당하는 경우</u>에는 보험자는 <u>상법의 규정에 의하여 계약을 해지할 수 있음은 물론 민법의 일반원칙에 따라 그 보험계약을 취소할 수 있다.</u>

 관련판례 ┃ 대법원 2002. 7. 26. 선고 2001다36450 판결

공사도급계약과 관련하여 체결되는 이행(계약)보증보험계약이나 지급계약보증보험에 있어 그 보험사고에 해당하는 수급인의 채무불이행이 있는지 여부는 그 보험계약의 대상으로 약정된 도급공사의 공사금액, 공사내용 및 공사기간과 지급된 선급금 등을 기준으로 판정하여야 하므로, 이러한 보증보험계약에 있어 공사계약 체결일이나 실제 착공일, 공사기간도 공사대금 등과 함께 그 계약상 중요한 사항으로서 수급인 측에서 이를 허위로 고지함으로 말미암아 보험자가 그 실제 공사의 진행상황을 알지 못한 채 보증보험계약을 체결한 경우에는 이는 법률행위의 중요한 부분에 관한 <u>착오로 인한 것으로서 민법의 일반원칙에 따라 보험자가 그 보험계약을 취소할 수 있다.</u>

제2절 위험변경증가 통지의무

1. 의의

보험계약자 또는 피보험자는 보험기간 중 위험이 현저하게 변경 또는 증가된 사실을 안 때에는 지체 없이 이를 보험자에게 통지하여야 하는데 이를 위험변경증가 통지의무라고 한다. 여기에서 위험변경증가는 보험계약자 또는 피보험자의 고의나 중과실 여부를 따지지 않는다.

2. 법적 성질 및 인정 취지

가. 법적 성질

보험계약자 측의 통지의무 위반이 있더라도 보험자가 손해배상을 청구하거나 의무 이행을 강제할 수 없다. 따라서 간접의무이다. 또한 상법에서 정한 법률 규정에 의하여 발생하는 법정의무이다.

나. 인정 취지

보험자는 보험계약을 체결하기 전에 위험의 크기를 산정한 후 위험의 인수여부, 보험요율 등을 정하여 보험의 단체성과 수지상등의 원칙을 유지한다. 만약 보험계약이 성립된 이후에 보험자가 산

---

1) 실무에서는 표준약관에 '사기에 의한 계약'이라는 조항을 두어 사기로 계약이 성립되었을 경우에만 계약 취소권을 행사하되 그 기간을 안 날로부터 1월, 계약 체결일로부터 5년으로 축소하여 절충설의 입장에 있다.

정하였던 위험이 변경 또는 증가되었다면, 보험자로서는 보험계약 체결 전에 측정하였던 위험에 대한 정보가 변경되므로 보험계약 조건도 그에 맞추어 변경하여야 한다. 따라서 위험에 대한 정보를 지배하고 있는 보험계약자와 피보험자에게 통지의무를 부과하여 보험자에게 적절한 대처를 할 수 있도록 하고 있다.

3. 당사자

가. 통지의무자

보험계약자와 피보험자가 통지의무를 부담한다. 인보험의 보험수익자는 통지의무자에 포함되지 않으니 주의해야 한다.

나. 통지수령권자

보험자는 보험계약의 당사자로서 당연히 수령권을 가지며 보험대리상도 수령권을 가진다. 보험설계사와 보험중개사는 수령권이 없음에 주의해야 한다.

4. 현저한 변경 증가

위험이 현저하게 변경 또는 증가된 사실이란, 보험자가 위험을 측정하여 보험료를 산출하는 것에 영향을 주는 사항을 말한다. 즉 보험자가 그 사실을 알았다면 보험계약을 체결하지 않았거나 적어도 같은 조건으로는 보험계약을 인수하지 않았을 것으로 예상되는 사실을 말하며, 이는 객관적으로 판단하여야 한다. 판례에 의하면 어떠한 상태의 발생이나 변경이 현저한 위험의 변경에 해당하는지는 구체적인 여러 사정을 종합하여 판단하여야 할 사실 인정의 문제에 해당한다. 또한 위험의 변경증가는 일정기간 지속 가능성이 있는 경우를 말하며, 일시적인 위험의 변경증가는 통지의무의 대상에 해당하지 않는다.

5. 통지의무 이행 및 불이행

가. 이행

보험계약자 측이 위험의 현저한 변경증가 통지의무를 이행하면 보험자는 1월 내에 보험료를 증액하거나 보험계약을 해지할 수 있다.

나. 불이행

보험계약자 측이 위험의 현저한 변경증가 통지위무를 위반한 경우에는 보험자는 그 사실을 안 날로부터 1월 내에 계약을 해지할 수 있다. 보험계약자 측의 통지의무 불이행으로 보험자가 보험계약을 해지하면 고지의무와 마찬가지로 보험자는 보험금을 지급할 책임이 없고 이미 지급한 보험금액의 반환을 청구할 수 있다. 다만 위험이 현저하게 변경되거나 증가된 사실이 보험사고 발생에 영향을 미치지 아니하였음이 증명된 경우에는 보험자는 보험금을 지급할 책임이 있다. 판례에 따르면 해지권 행사의 기산점은 보험자가 위험의 현저한 변경증가 사실을 안 때가 아니라 보험계약자 등이 통지의무를 이행하지 않은 사실을 안 때이다.

📑 **관련조항**

제652조(위험변경증가의 통지와 계약해지)

① 보험기간 중에 보험계약자 또는 피보험자가 사고발생의 위험이 현저하게 변경 또는 증가된 사실을 안 때에는 지체없이 보험자에게 통지하여야 한다. 이를 해태한 때에는 보험자는 그 사실을 안 날로부터 1월내에 한하여 계약을 해지할 수 있다.

② 보험자가 제1항의 위험변경증가의 통지를 받은 때에는 1월내에 보험료의 증액을 청구하거나 계약을 해지할 수 있다.

6. 고지의무 위반과 통지의무 위반의 해지 전용

하나의 보험계약에서 고지의무 위반과 통지의무 위반이 모두 해당하여 보험자가 해지권을 행사하는 경우에 하나의 사유로 해지 의사표시를 한 이후 다른 사유로 전용하는 것이 가능한지 문제된다. 예를 들어 고지의무 위반을 이유로 보험계약을 해지한다고 보험계약자에게 통보하였으나 고지의무 위반이 인정되지 않았을 때에, 이미 이행한 해지 의사표시를 통지의무 위반에 의한 것으로 전용하는 것이 허용되는가에 관한 것이다. 이에 대하여 대법원은 상대방이 해지의 의사표시를 수령할 당시 그 근거가 된 해지사유를 알았거나 알 수 있었다는 특별한 사정이 없는 한 해지의 의사표시에는 해지사유를 명시할 것이 요구된다 할 것이고, 어떠한 해지사유에 의하여 해지의 의사표시를 한 이후 다른 해지사유에 의한 것으로 전용하는 것은 허용될 수 없다(대법원 2004. 12. 10. 선고, 2004다55377, 2004다55384(병합) 판결)고 보았다.

제3절 위험유지의무

1. 의의

보험기간 중에 보험계약자, 피보험자 또는 보험수익자의 고의 또는 중대한 과실로 사고 발생의 위험을 현저하게 변경 또는 증가시키지 않을 의무이다.

2. 당사자

보험계약자, 피보험자와 보험수익자가 의무를 부담한다. 고지의무나 위험변경증가 통지의무와는 달리 보험수익자도 의무 대상자이니 주의하여야 한다.

3. 현저한 변경 증가

위험이 현저하게 변경 또는 증가된 사실이란, 보험자가 위험을 측정하여 보험료를 산출하는 것에 영향을 주는 사항을 말한다. 즉 보험자가 그 사실을 알았다면 보험계약을 체결하지 않았거나 적어도 같은 조건으로는 보험계약을 인수하지 않았을 것으로 예상되는 사실을 말한다.

4. 의무 위반의 효과

보험자는 그 사실을 안 날부터 1월 내에 보험료의 증액을 청구하거나 계약을 해지할 수 있으며, 보험자가 보험계약을 해지하면 고지의무와 마찬가지로 보험자는 보험금을 지급할 책임이 없고 이미 지급한 보험금액의 반환을 청구할 수 있다. 다만, 위험이 현저하게 변경되거나 증가된 사실이 보험사고 발생에 영향을 미치지 않았음이 증명된 경우에는 보험금을 지급할 책임이 있다.

5. 위험 변경증가 통지의무와의 차이점

위험 변경증가 통지의무에서는 보험계약자나 피보험자의 고의, 중과실로 인한 위험의 변경증가 여부를 따지지 않으며 다만 객관적으로 보아 위험의 변경증가가 있다면 그 사실을 보험자에게 통지하도록 규정하고 있다. 이에 반하여 위험유지의무는 보험계약자, 피보험자 또는 보험수익자의 고의 또는 중대한 과실로 인하여 위험을 현저하게 변경 또는 증가시키지 않도록 하는 의무이며 보험기간 동안 위험을 일정하게 유지할 것을 규정하는 의무이다. 법률 해석상 이렇게 구분되기는 하나, 보험 실무에서는 이를 특별히 구분하지 않으며 통칭하여 통지의무라고 부르는 경우가 많다.

📑 관련조항

제653조(보험계약자 등의 고의나 중과실로 인한 위험증가와 계약해지)
보험기간 중에 보험계약자, 피보험자 또는 보험수익자의 고의 또는 중대한 과실로 인하여 사고발생의 위험이 현저하게 변경 또는 증가된 때에는 보험자는 그 사실을 안 날부터 1월내에 보험료의 증액을 청구하거나 계약을 해지할 수 있다.

1. 의의

보험계약자 또는 피보험자나 보험수익자는 보험사고의 발생을 안 때에는 지체없이 보험자에게 그 통지를 발송하여야 한다.

2. 당사자

보험계약자, 피보험자와 보험수익자가 의무를 부담한다.

3. 시기와 방법

가. 시기

보험계약자 또는 피보험자나 보험수익자는 보험사고의 발생을 안 때에는 지체없이 보험자에게 그 통지를 발송하여야 한다. 여기에서 말하는 지체없이란 통지의무를 부담하는 사람의 귀책사유로 지연하는 것 없이 통지하는 것을 말한다.

나. 방법

보험계약은 불요식 계약이므로 보험사고 발생의 통지 방법에는 제한이 없다. 구두, 서면, 인터넷, 전화 등과 같이 보험자에게 그 뜻을 전달할 수 있는 방법이라면 어떤 방법이든 가능하다.

4. 의무 위반의 효과

보험계약자 또는 피보험자나 보험수익자가 사고발생 통지의무를 게을리했을 경우에는 그로 인하여 증가된 손해는 보상할 책임이 없나.

📑 관련조항

제657조(보험사고발생의 통지의무)
① 보험계약자 또는 피보험자나 보험수익자는 보험사고의 발생을 안 때에는 지체없이 보험자에게 그 통지를 발송하여야 한다.
② 보험계약자 또는 피보험자나 보험수익자가 제1항의 통지의무를 해태함으로 인하여 손해가 증가된 때에는 보험자는 그 증가된 손해를 보상할 책임이 없다.

1. **고지의무는 간접의무이다.**

   해설 보험계약자 측의 고지의무 위반이 있더라도 보험자가 손해배상을 청구하거나 이행을 강제할 수 없다. 이와 같은 의무를 간접의무라고 부른다. 　　답 ○

2. **고지의무를 이행해야 하는 사람은 보험계약자, 피보험자 및 보험수익자이다.**

   해설 고지의무를 이행해야 하는 사람은 보험계약자와 피보험자이다. 보험수익자는 고지의무자에 포함되지 않으니 주의해야 한다. 　　답 ✕

3. **보험자가 서면으로 질문한 사항은 중요한 사항으로 본다.**

   해설 보험자가 서면으로 질문한 사항은 중요한 사항으로 추정한다. '추정한다'와 '본다'는 법률 용어로 그 뜻이 다르니 주의해야 한다. 　　답 ✕

4. **보험계약자 측이 위험의 현저한 변경증가 통지의무를 위반했을 때는 물론이고, 이행하였을 때에도 보험자는 해지권을 행사할 수 있다.**

   해설 위험변경증가 통지의무 이행이 있으면 보험자는 1월 내에 보험료를 증액하거나 보험계약을 해지할 수 있다. 만약 통지의무 위반이 있다면 보험자는 보험계약을 해지할 수 있다. 따라서 위험변경증가 통지의무는 위반은 물론이고 이행하였을 때에도 보험자가 보험계약을 해지할 수 있다. 　　답 ○

5. **위험유지의무를 부담하는 사람은 보험계약자, 피보험자 또는 보험수익자이다.**

   해설 보험계약자, 피보험자와 보험수익자가 의무를 부담한다. 고지의무나 위험 변경증가 통지의무와는 다르게 보험수익자도 포함하고 있음에 주의해야 한다. 　　답 ○

6. **사고발생 통지의무를 위반한 때에는 보험자는 그 사실을 안 날로부터 1월 내에 그 계약을 해지할 수 있다.**

   해설 보험계약자 또는 피보험자나 보험수익자가 사고발생 통지의무를 게을리했을 경우에는 그로 인하여 증가된 손해는 보상할 책임이 없다. 증가된 손해를 보상할 책임이 없을 뿐이지 보험계약의 해지권이 주어지는 것은 아니다. 　　답 ✕

7. **사고발생 통지의무는 보험계약자 측이 사고발생 사실을 안 날로부터 1월 내에 이행하여야 한다.**

   해설 보험계약자 또는 피보험자나 보험수익자는 보험사고의 발생을 안 때에는 지체없이 보험자에게 그 통지를 발송하여야 한다. 여기에서 말하는 지체없이란 통지의무를 부담하는 사람의 귀책사유로 지연하는 것 없이 통지하는 것을 말한다. 　　답 ✕

01 고지의무에 관한 다음 설명 중 옳은 것은?

① 중요한 사항의 불고지 또는 부실고지가 고지의무자의 고의 또는 중과실로 인한 것인지 여부에 관한 증명책임은 보험자에게 있다.
② 판례상 고지의무자가 중요한 사항을 스스로 탐지하여 알려야 할 의무도 고지의무의 내용이 된다.
③ 보험자가 고지의무의 위반으로 보험계약을 해지하면, 인보험의 경우 보험수익자를 위하여 적립한 금액을 보험계약자에게 지급할 책임이 없다.
④ 보험대리상의 경우에는 고지수령권이 인정되지 않는다.

정답 및 해설

② 판례는 고지의무자에게 중요한 사항을 스스로 탐지하여 알려야 하는 적극적인 탐지의무까지 부여하는 것은 부당하다는 입장이다.
③ 보험자가 고지의무의 위반으로 보험계약을 해지하면, 인보험의 경우 보험수익자를 위하여 적립한 금액을 보험계약자에게 지급할 책임이 있다.
④ 보험대리상의 경우에는 고지수령권이 인정된다.

정답 ①

02 고지의무의 내용에 대한 다음의 설명으로 옳지 않은 것은?

① 타인을 위한 손해보험계약에서 보험계약의 체결을 알고 있는 피보험자는 고지의무를 진다.
② 인보험에서 보험금청구권을 가지는 보험수익자는 고지의무자가 아니다.
③ 보험계약이 대리인에 의하여 체결되는 경우 그 대리인이 고지의무를 부담하는 데 본인이 알고 있는 사실만 고지하면 될 것이지 대리인이 알고 있는 사실을 알릴 필요는 없다.
④ 보험계약자가 수인이 있는 경우에 각 보험계약자가 고지의무를 부담하여야 한다.

정답 및 해설

대리인에 의하여 보험계약을 체결한 경우에 대리인이 안 사유는 그 본인이 안 것과 동일한 것으로 본다(상법 제646조). 따라서 본인이 알고 있는 사실뿐만 아니라 대리인이 알고 있는 사실도 고지하여야 한다.

정답 ③

03 고지의무에 관한 다음 설명 중 틀린 것은?

① 보험자가 서면으로 질문한 사항은 중요한 사항으로 간주한다.

② 고지의무를 위반했다는 사실은 보험자가 증명하여야 한다.

③ 고지의무 위반의 효과로써 보험자가 보험수익자에게 한 해지의 의사표시는 특별한 사정이 없는 한 효력이 없다는 것이 판례의 입장이다.

④ 고지의무 위반 사실이 보험사고 발생에 영향을 미치지 않았다는 것을 보험계약자가 입증한 경우 보험자는 보험금액을 지급하여야 한다.

🔔 정답 및 해설

보험자가 서면으로 질문한 사항은 중요한 사항으로 **추정**한다.

정답 ①

04 보험계약자 등의 통지의무에 관한 다음 설명 중 틀린 것은?

① 보험사고 발생시 통지를 해태하여 손해가 증가된 경우에는 보험자가 그 발생을 안 때에라도 증가된 손해를 보상할 책임은 없다.

② 보험기간 중에 보험계약자 등이 사고발생의 위험이 변경증가된 사실을 안 때에는 그 정도가 현저한 경우에만 보험계약자 등에게 통지의무가 있다.

③ 보험계약자 등이 위험변경증가의 통지의무를 해태한 때에는 보험자는 그 사실을 안 날로부터 1월내에 한하여 계약을 해지할 수 있다.

④ 위험변경증가의 통지의무의 해태로 보험자가 보험계약을 해지한 경우에는 그 때부터 장래에 향하여 효력을 상실한다.

🔔 정답 및 해설

보험계약자 또는 피보험자나 보험수익자는 보험사고의 발생을 안 때에는 지체없이 보험자에게 그 통지를 발송하여야 한다. 그리고 보험계약자 또는 피보험자나 보험수익자가 통지의무를 해태함으로 인하여 손해가 증가된 때에는 보험자는 그 증가된 손해를 보상할 책임이 없다. 다만, 계약자가 통지의무를 해태하였다고 하더라도 보험자가 사고의 발생사실을 이미 알고 있는 경우에는 보험자도 적절하게 손실확대 방지를 위하여 노력하여야 할 의무가 있다고 할 것이므로 증가된 손해를 보상할 책임이 있다.

정답 ①

05 고지의무에 관한 설명 중 옳은 것은?

① 보험자가 서면으로 질문한 사항은 중요한 사항으로 본다.

② 타인을 위한 손해보험계약에서 보험계약자에게 계약의 체결을 위임하지 않은 피보험자는 고지의무자가 될 수 없다.

③ 현행 상법상 고지의무는 수동적 의무가 아니라 적극적 의무에 해당한다.

④ 통설에 의하면, 고지의무의 위반이 있는 경우 보험자는 민법상 착오를 이유로 계약을 취소할 수 있다.

🔵 **정답 및 해설**

현행 상법상 보험자가 질문표에 묻지 않은 사항이라도 계약에 영향을 미칠 수 있는 중요한 사항은 고지의무의 대상이 된다. 따라서 고지의무는 보험자가 질문한 사항에 답변만 하면 되는 수동적 의무가 아니라 본인이 알고 있는 위험에 대한 정보를 적극적으로 보험자에게 알려야 하는 적극적 의무에 해당한다. 고지의무는 주관적으로 사실의 인식, 중요성의 인식, 고지의 당위성에 대한 인식이 있어야 하고, 객관적으로 부실고지 또는 불고지가 있어야 의무 위반이 된다.

정답 ③

06 고지의무 및 그 위반으로 인한 계약해지권에 관한 설명으로 틀린 것은?

① 이 의무는 보험계약의 효과로서 지게 되는 의무가 아니다.

② 보험자는 이 해지권을 보험사고가 발생하기 전에도 행사할 수 있다.

③ 고지의무는 직접의무에 해당한다.

④ 보험자는 보험사고가 발생한 후에 이 해지권을 행사하면 보험사고 발생 시까지 소급하여 보험금지급책임을 면하게 된다.

🔵 **정답 및 해설**

고지의무 위반이 있더라도 보험자는 강제이행을 집행하거나 손해배상을 청구할 수 없으므로 고지의무는 간접의무에 해당한다.

정답 ③

07 고지의무에 대한 다음 설명 중에서 틀린 것은?

① 고지의무를 부담하는 사람은 보험계약자, 피보험자 및 보험수익자이다.

② 고지의무는 상법이 부과하는 법정의무이며, 진정의무가 아니라 간접의무 또는 자기의무이다.

③ 타인을 위한 손해보험계약을 체결하면서 타인의 위임이 없다면 보험계약자는 이를 보험자에게 알려야 하는데 이는 보험자가 그 타인에게 고지의무 이행을 촉구할 기회를 주기 위한 것이다.

④ 고지수령권자는 보험자, 보험대리상, 보험의이다. 보험설계사에게는 고지수령권한이 없다는 것이 통설 및 판례이며, 상법에도 규정되어 있다.

① 고지의무를 부담하는 사람은 보험계약자와 피보험자이다. 인보험의 **보험수익자는 고지의무자가 아님에 주의**해야 한다.

② 고지의무는 상법이 부과하는 법정의무이다. 그러나 의무를 이행하지 않아도 보험자가 이행을 강제하거나 손해배상을 청구할 수 없으며, 따라서 진정의무가 아니라 간접의무 또는 자기의무에 해당한다.

③ 보험계약자는 위임을 받거나 위임을 받지 아니하고 특정 또는 불특정의 타인을 위하여 보험계약을 체결할 수 있다. 그러나 손해보험계약의 경우에 그 타인의 위임이 없는 때에는 보험계약자는 이를 보험자에게 고지하여야 하고, 그 고지가 없는 때에는 타인이 그 보험계약이 체결된 사실을 알지 못하였다는 사유로 보험자에게 대항하지 못한다(상법 제639조 제1항). 이는 보험자가 그 타인에게 고지의무 이행을 촉구할 기회를 주기 위한 것이다.

④ 고지수령권자는 보험자, 보험대리상, 보험의이다. 보험설계사에게는 고지수령권한이 없다는 것이 통설 및 판례이며, 상법에도 규정되어 있다. 보험중개사도 중개행위를 할 뿐이므로 고지수령권한이 없다.

정답 ①

08 고지의무 위반의 효과에 대한 다음 설명 중에서 틀린 것은? (다툼이 있을 경우 판례에 따름)

① 고지의무 위반시 보험자는 보험계약을 해지할 수 있으며 해지의 효력은 장래에 향하여 발생한다. 하지만 보험자는 이미 지급한 보험금이 있다면 그 보험금액의 반환을 청구할 수 있다.

② 보험자가 행사하는 해지권은 보험계약의 상대방인 보험계약자 또는 그 대리인에게 행사하여야 한다. 그러므로 타인을 위한 보험계약에서 보험계약자가 아니라 보험수익자에게 행한 해지 의사표시는 효력이 없다.

③ 고지의무 위반 사실이 보험사고 발생에 영향을 미치지 아니하였음이 증명된다면 보험자는 고지의무 위반에도 불구하고 보험금액을 지급하여야 하는데, 이때 보험자가 보험금을 지급하지 않기 위해서는 고지의무 위반 사실과 보험사고 발생 사이에 상당인과관계가 존재하여야 한다.

④ 고지의무 위반에도 불구하고 모집인 등 보험자 측이 약관의 중요사항을 설명하지 않고 약관을 교부하지 않아 보험계약자가 고지의무를 이행하지 않은 경우에는 보험자는 그 계약을 해지할 수 없다.

① 고지의무 위반이 있다면 보험자는 보험계약을 해지할 수 있고 이미 지급한 보험금이 있다면 그 보험금액의 반환을 청구할 수 있다. 본래 해지의 효력은 장래에 향하여 발생하지만, 고지의무 위반을 이유로 해지하는 경우에는 이미 지급한 보험금의 반환을 청구할 수 있도록 특별히 규정한 것이다.

② 해지권은 보험계약의 상대방인 보험계약자 또는 그 대리인에게 행사하여야 한다. 그러므로 타인을 위한 보험계약에서 보험계약자가 아니라 보험수익자에게 행한 해지 의사표시는 효력이 없다. 만약 보험계약자가 사망하였다면 보험계약자의 상속인에게 해지 의사표시를 하면 된다.

③ 상법 제655조의 단서 적용 배제를 위한 고지의무 위반 사실과 보험사고 발생과의 인과관계는 상당인과관계 정도까지 요구하는 것이 아니라, 그 **인과관계의 존재를 조금이라도 주지할 수 있는 여지가 있다면 충분**하다(대법원 92다28259 판결).

④ 고지의무 위반에도 불구하고 모집인 등 보험자 측이 약관의 중요사항을 설명하지 않고 약관을 교부하지 않아 보험계약자가 고지의무를 이행하지 않은 경우에는 보험자는 그 계약을 해지할 수 없다.

정답 ③

09 보험사고 발생의 통지의무에 대한 다음 설명 중 틀린 것은?

① 보험사고 발생의 통지의무를 부담하는 자는 보험계약자 또는 피보험자나 보험수익자이다.

② 사고 발생 사실을 안 때부터 의무를 부담한다.

③ 통지의 방법에는 제한이 없다.

④ 보험사고 발생 통지의무자가 통지의무를 게을리한 경우에는 보험사고의 발생으로 인한 손해를 보상할 책임이 없다.

🔊 정답 및 해설

보험사고 발생의 통지의무자가 통지를 해태한 경우에 보험자는 그 통지를 게을리 함으로 인하여 **증가된 손해**를 보상할 책임이 없다(상법 제657조 제2항). 증가된 손해를 보상할 책임이 없는 것이지 사고의 발생으로 인한 손해를 보상할 책임이 없는 것은 아니다.

정답 ④

10 다음 사례에 대하여 맞게 설명한 것은?

> A씨는 2020년 12월경 남편을 피보험자로 하여 B보험회사와 암보험 계약을 맺었으나, 피보험자가 보험 가입 1년 전에 두 차례에 걸쳐 고혈압 진단을 받고 30일치 약을 처방받은 사실이 있었다. 하지만 A씨는 이러한 사실을 보험회사에 알리지 않았고 이후 2021년 12월 피보험자는 위암 진단을 받았다.
> 의학적으로 고혈압과 위암 사이에는 인과관계가 없는 것으로 밝혀져 있다.

① 대법원 판례에 의하면 B보험회사는 위암 진단 보험금을 지급하여야 하며, 보험계약도 해지할 수 없다.

② 상법 규정은 위암 진단 보험금은 지급하도록 규정하고 있으나, 보험계약 해지에 대해서는 아무런 규정을 두고 있지 않다. 이 경우 대법원 판례는 보험계약을 해지할 수 없는 것으로 보고 있다.

③ 상법 규정에 따라 B보험회사는 위암 진단 보험금은 지급하되, 보험계약을 해지할 수 있다.

④ 상법 규정상 위암 진단 보험금 지급여부에 대해서는 논란이 없으나, 보험계약 해시 여부는 불명확하여 입법적인 해결이 필요하다.

🔊 정답 및 해설

보험계약자 또는 피보험자의 고지의무 위반이 있는 경우에는 보험자는 그 보험계약을 해지하고, 보험금을 지급할 책임이 없다. 다만, 만약 고지의무에 위반한 내용이 보험사고와 인과관계가 없을 경우에는 보험금을 지급할 책임이 있다. 따라서 보험자는 보험계약자 측의 고지의무 위반이 있을 경우 상법 제651조에 의하여 **보험계약을 해지할 수 있으며,** 만약 고지의무를 위반한 사실과 보험사고의 발생 사이의 인과관계가 없음이 입증된다면 **보험금은 지급하여야 한다**(대법원 2010. 7. 22. 선고 2010다25353 판결).

정답 ③

11 보험사고발생의 통지의무에 관한 설명으로 옳지 않은 것은?

① 보험사고발생의 통지의무자가 보험사고의 발생을 안 때에는 지체없이 보험자에게 그 통지를 발송하여야 한다.

② 보험사고발생의 통지의무자는 보험계약자 또는 피보험자나 보험수익자이다.

③ 통지의 방법으로는 구두, 서면 등이 가능하다.

④ 보험자는 보험계약자가 보험사고발생의 통지의무를 해태하여 증가된 손해라도 이를 포함하여 보상할 책임이 있다.

정답 및 해설

① 보험사고발생의 통지의무자가 보험사고의 발생을 안 때에는 지체없이 보험자에게 그 통지를 발송하여야 한다.

② 보험사고발생의 통지의무자는 보험계약자 또는 피보험자나 보험수익자이다.

③ 보험계약은 불요식 계약이므로 통지의 방법으로는 구두, 서면 등이 가능하다.

④ 보험계약자가 보험사고발생의 통지의무를 해태하여 손해가 증가된 경우에는 그 증가된 손해는 보험금을 지급할 책임이 없다.

정답 ④

10 보험금의 지급과 면책사유

제1절 보험금의 지급

1. 의의

보험자가 보험사고 발생 통지를 받은 경우에는 지체없이 피보험자 또는 보험수익자에게 보험금을 지급하여야 한다.

2. 기간

보험금액의 지급에 관하여 약정기간이 있는 경우에는 그 기간 내에, 약정기간이 없는 경우에는 사고발생 통지를 받은 후 지체없이 지급할 보험금액을 정하고 그 정하여진 날부터 10일 내에 피보험자 또는 보험수익자에게 보험금액을 지급하여야 한다.

3. 지급방식

보험금은 금전으로 지급하는 것이 일반적이지만, 현물 또는 기타의 급여로도 할 수 있다.

4. 인과관계

보험사고와 손해 사이에는 상당인과관계가 있어야 한다. 상당인과관계란 보통의 상식을 가진 일반인의 경험에 비추어 볼 때 일정한 선행사실이 있으면 그러한 결과가 발생하는 것이 일반적이라고 인정될 때 인과관계를 인정하는 것을 말한다. 상당인과관계의 여부는 구체적인 사실관계를 기준으로 판단한다. 또한 보험의 목적에 관하여 보험자가 부담할 손해가 생긴 경우에는 그 후 그 목적이 보험자가 부담하지 아니하는 보험사고의 발생으로 인하여 멸실된 때에도 보험자는 이미 생긴 손해를 보상할 책임을 면하지 못한다.

5. 보험금 청구권 상실조항

실무에서는 보험계약자 또는 피보험자가 보험금 청구에 관한 서류에 고의로 사실과 다른 것을 기재하거나 그 서류를 위조 또는 변조하였을 경우에는 보험금 청구권을 상실한다는 이른바 보험금청구권 상실조항을 두고 있는 경우가 있다. 판례는 이 조항에 대하여 보험금 청구권 전체를 상실하는 것은 아니며, 허위청구를 한 해당 보험목적물에 한하여 상실한다고 해석한다(대법원 2009.12.10. 선고 2009다56603 판결). 또한 피보험자가 보험금을 청구하면서 실손해액에 관한 증빙서류 구비의 어려움 때문에 구체적인 내용이 일부 사실과 다른 서류를 제출하거나 보험목적물의 가치에 대한 견해 차이 등으로 보험목적물이 가치를 다소 높게 신고한 경우까지 보험금 청구권이 상실되는 것은 아니라고 보고 있다(대법원 2007.12.27 선고 2006다29105 판결).

6. 손해액 산정 비용

보험자가 보상할 손해액은 그 손해가 발생한 때와 곳의 가액에 의하여 산정한다. 다만 당사자 간에 다른 약정이 있는 때에는 그 신품가액에 의하여 손해액을 산정할 수 있다. 이 때 손해액의 산정에 관한 비용은 보험자의 부담으로 한다.

제2절 면책사유

1. 의의

면책사유란 보험자가 보험금을 지급하지 않는 사유로, 보상에서 제외하는 사항(비담보위험, exclusion)과 보험사고의 원인에서 제외하는 사항(면책위험, exception)으로 구분할 수 있다. 다만 구분의 큰 의미는 없다.

2. 면책사유의 종류

가. 법정면책사유

법에서 규정하고 있는 면책사유이다. 대표적인 법정면책사유로는 고의, 중과실, 전쟁 위험으로 인한 손해가 있다.

나. 약정면책사유

당사자 간에 약정으로 규정하는 면책사유이다. 개별 보험상품의 여러가지 특성을 반영한다. 약정면책사유는 보험계약자가 그 내용을 이미 잘 알고 있는 등의 특수한 경우가 아니라면 기본적으로 보험자의 중요한 설명의무 대상에 해당한다.

다. 절대적 면책사유

공서양속에 반하거나 보험제도의 본질에 반하기 때문에 어떠한 이유에서건 인정될 수 없는 면책사유이다. 고의사고가 대표적이다.

라. 상대적 면책사유

보험기술상으로 어렵거나, 인수할 경우 고액의 보험료를 부과할 수밖에 없어 인정하는 면책사유이다.

구분	절대적 면책사유	상대적 면책사유
이유	보험 본질상 불가	보험 기술상 이유 고액 보험료 부과 방지
인수 가능 여부	어떤 경우에도 인수 불가	추가보험료 납부로 인수 가능

3. 면책사유의 설정이유

가. 도덕적 위험의 방지

고의 또는 중대한 과실로 인하여 사고를 야기하고 보험금을 취득할 수 있다면 이는 보험금 취득을 목적으로 사고를 일으키게 만들게 된다. 이러한 것은 건전한 사회상규에 반하는 것으로 보험에서 배제되어야 하기 때문이다.

나. 위험 동질성의 원칙

다른 보험종목으로 담보하고 있기 때문에 해당 종목에서는 담보를 제한하는 것이다. 산재사고에 대한 자동차보험의 면책이 대표적인 예이다.

다. 보험경영상 한계

전쟁위험, 자연재해 등 거대위험을 보험자가 담보한다면 이는 보험자가 파산할 수도 있는 거대손해를 발생시킬 것이다.

4. 공통 면책사유

가. 고의, 중과실

보험사고가 보험계약자 또는 피보험자나 보험수익자의 고의 또는 중대한 과실로 인하여 생긴 때에는 보험자는 보험금액을 지급할 책임이 없다. 고의란 자신의 행위에 의하여 일정한 결과가 발생할 것을 알면서도 이를 행하는 심리상태를 말하며, 확정적 고의는 물론이고 미필적 고의도 포함된다.

중대한 과실이란 현저한 부주의를 의미한다. 고의 또는 중과실은 보험의 본질상 보험자가 부담할 수 없으므로 <u>절대적 면책사유</u>에 해당한다. 면책사유 적용을 위해서 고의사고를 일으킨 자에게 보험금을 취득하고자 하는 의사가 있어야 하는 것은 아니다. 즉 사고에 대한 고의만 있으면 충분하며 보험금 취득에 대한 고의까지 필요로 하는 것은 아니다. 예를 들어 피보험자를 고의로 살해하였다면 생명보험금 지급이 면책되는 것이지, 보험금을 지급받기 위하여 피보험자를 살해하였다는 것까지 보험자가 증명할 필요는 없다.

나. 전쟁 기타 변란

보험사고가 전쟁 기타의 변란으로 인하여 생긴 때에는 당사자간에 다른 약정이 없으면 보험자는 보험금을 지급할 책임이 없다. 다른 약정이 없으면 보험자가 면책되므로, 다른 약정(추가보험료 납입 등)에 의하여 얼마든지 보험자의 보장이 가능하다. 이를 <u>상대적 면책사유</u>라고 한다.

5. 손해보험 면책사유

가. 손해보험 통칙

보험의 목적의 성질, 하자 또는 자연소모로 인한 손해는 보험자가 이를 보상할 책임이 없다(상법 제678조). 보험의 목적의 성질로 인한 손해의 예로는 과일이나 육류가 시간의 경과에 따라 부패하는 것이 있다. 또는 특정 물질에서 자연발화가 발생하는 경우도 그 예이다. 보험의 목적의 하자는 적하보험이나 운송보험에서 포장의 불비 등으로 목적물 자체의 결함으로 야기된 손해를 말한다. 보험의 목적의 자연적 소모는 우연성을 결여하기 때문에 면책사유로 규정하고 있으며, 자동차에서 타이어 마모와 같이 시간의 경과에 따라 자연스럽게 발생하는 손해를 말한다.

나. 운송보험

송하인 또는 수하인의 고의 또는 중과실로 발생한 손해는 보험자가 보상할 책임이 없다(상법 제692조). 다만 운송인의 고의 또는 중과실은 면책사유가 아닌 것에 주의해야 한다. 즉 운송인의 고의 또는 중과실로 인한 사고는 보험금을 지급한다.

다. 해상보험

해상보험은 그 특수성 때문에 다양한 면책사유가 있다(상법 제706조).

라. 보증보험

보증보험에 있어서는 보험계약자의 사기, 고의 또는 중대한 과실이 있는 경우에도 이에 대하여 피보험자에게 책임이 있는 사유가 없으면 보험자는 면책되지 않는다(상법 제726조의6 제2항). 즉 보험금을 지급하여야 한다. 이는 채권자(피보험자) 보호를 위하여 존재하는 보증보험의 특성상 당연한 규정이다.

6. 인보험 면책사유

인보험에서는 고의 사고만 면책사유에 해당하며 중과실로 인하여 발생한 사고는 보험금을 지급한다(상법 제732조의2 제1항). 또한 다수 보험수익자 중 일부 보험수익자의 고의에 의한 사고일지라도 나머지 보험수익자에 대한 보험금은 지급책임을 면하지 못한다(상법 제732조의2 제2항).

○✕ 문제풀이

1. **전쟁 기타 변란으로 인한 손해는 절대적 면책사유에 해당한다.**

   해설 전쟁 기타 변란으로 인한 손해는 추가보험료 납입에 의하여 보험자의 보상책임이 가능하다. 따라서 상대적 면책사유에 해당한다. 답 ✕

2. **상대적 면책사유는 당사자 간의 다른 약정(추가보험료 납입 등)을 통하여 보험자가 지급책임을 부담하는 것이 가능하다.**

   해설 상대적 면책사유는 보험기술상으로 어렵거나, 인수할 경우 고액의 보험료를 부과할 수밖에 없어 인정하는 면책사유이다. 다른 약정이 없으면 보험자가 면책되므로, 다른 약정(추가보험료 납입 등)에 의하여 얼마든지 보험자의 보장이 가능하다. 답 ○

3. **인보험에서 보험계약자 또는 피보험자의 고의, 중과실로 인하여 사고가 발생한 경우에는 보험자의 지급책임이 면책된다.**

   해설 인보험에서는 고의로 인한 경우에만 보험자의 면책사유에 해당한다. 따라서 보험계약자 등의 중과실로 사고가 발생하였다면 보험금을 지급하여야 한다. 답 ✕

4. **손해액 산정에 관한 비용은 보험계약자가 부담한다.**

   해설 손해액 산정에 관한 비용은 보험자가 부담하는 것이 원칙이다. 답 ✕

01 다음 중 보험자의 면책사유에 해당하지 않는 것은?

① 당사자간에 다른 약정이 없으며 전쟁으로 인하여 보험사고가 발생한 경우
② 피보험자의 고의로 인하여 사고가 발생한 경우
③ 손해보험의 목적이 자연소모로 인하여 손해를 입은 경우
④ 보험자가 파산한 경우

🔵 **정답 및 해설**

보험자의 파산은 보험자의 면책사유가 아니라, 보험계약자의 해지사유에 해당한다.

정답 ④

02 보험자의 보험금 지급책임에 관한 설명 중 옳지 않은 것은?

① 상법은 피보험자가 계약성립일로부터 일정 기간이 지난 후에 자살하는 경우에는 보험자의 책임을 인정한다.
② 상법은 보험사고가 전쟁위험으로 인한 경우 보험자의 면책으로 하지만, 보험자가 특약에 의하여 전쟁위험을 인수하는 것은 가능하다.
③ 보험자의 면책사유가 발생하더라도 계약이 무효로 되는 것은 아니다.
④ 보험목적물의 성질, 하자, 자연소모는 손해보험에서 면책사항이다.

🔵 **정답 및 해설**

상법에서는 고의사고에 대해서 보험자의 면책사유로 규정하고 있다. 따라서 원칙적으로 피보험자의 자살(고의사고)은 보험자가 보험금을 지급하지 않는다. 다만 생명보험 표준약관에서는 인간의 존엄적 생명가치, 보험수익자에 대한 위험보호 등을 이유로 보험계약 성립일로부터 2년이 경과하여 자살하는 경우를 담보하고 있다. 이러한 2년 경과한 보험에 대한 보험자의 책임은 약관 규정에 의한 것이며, 법률 규정에 의한 것은 아니다.

정답 ①

03 면책사유에 대한 다음 설명 중 틀린 것은?

① 절대적 면책사유에는 고의사고가 있다.
② 절대적 면책사유를 규정하는 이유는 보험의 본질에 반하기 때문이다.
③ 상대적 면책사유는 추가 보험료를 납입하여 인수 가능하다.
④ 상대적 면책사유는 법정 면책사유와 동일한 의미이다.

🔊 **정답 및 해설**

상대적 면책사유는 보험기술상 어렵거나, 인수할 경우 고액의 보험료를 납부할 수 밖에 없어 인정하는 면책사유이다. 법정 면책사유는 법에 규정된 면책사유를 뜻하는 것으로, 법정 면책사유에도 절대적 면책사유(고의사고 등)와 상대적 면책사유(전쟁 위험 등)가 모두 있다.

정답 ④

04 다음 중 법정 면책사유에 해당하지 않는 것은?

① 보험사고가 보험계약자 또는 피보험자나 보험수익자의 고의 또는 중대한 과실로 인하여 발생한 경우
② 보험사고가 전쟁 기타의 변란으로 인하여 생긴 때
③ 계약자 또는 피보험자가 보험금 청구에 관한 서류에 고의로 사실과 다른 것을 기재하거나 그 서류를 위조 또는 변조하였을 경우
④ 보험의 목적의 성질, 하자 또는 자연소모로 인한 손해

🔊 **정답 및 해설**

법정 면책사유에는 고의나 중과실과 같은 인위적 사고, 전쟁 기타의 변란으로 인한 보험사고, 손해보험에서 보험의 목적의 성질, 하자 또는 자연소모로 인한 손해, 운송보험에서 송하인 또는 수하인의 고의 또는 중과실로 발생한 손해 등이 있다. 계약자 또는 피보험자가 보험금 청구에 관한 서류에 고의로 사실과 다른 것을 기재하거나 그 서류를 위조 또는 변조하였을 경우에 보험금 청구권을 상실한다는 이른바 보험금 청구권 상실조항은 상법에 근거를 둔 것이 아니며 **약관상 면책사유**에 해당한다.

정답 ③

05 보험에서 면책사유가 필요한 이유에 대한 다음 설명 중 틀린 것은?

① 고의 또는 중대한 과실로 발생한 사고를 면책사유로 하는 것은 도덕적 위험을 방지하는 역할을 한다.
② 다른 보험종목에서 보상하고 있으므로 위험 동질성 확보를 위하여 면책사유를 지정한다.
③ 전쟁위험, 자연재해 등의 거대위험은 보험의 본질에 반하므로 면책사유로 지정한다.
④ 면책사항이 많을수록 불필요한 위험보장을 제공하지 않아 보험료 인하 효과가 있다.

가. 도덕적 위험의 방지

　고의 또는 중대한 과실로 인하여 사고를 야기하고 보험금을 취득할 수 있다면 이는 보험금 취득을 목적으로 사고를 일으키게 만들게 된다. 이러한 것은 건전한 사회상규에 반하는 것으로 보험에서 배제되어야 하기 때문이다.

나. 위험 동질성의 원칙

　다른 보험종목으로 담보하고 있기 때문에 해당 종목에서는 담보를 제한하는 것이다. 산재사고에 대한 자동차보험의 면책이 대표적인 예이다.

다. 보험경영상 한계

　전쟁위험, 자연재해 등 거대위험을 보험자가 담보한다면 이는 보험자가 파산할 수도 있는 거대손해를 발생시킬 것이다.

라. 보험료 인하 효과

　면책사항이 많을수록 불필요한 보험보장을 제공하지 않아 보험료를 인하하는 효과가 있다.

정답 ③

---

06 상법에 규정된 면책사유에 대한 다음 설명 중 틀린 것은?

① 보험계약자의 고의는 절대적 면책사유이다.
② 운송보험에서 운송인의 고의 또는 중과실로 인한 사고는 보험금을 지급해야 한다.
③ 보험의 목적의 성질, 하자 또는 자연소모로 인한 손해는 보험금을 지급할 책임이 없다.
④ 인보험에서 피보험자의 고의 또는 중대한 과실은 면책사유이다.

인보험에서는 고의만 면책사유에 해당하며, 중대한 과실로 인한 사고는 보험금을 지급해야 한다.

정답 ④

---

07 상법상 보험금액의 지급에 관한 규정이다. A, B에 들어갈 것을 모은 것으로 옳은 것은?

> 보험자는 보험금액의 지급에 관하여 약정기간이 없는 경우에는 보험사고 발생의 통지를 받은 후 (　A　) 지급할 보험금액을 정하고 그 정하여진 날부터 (　B　) 내에 피보험자 또는 보험수익자에게 보험금액을 지급하여야 한다.

① A – 지체없이, B – 10일
② A – 지체없이, B – 10영업일
③ A – 상당한 기간을 정하여, B – 10일
④ A – 상당한 기간을 정하여, B – 10영업일

보험자는 보험금액의 지급에 관하여 약정기간이 있는 경우에는 그 기간 내에, 약정기간이 없는 경우에는 제657조 제1항(보험사고 발생의 통지의무)의 통지를 받은 후 **지체없이** 지급할 보험금액을 정하고 그 정하여진 날부터 **10일** 내에 피보험자 또는 보험수익자에게 보험금액을 지급하여야 한다(상법 제658조).

정답 ①

08 상법상 손해보험에 있어 보험자의 면책사유로 옳은 것을 모두 고른 것은?

> ㄱ. 보험의 목적의 성질로 인한 손해
> ㄴ. 보험의 목적의 하자로 인한 손해
> ㄷ. 보험의 목적의 자연소모로 인한 손해
> ㄹ. 보험사고가 보험계약자의 고의 또는 중대한 과실로 인하여 생긴 경우

① ㄱ, ㄴ   ② ㄴ, ㄷ
③ ㄷ, ㄹ   ④ ㄱ, ㄴ, ㄷ, ㄹ

🔊 **정답 및 해설**

모두 보험자의 면책사유에 해당한다.

정답 ④

09 보험자의 보험금액 지급과 면책에 관한 설명으로 옳지 않은 것은?

① 약정기간이 없는 경우에는 보험자는 보험사고발생의 통지를 받은 후 지체없이 지급할 보험금액을 정하여야 한다.
② 보험자가 보험금액을 정하면 정하여진 날부터 10일내에 보험금액을 지급하여야 한다.
③ 보험사고가 전쟁 기타의 변란으로 인하여 생긴 때에는 보험자의 보험금액 지급 책임에 대하여 당사자간에 다른 약정을 할 수 없다.
④ 손해보험에서 보험사고가 보험계약자의 고의 또는 중대한 과실로 인하여 생긴 때에는 보험자는 보험금액을 지급할 책임이 없다.

🔊 **정답 및 해설**

보험사고가 전쟁 기타의 변란으로 인하여 생긴 때에는 당사자간에 다른 약정이 없으면 보험자는 보험금을 지급할 책임이 없다. 다른 약정이 없으면 보험자가 면책되므로, 다른 약정(추가보험료 납입 등)에 의하여 얼마든지 보험자의 보장이 가능하다. 이를 상대적 면책사유라고 한다.

정답 ③

11 재보험 및 소멸시효

제1절　재보험

1. 의의

재보험이란 보험자가 인수한 보험계약 상의 책임의 전부 또는 일부를 다른 보험자에게 인수시키는 보험계약을 말한다. 원보험 계약이 손해보험이든 인보험이든 재보험은 모두 손해보험에 속한다.

2. 법적 성질

가. 독립계약성

원보험계약과 독립한 별개의 계약으로 재보험은 원보험계약에 영향을 미치지 않는다.

나. 책임보험성

재보험은 원보험자의 보험계약 상의 보상책임을 담보하기 위한 보험으로, 책임보험의 일종이다.

다. 기업보험성

재보험계약의 당사자는 기업보험에 속한다. 따라서 상법 제663조 보험계약자 등의 불이익변경금지 원칙이 적용되지 않는다.

3. 재보험의 기능

가. 위험의 분산

재보험은 위험을 양적, 질적, 장소적으로 분산하는 기능을 가지고 있다. 재보험은 원보험자가 단독으로 인수하기 어려운 대형위험을 인수할 때에 그 위험의 전부 또는 일부를 재보험자에게 분산할 수 있도록 하기 때문에 대형위험도 인수가 가능하게 하고(양적 분산), 사고발생 위험률이 높은 위험도 인수할 수 있게 하는 기능(질적 분산)도 있다. 또한 특정 장소에 몰려 있는 위험을 재보험을 통하여 국제적으로 분산시키는 기능(장소적 분산)도 가지고 있다.

나. 보험경영의 합리화

재보험은 원보험자의 경영안정과 재무구조를 개선하는 기능이 있다. 원보험자는 자신이 인수한 대형위험이 현실화되는 경우에 발생하는 대규모의 보상책임을 재보험으로 대처하여 경영안정을 꾀할 수 있다. 또한 재보험에 가입한 부분에 해당하는 미경과 보험료적립금은 그 만큼 원보험자가 적립하여야 하는 재무적 부담이 경감되기 때문에 부채가 감소되어 재무구조를 개선하는 효과도 있다.

다. 신규 보험상품 개발 촉진

재보험의 가입을 통하여 재보험자로부터 직간접적인 보험기술과 정보를 제공받을 수 있고, 원보험자가 아직 합리적인 위험측정이 어려운 새로운 위험에 대한 신종보험의 개발과 판매에 보다 적극적으로 임하여 신상품의 개발이 촉진될 수 있다.

라. 인수능력 강화

원보험자가 단독으로 위험 물건을 인수하는 것보다 재보험을 활용하면 원보험자의 인수능력을 강화할 수 있기 때문에 더욱 많은 물건에 대한 보험 제공 서비스를 제공할 수 있다.

4. 책임보험규정의 재보험에의 준용

책임보험에 대한 규정은 그 성질에 반하지 않는 범위 내에서 재보험계약에 준용된다. 따라서 원보험이 손해보험인지 인보험인지 여부를 묻지 않고 재보험계약은 책임보험계약으로 분류된다. 성질에 반하지 않는 범위 내에서 재보험계약에 준용되기 때문에 일부 조항은 재보험에 준용되지 않는다. 예를 들어 책임보험에서 사용되는 피해자 직접청구권은 별도의 재보험 특약(예: Cut-through clause)이 없는한 재보험에는 적용되지 않으며, 재보험자는 원보험의 보험금 청구에 대해서 방어의무가 없으므로 방어의무 및 방어비용에 대한 규정도 별도의 약정이 없다면 적용되지 않는다.

제2절   소멸시효

1. 의의

보험금청구권은 3년간, 보험료 또는 적립금의 반환청구권은 3년간, 보험료청구권은 2년간의 소멸시효가 적용된다.

2. 구분법

보험계약자 측의 소멸시효는 3년이며, 보험자의 소멸시효는 2년이다.

제662조(소멸시효)

보험금청구권은 3년간, 보험료 또는 적립금의 반환청구권은 3년간, 보험료청구권은 2년간 행사하지 아니하면 시효의 완성으로 소멸한다.

3. 기산점

가. 보험금 청구권

기산점에 관련하여서는 상법에 달리 정해진 바가 없으므로 민법의 일반원칙 따라 「권리를 행사할 수 있는 때」부터 시작한다고 해석한다. 보험금 청구에서는 원칙적으로 <u>보험사고 발생시</u>이다. 만약 보험사고가 발생한 것인지 그렇지 않은 것인지 객관적으로 분명하지 않아 보험금 청구권자가 과실 없이 보험사고 발생을 알 수 없었던 경우에는 보험사고가 발생하였음을 알았거나 알 수 있었을 때부터 소멸시효가 진행한다. 또한 개별 보험약관 등에 의하여 보험금 청구권 행사에 특별한 절차가 필요한 경우에는 그 절차를 마친 때부터 진행한다. 한편 대법원 판례에 의하면 보험금 지급유예 기간이 있는 경우에도 소멸시효의 기산점은 보험사고가 발생한 때부터 진행하고 지급유예 기간이 경과한 다음 날부터 진행한다고는 볼 수 없다.

관련판례 ▌ 대법원 2005.12.23. 선고 2005다59383 판결

[1] 보험금청구권은 보험사고가 발생하기 전에는 추상적인 권리에 지나지 아니할 뿐 보험사고의 발생으로 인하여 구체적인 권리로 확정되어 그때부터 그 권리를 행사할 수 있게 되는 것이므로, 특별한 다른 사정이 없는 한 <u>원칙적으로 보험금액청구권의 소멸시효는 보험사고가 발생한 때로부터 진행한다</u>고 해석해야 할 것이고, 다만 보험사고가 발생한 것인지의 여부가 객관적으로 분명하지 아니하여 보험금청구권자가 과실 없이 보험사고의 발생을 알 수 없었던 경우에도 보험사고가 발생한 때로부터 보험금청구권의 소멸시효가 진행한다고 해석하는 것은, 보험금청구권자에게 너무 가혹하여 사회정의와 형평의 이념에 반할 뿐만 아니라 소멸시효제도의 존재이유에 부합된다고 볼 수도 없으므로 이와 같이 객관적으로 보아 보험사고가 발생한 사실을 확인할 수 없는 사정이 있는 경우에는 보험금청구권자가 보험사고의 발생을 알았거나 알 수 있었던 때로부터 보험금액청구권의 소멸시효가 진행한다.

[2] 보험약관 또는 상법 제658조에서 보험금 지급유예기간을 정하고 있더라도 보험금청구권의 소멸시효는 <u>보험사고가 발생한 때로부터 진행하고, 위 지급유예기간이 경과한 다음날부터 진행한다고 볼 수는 없다.</u>

나. 보험료 반환 청구권

타인의 서면동의를 받지 않아 무효인 사망보험 계약의 납부한 보험료에 대한 반환 청구권은 특별한 사정이 없는 한 그 보험료를 납부한 때에 발생하여 행사할 수 있다고 할 것이므로, 보험료 반환 청구권의 소멸시효는 특별한 사정이 없는 한 최종적으로 납부한 시점이 아니라, <u>각 보험료를 납부한 때</u>부터 진행한다.

4. 제척기간과 비교

소멸시효는 권리자가 권리를 행사할 수 있음에도 불구하고 권리를 행사하지 않는 상태가 일정기간 계속된 경우 그 권리를 소멸시키는 제도이고, 제척기간은 권리가 법률상으로 유효하게 존속하도록 정하여진 기간을 말한다.

OX 문제풀이

1. **보험금 청구권 소멸시효는 2년이다.**

   해설 보험금 청구권은 보험계약자 측이 행사하는 권리로 3년의 소멸시효를 갖는다.   답 ×

2. **상법에서는 보험금 청구권 소멸시효의 기산점을 '보험사고가 발생한 때'라고 명시하고 있다.**

   해설 상법에서는 보험금 청구권 기산점에 관련하여서는 달리 정해진 바가 없다. 따라서 민법의 일반원칙 따라「권리를 행사할 수 있는 때」부터 시작한다고 해석한다.   답 ×

3. **원보험자는 재보험금이 지급되지 않았다면 원보험금 지급을 거절할 수 있다.**

   해설 재보험은 원보험과는 독립한 별개의 계약이다. 따라서 재보험금 부지급을 이유로 원보험금 지급을 거절할 수 없다.   답 ×

4. **원보험이 손해보험이면 재보험도 손해보험이며, 원보험이 인보험이면 재보험도 인보험에 해당한다.**

   해설 원보험 계약이 손해보험이든 인보험이든 재보험은 모두 손해보험에 속한다.   답 ×

5. **상법에서는 재보험에 대해서 그 성실에 반하지 않는 범위에서 책임보험의 규정을 준용하고 있다.**

   해설 우리 상법은 책임보험에 관한 규정을 그 성질에 반하지 아니하는 범위에서 재보험계약에 준용하도록 하고 있다.   답 ○

6. **보험료 반환 청구권 소멸시효는 최종적으로 보험료를 납부한 시점부터 기산한다.**

   해설 보험료에 대한 반환 청구권은 특별한 사정이 없는 한 그 보험료를 납부한 때에 발생하여 행사할 수 있다고 할 것이므로, 보험료 반환 청구권의 소멸시효는 특별한 사정이 없는 한 최종적으로 납부한 시점이 아니라, 각 보험료를 납부한 때부터 진행한다.   답 ×

01 다음 중 상법상 소멸시효가 같은 것끼리 모인 것은?

① 보험금 청구권, 보험료 청구권

② 보험금 청구권, 보험료 반환 청구권

③ 보험료 반환 청구권, 보험료 청구권

④ 보험료 반환 청구권, 보험료 청구권, 보험금 청구권

정답 및 해설

보험금청구권은 3년, 보험료 또는 적립금의 반환청구권은 3년, 보험료청구권은 2년이다.

정답 ②

02 재보험에 대한 다음 설명 중 틀린 것은?

① 재보험은 원보험과 독립된 별개의 계약이다.

② 재보험은 원보험자의 보험계약 상의 보상책임을 담보하기 위한 보험이므로, 책임보험의 일종이다.

③ 재보험계약은 기업보험에 속하므로 상법 제663조 보험계약자 등의 불이익변경금지 원칙이 적용되지 않는다.

④ 우리 상법은 화재보험에 관한 규정을 그 성질에 반하지 아니하는 범위에서 재보험계약에 준용하도록 하고 있다.

정답 및 해설

우리 상법은 책임보험에 관한 규정을 그 성질에 반하지 아니하는 범위에서 재보험계약에 준용하도록 하고 있다.

정답 ④

03 소멸시효의 기산점에 대한 다음 설명 중 틀린 것은?

① 상법에서는 보험금 청구권 소멸시효 기산점에 대해서 달리 정한 바가 없다.

② 보험금 지급에 있어서는 원칙적으로 보험사고가 발생한 때부터 진행한다.

③ 보험금 지급유예 기간이 있는 경우에는 소멸시효의 기산점은 지급유예 기간이 경과한 다음 날부터 진행한다.

④ 보험금 청구권 소멸시효는 3년이다.

🔔 **정답 및 해설**

대법원 판례에 의하면 보험금 지급유예 기간이 있는 경우에도 소멸시효의 기산점은 보험사고가 발생한 때부터 진행하고 지급유예 기간이 경과한 다음 날부터 진행한다고는 볼 수 없다.

정답 ③

04 다음의 권리를 소멸시효와 제척기간으로 구분할 때 다음 중 다른 것과 성격이 다른 하나는?

① 보험금 청구권

② 고지의무 위반 보험계약 해지권

③ 보험료 반환 청구권

④ 적립금 반환 청구권

🔔 **정답 및 해설**

소멸시효는 권리자가 권리를 행사할 수 있음에도 불구하고 권리를 행사하지 않는 상태가 일정기간 계속된 경우 그 권리를 소멸시키는 제도이고, 제척기간은 권리가 법률상으로 유효하게 존속하도록 정하여진 기간을 말한다. 보험에서의 소멸시효는 보험금청구권은 3년, 보험료 또는 적립금의 반환청구권은 3년, 보험료청구권은 2년이다. 고지의무 위반 보험계약 해지권은 소멸시효가 아니라 제척기간에 해당한다.

정답 ②

05 재보험에 관한 다음의 설명 중 옳지 않은 것은?

① 원보험자는 손해보험계약이든 인보험계약이는 보험계약자의 동의없이 다른 보험사와 새보험계약을 체결할 수 있다.

② 원보험자는 인수위험에 대하여 일정액을 초과하는 부분에 대하여 재보험에 부보할 수도 있고, 일정비율로 부보할 수도 있다.

③ 재보험자는 원보험료 미지급을 이유로 재보험금의 지급을 거절할 수 있다.

④ 재보험자가 보험자대위에 의하여 취득한 제3자에 대한 권리행사는 재보험자가 이를 직접 행사하지 아니하고 원보험자가 수탁자의 지위에서 자기명의로 권리를 행사하여 그 회수한 금액을 재보험자에게 재보험금 비율에 따라 교부하는 방식에 의하여 이루어지는 것이 상관습이다.

재보험계약은 원보험계약의 효력에 영향을 주지 않는 독립된 별개의 계약이므로 원보험계약의 원보험료 미지급을 이유로 재보험금의 지급을 거절할 수 없다.

정답 ③

06 재보험에 관한 다음 설명 중 틀린 것은?

① 재보험계약은 원보험계약의 효력에 영향을 미치지 아니한다.
② 책임보험에 관한 규정은 그 성질에 반하지 아니하는 범위에서 재보험계약에 준용될 수 있다.
③ 재보험에 가입하는 효과로 원보험자는 자신의 인수능력을 강화할 수 있다.
④ 원보험계약의 보험자가 보험금 지급의무를 이행하지 않을 경우 피보험자 또는 보험수익자는 재보험자에게 직접 보험금 지급 청구권을 행사할 수 있다.

재보험계약은 원보험과는 독립된 별개의 계약이므로 원보험계약의 보험자가 보험금 지급의무를 이행하지 않더라도 피보험자 또는 보험수익자가 재보험자에게 직접 보험금 지급 청구권을 행사할 수 없다.

정답 ④

07 다음 중 재보험의 기능에 해당하지 않는 것은?

① 위험의 분산
② 도덕적 해이 방지
③ 보험자의 인수능력 강화
④ 신규 보험상품의 개발 촉진

재보험을 가입했다고 하여 도덕적 해이가 방지되는 것은 아니다.

정답 ②

08 소멸시효 기간으로 옳지 않은 것은?

① 보험금청구권: 3년
② 보험료청구권: 3년
③ 적립금반환청구권: 3년
④ 보험료반환청구권: 3년

보험료청구권은 2년의 소멸시효가 적용된다. 나머지 지문은 모두 3년이다.

정답 ②

손해보험

01 손해보험의 기초

제1절　손해보험 계약

1. 의의

손해보험 계약은 보험계약자가 약정한 보험료를 지급하고 피보험자의 재산에 불확정한 사고가 생길 경우에 보험자가 피보험자의 재산상의 손해를 보상할 것을 약정함으로써 효력이 발생한다(상법 제665조). 손해보험은 피보험자의 재산상의 손해를 보전하기 위한 계약으로, 상법에서는 화재보험, 운송보험, 해상보험, 책임보험, 자동차보험, 보증보험의 규정을 두고 있다.

2. 인보험과 비교되는 특징

재산상의 손해를 보상하기 위한 보험계약이라는 점에서 사람의 신체 또는 생명에 관한 인보험과 구분되는 특징을 가지고 있다. 손해보험은 물건이나 재산상의 손해를 보상하기 때문에 실제 손해액은 사고가 발생한 이후에 측정할 수 있다는 점에서 부정액보험에 해당한다. 다만 인보험 중에서도 실제손해액을 보상하는 보험상품(예: 실손의료비 보험)이 있으므로 이는 절대적인 차이는 아니다. 손해보험은 피보험자에게 발생한 실제 손해액을 보상하며 그 이상의 금액은 지급하지 않는다는 이득금지의 원칙이 존재하며 이는 손해보험의 대원칙으로 작용하고 있다. 따라서 손해보험에는 이득금지의 원칙의 기준이 되는 보험가액을 중심으로 초과보험, 중복보험, 일부보험 등의 개념이 인정된다. 보험기간에 있어서도 인보험은 비교적 장기인데 반하여 손해보험은 단기로 체결되는 경우가 많다. 인보험과 구분되는 가장 명확한 특징은 손해보험에서는 피보험이익의 개념이 인정된다는 점이다.

🗂 관련조항

제665조(손해보험자의 책임)
손해보험계약의 보험자는 보험사고로 인하여 생길 피보험자의 재산상의 손해를 보상할 책임이 있다.

3. 손해의 보상

보험자의 보상의무는 당사자 간에 다른 약정이 없으면 보험자가 최초의 보험료를 받은 때부터 발생한다. 보험사고는 보험기간 내에 발생하여야 하며 재산상의 손해이어야 한다. 따라서 정신적 손해에 대한 배상인 위자료는 지급대상이 아니다. 또한 보험사고로 인하여 상실된 피보험자가 얻을 이익이나 보수는 당사자 간에 다른 약정이 없는한 보험자가 보상할 손해액에 산입하지 않는다(상법 제667조).

제2절 손해보험 보험증권

1. 의의

손해보험증권에는 다음의 사항을 기재하고 보험자가 기명날인 또는 서명하여야 한다.

2. 증권 기재사항

1) 보험의 목적
2) 보험사고의 성질
3) 보험금액
4) 보험료와 그 지급방법
5) 보험기간을 정한 때에는 그 시기와 종기
6) 무효와 실권의 사유
7) 보험계약자의 주소와 성명 또는 상호
8) 피보험자의 주소, 성명 또는 상호
9) 보험계약의 연월일
10) 보험증권의 작성지와 그 작성년월일

○✕ 문제풀이

1. 손해보험은 보험사고로 인한 피보험자의 재산상의 손해를 보상하는 보험이다.

   해설 손해보험은 재산상의 손해를 보상하기 위한 보험계약이라는 점에서 사람의 신체 또는 생명에 관한 인보험과 구분되는 특징을 가지고 있다. 답 ○

2. 상법에서는 손해보험을 화재보험, 운송보험, 해상보험, 책임보험, 자동차보험, 보증보험, 상해보험으로 구분하고 있다.

   해설 상법에서는 화재보험, 운송보험, 해상보험, 책임보험, 자동차보험, 보증보험으로 구분하고 있다. 상해보험은 손해보험이 아니라 인보험에 속한다. 답 ✕

3. 손해보험 증권에는 보험계약자의 성명과 주민번호가 기재되어야 한다.

   해설 손해보험 증권에는 보험계약자의 주소와 성명 또는 상호가 기재되어야 한다. 주민번호는 개인정보보호법에 따라 기재가 금지되어 있다. 답 ✕

4. 손해보험 증권에는 보험자가 기명날인 또는 서명하여야 한다.

   해설 손해보험 증권에는 법률에서 규정한 일정한 내용을 기재한 뒤에 보험자가 기명날인 또는 서명하여야 한다. 답 ○

01 상법이 규정한 손해보험 증권의 기재사항이 아닌 것은?

① 보험료와 그 지급방법

② 무효와 실권의 사유

③ 보험수익자의 주소와 성명

④ 보험증권의 작성지

🔔 **정답 및 해설**

손해보험 증권에는 다음의 사항을 기재하여야 한다.

1) 보험의 목적

2) 보험사고의 성질

3) 보험금액

4) 보험료와 그 지급방법

5) 보험기간을 정한 때에는 그 시기와 종기

6) 무효와 실권의 사유

7) 보험계약자의 주소와 성명 또는 상호

8) 피보험자의 주소, 성명 또는 상호

9) 보험계약의 연월일

10) 보험증권의 작성지와 그 작성년월일

정답 ③

02 손해보험 계약에 관한 설명으로 옳은 것은?

① 보험자가 지급하는 보험금은 보험가입금액과 일치하여야 한다.

② 보험사고로 인하여 상실된 피보험자가 얻을 이익이나 보수는 그 성질상 당연히 보험자가 보상할 손해액에 산입된다.

③ 피보험이익이 다르더라도 보험의 목적이 동일하면 중복보험에 해당한다.

④ 상법상 보험사고의 성질을 손해보험증권에 기재하여야 한다.

🔔 **정답 및 해설**

① 손해보험은 실손 보상의 원칙을 따르기 때문에 보험자가 지급하는 보험금은 보험가입금액과 다를 수 있다.

② 보험사고로 인하여 상실된 피보험자가 얻을 이익이나 보수는 당사자 간의 특약이 있는 경우에만 보험자가 보상할 손해액에 산입된다.

③ 피보험이익이 다르면 보험의 목적이 동일하다고 하더라도 중복보험에 해당하지 않는다.

④ 상법상 보험사고의 성질을 손해보험증권에 기재하여야 한다.

정답 ④

03 손해보험에 관한 설명으로 옳지 않은 것은?

① 손해보험은 물건이나 재산상의 손해를 보상하는 측면에서 보상금액을 미리 정할 수 없는 부정액보험의 성격을 가진다.

② 해상보험도 손해보험에 속한다.

③ 손해보험은 원칙적으로 재산상 손해를 보험금액의 한도 내에서 실제로 발생한 손해만을 보상하는 실손보상적 성질을 가진다.

④ 손해보험에서 피보험자는 보험의 객체로서 보험금 청구권을 가지는 자이다.

🔵 **정답 및 해설**

손해보험에서의 피보험자는 보험의 목적물(보험의 객체)에 보험사고가 발생하였을 때 보험금 청구권을 가지는 자이다. 화재보험을 예로 들면, 보험목적물(보험의 객체)인 건물에 화재가 발생하면 해당 보험의 피보험자가 보험금 청구권을 가진다. 인보험에서 피보험자는 손해보험과는 개념이 다르다. 인보험의 피보험자는 보험의 객체에 해당한다. 인보험에서 보험금 청구권을 가지는 자는 피보험자가 아니라 보험수익자이다. 즉 인보험에서는 피보험자에게 사고가 발생하면 해당 보험의 보험수익자가 보험금 청구권을 가진다.

4번 지문은 손해보험과 생명보험의 피보험자 개념을 혼합한 것으로 틀린 지문이다.

정답 ④

04 다음 중 손해보험 증권의 법정 기재사항이 아닌 것은?

① 보험의 목적

② 보험금액

③ 보험료 산출방법

④ 무효와 실권의 사유

🔵 **정답 및 해설**

손해보험 증권에는 다음의 사항을 기재하여야 한다. 보험료 산출방법은 증권 기재사항에 해당하지 않는다.

1) 보험의 목적
2) 보험사고의 성질
3) 보험금액
4) 보험료와 그 지급방법
5) 보험기간을 정한 때에는 그 시기와 종기
6) 무효와 실권의 사유
7) 보험계약자의 주소와 성명 또는 상호
8) 피보험자의 주소, 성명 또는 상호
9) 보험계약의 연월일
10) 보험증권의 작성지와 그 작성년월일

정답 ③

제1절 피보험이익

1. 의의

피보험이익이란 보험사고 발생 시에 피보험자가 보험목적물에 대하여 가지는 경제상의 이해관계를 말한다. 상법에서는 '보험계약의 목적'이라고 표현하고 있다. 손해보험은 피보험자가 입은 재산상의 손해를 보전하는 것을 목적으로 하기 때문에 보험자가 보험금을 지급하기 위해서는 피보험자에게 피보험이익이 있다는 것을 전제로 한다. 이를 이득금지의 원칙이라고 하며 도박과 보험을 구분하는 기준이 된다. 우리 상법은 금전으로 산정할 수 있는 이익에 한하여 피보험이익으로 할 수 있다(상법 제668조)고 규정하고 있다.

2. 피보험이익의 지위

가. 손해보험

손해보험에서 피보험이익은 필수 불가결한 절대적인 위치이며 손해보험 계약의 성립과 존속을 위하여 반드시 필요한 것이다. 따라서 피보험이익이 없는 손해보험 계약은 무효이며, 도박으로 간주된다.

나. 생명보험

우리나라에서는 생명보험에서 피보험이익의 존재를 인정하지 않는다. 다만 영미법 계열의 나라에서는 생명보험에서도 피보험이익을 인정하고 있기 때문에 타인의 생명보험 계약을 체결할 때 피보험이익이 존재해야만 계약이 유효하다고 본다. 이에 반하여 우리나라는 타인의 생명보험 계약을 체결할 때에 그 타인의 서면에 의한 동의를 얻어야 한다. 이를 각각 이익주의와 동의주의라고 한다.

3. 피보험이익의 요건

가. 적법성

피보험이익은 법의 보호를 받을 수 있는 이익이어야 한다. 따라서 탈세, 절도, 밀수, 성매매 등 불법한 이익이나 선량한 풍속 기타 사회질서에 반하는 이익은 피보험이익이 될 수 없다.

나. 금전 산정 가능성

금전으로 산정이 가능한 경제적 이익이어야 한다. 금전으로 산정 가능하다는 것은 객관적으로 그 가치 평가를 할 수 있어야 한다는 의미이다. 따라서 피보험자의 도덕적 가치나 정신적, 종교적 신념 등은 객관적으로 그 가치를 금전으로 산정할 수 없으므로 피보험이익이 될 수 없다.

다. 확정 가능성

보험계약 당시에 확정되지 않아도 되나, 적어도 보험사고 발생 시까지는 확정되어야 한다. 확정 가능성이 있다면 현재의 이익 뿐만 아니라 장래의 이익, 조건부 이익도 보험계약의 목적이 될 수 있다. 즉 장래에 창고에 입고할 물건에 대해서도 보험계약을 체결할 수 있고, 적하의 도착으로 얻을 기대이익과 같은 희망이익을 피보험이익으로 하는 것도 가능하다.

4. 이득금지의 원칙(실손보상의 원칙)

가. 의의

손해보험은 우연한 사고로 인해 피보험자에게 입은 손해를 보상하는 제도이므로 피보험자가 보험으로 인해 획득하는 재화의 최고 한도는 보험의 목적에 발생하는 손해를 한도로 한다는 원칙이다. 손해보험은 피보험자의 재산상의 손실을 보상하기 때문에 보험의 도박화 또는 인위적 사고의 발생 가능성이 내포되어 있다. 이를 방지하기 위해 손해보험계약에서는 보험사고를 통하여 피보험자에게 결코 이득을 주어서는 안된다는 이론이 지배하게 되었다. 손해보험의 대원칙이며 보험의 악용을 막고 도덕적 위태를 감소시키는 역할을 한다.

나. 이득금지의 원칙 실현

우리 상법은 이득금지의 원칙을 실현하기 위하여 손해액을 평가할 때에 사고가 발생한 때와 곳의 가액을 기준으로 하고 있다. 그 외에도 다음과 같은 제도들을 통하여 이득금지의 원칙을 실현하고 있다.

① 피보험이익 제도

피보험이익이 없으면 보험금청구권이 부정되고, 보험금이 지급될 때에는 피보험이익의 범위를 초과하지 않는다.

② 보험자 대위

보험자가 보험금을 지급한 이후에 잔존물의 매각 또는 가해자에 대한 손해배상청구권 행사 등을 행사하여 피보험자가 이중의 이득을 얻을 수 있으므로 보험자가 그러한 권리를 모두 넘겨받는 제도이다.

③ 신구교환 공제

주요 부품의 교환, 건물 복구공사 등을 통해 해당 목적물이 사고발생 이전보다 전체적으로 가치가 상승하게 될 경우, 그 가치 상승분 만큼 이익이 될 것임으로 지급보험금 산정 시 이를 적절한 공제한다. 자동차보험 대물배상에서 엔진, 변속기 등을 교체할 때에 교체된 기존 부분품의 감가상각액을 공제하는 것이 대표적인 예이다.

④ 타보험약관 조항

동일한 보험사고에 대해 보상책임이 있는 다른 보험계약이 존재할 경우, 각 보험계약 별로 보험금을 전액 지급받지 않도록 각 보험계약 간 보험금의 분담지급에 관한 약관조항을 두고 있는데 이것을 타보험약관 조항이라고 한다.

다. 이득금지의 원칙 예외

① 신가보험(재조달가액보험, 신품가액보험, Replacement value insurance)

보험사고 발생 시에 시가(Actual cash value)로 보상하지 않고 재조달가액(Replacement cost value) 기준으로 보상하는 보험을 말한다. 기계보험이 대표적인 예이다.

② 기평가보험(Agreed value insurance)

보험계약 체결 시에 미리 보험가액을 약정(협정 보험가액)하는 보험계약을 말한다. 예술품, 희소품 등을 담보하는 재물보험에서 많이 이용된다.

5. 피보험이익의 효용

가. 보험자의 책임범위 결정

손해보험은 피보험이익에 생긴 실제 손해를 보상할 것을 목적으로 하는 보험계약이기 때문에 보험자의 보상책임을 부담하는 최고 한도는 이 피보험이익의 가액을 한도로 한다. 즉 피보험자는 피보험이익의 값을 초과하는 금액은 보상받을 수 없고, 보험자는 피보험이익 한도 내에서 보상책임을 부담한다.

나. 도박화 방지

도박과 보험계약은 사행성을 가진다는 점에서 유사하나, 보험은 피보험이익을 가진다는 점에서 도박과 차이점이 있다. 따라서 피보험이익은 보험의 도박화를 방지하는 역할을 한다. 보험사고의 발생 시에 피보험자는 피보험이익의 평가액을 한도로 보상받으므로 인위적인 사고 발생 위험 초래를 방지한다. 또한 보험은 이득금지의 원칙이 적용되어 원칙적으로 초과보험이나 중복보험을 인정하지 않는데, 이를 판단하는 기준이 바로 피보험이익의 가액이다.

다. 일부보험의 보상액 결정

일부보험에서 보험자의 보상액은 보험금액의 보험가액에 대한 비율에 따라 보상하게 되는데 이때 피보험이익의 가액과 보험금액의 비율에 따라 보험자의 보상액이 결정된다.

라. 보험계약의 동일성 판단

피보험이익은 보험계약의 동일성을 판단하는 기준이 된다. 즉, 동일한 보험의 목석물에 대하여 수개의 보험계약이 동시 또는 순차로 다수의 보험계약이 체결되었더라도 피보험이익이 다르면 각 보험계약은 별개의 보험계약이 되기 때문에 중복보험의 법리가 적용되지 않는다.

제2절 보험가액

1. 의의

보험가액이란 피보험자의 경제적 이해관계라는 주관적인 피보험이익을 금전이라는 객관적인 기준으로 평가한 금액이다. 즉 피보험이익의 값이다.

2. 보험가액의 평가 원칙(미평가보험)

당사자 사이에 보험가액에 대해서 아무런 평가를 하지 않은 미평가보험의 경우에는 사고가 발생한 때와 곳의 가액에 의하여 산정한다.

3. 기평가보험

가. 의의

보험계약 체결 시에 당사자 간에 보험가액을 미리 정한 보험을 기평가보험이라고 한다. 기평가보험을 통하여 보험가액과 둘러싼 분쟁을 방지하는 효과와 보험가액 산정에 소요되는 시간과 경비를 절약하는 효과를 기대할 수 있다.

나. 협정보험가액

기평가보험으로 인정되기 위한 당사자 사이의 보험가액에 대한 합의는, 명시적인 것이어야 하지만 반드시 협정보험가액 혹은 약정보험가액이라는 용어 등을 사용하여야 만 하는 것은 아니고 당사자 사이에 보험계약을 체결하게 된 제반 사정과 보험증권의 기재 내용 등을 통하여 당사자의 의사가 보험가액을 미리 합의하고 있는 것이라고 인정할 수 있으면 충분하다.

다. 기평가보험에서의 보험가액

당사자 간에 정한 가액(협정보험가액)을 사고 발생시의 가액으로 추정한다. 기평가보험으로 설정된 보험가액은 보험계약 체결 이후에 당사자 사이에 추가보험계약으로 평가액을 감액 또는 증액하는 것도 가능하다(대법원 1988. 2. 9. 선고 86다카2933, 2934, 2935 판결).

> **시험 출제 Point**
>
> **추정한다:** 일단 효과가 발생하나, 반대 사실이 입증되면 적용이 배제되는 것
> **본다(간주한다):** 반대 사실이 입증되더라도 효과를 바로 뒤집을 수 없는 것

라. 예외

당사자 간에 정한 가액이 사고발생시의 가액을 <u>현저하게</u> 초과할 때에는 협정보험가액을 기준으로 하지 않고 다시 사고발생 시의 가액을 보험가액으로 한다. 이와 같은 예외를 둔 것은 당사자는 미리 협정한 보험가액에 구속되는 것이 원칙이지만, 그렇다고 하여 피보험자가 보험을 통하여 과도한 이득을 얻는 것은 허용될 수 없기 때문이다. 양자 사이에 현저한 차이가 있는지 여부는 거래관계나 사회의 통념에 따라 판단하여야 한다. 또한 보험자는 협정보험가액이 사고발생시의 가액을 현저하게 초과한다는 점에 대한 증명책임을 부담한다.

4. 신가보험(재조달가액보험, 신품가액보험, Replacement Value Insurance)

가. 의의

신가보험이란 시가가 아닌 재조달가액을 보험가액으로 하는 보험계약을 말한다.

나. 재조달가액

재조달가액이란 보험목적물과 동일한 성능의 신제품을 구매하기 위하여 필요한 비용을 말한다.

> **시가 = 재조달가액 − 감가상각액**

다. 예시

신가보험은 재조달가액을 기준으로 보상하므로, 실손보상의 원칙에 대한 예외에 해당한다. 따라서 도덕적 위험이 발생할 염려가 적은 분야에서 주로 사용된다. 기계보험이 대표적으로 신가보험을 인정하는 분야이다.

5. 보험가액 불변경주의

가. 의의

보험가액 평가 원칙(사고가 발생한 때와 곳의 가액)에 대한 예외로 보험기간 중 보험가액이 변경되지 않는 보험가액 불변경주의가 있다. 이는 운송보험처럼 비교적 보험기간이 짧아 보험가액의 변동이 짧은 경우나, 해상보험처럼 사고 장소가 바다 한가운데라서 보험가액의 평가가 곤란한 경우에 적용되는 특칙이다. 즉 일정한 시점을 정하여 그 때의 보험가액을 보험기간 전체에 적용하여 보험기간 중 보험가액이 변경되지 않는 것이다. 보험가액 불변경주의가 적용되는 경우는 다음과 같다.

나. 운송보험

발송한 때와 곳의 가액과 도착지까지의 운임 기타 비용을 보험가액으로 한다.

다. 운송이익보험

운송물의 도착으로 인하여 얻을 이익은 약정이 있는 때에 한하여 보험가액에 산입한다.

라. 선박보험

보험자의 책임이 개시될 때의 선박가액을 보험가액으로 한다.

마. 적하보험

선적한 때와 곳의 적하의 가액과 선적 및 보험에 관한 비용을 보험가액으로 한다.

바. 희망이익보험

보험금액을 보험가액으로 한 것으로 추정한다.

○✗ 문제풀이

1. **피보험이익은 생명보험 계약에서 절대적인 요소이다.**

   <u>해설</u> 피보험이익은 손해보험 계약에서 절대적인 요소이다. 우리나라에서는 생명보험 계약에서 피보험이익의 존재를 인정하고 있지 않다. **답** ✗

2. **피보험이익은 보험계약 당시에 확정되어야 한다.**

   <u>해설</u> 보험계약 당시에 확정되지 않아도 되나, 적어도 보험사고 발생 시까지는 확정되어야 한다. 따라서 확정 가능성이 있다면 현재의 이익 뿐만 아니라 장래의 이익, 조건부 이익도 보험계약의 목적이 될 수 있다. **답** ✗

3. **기평가보험에서 당사자 사이의 보험가액에 대한 합의는, 명시적인 것이어야 하며 협정보험가액 혹은 약정보험가액이라는 용어 등을 사용하여야 한다.**

   <u>해설</u> 기평가보험으로 인정되기 위한 당사자 사이의 보험가액에 대한 합의는, 명시적인 것이어야 하지만 반드시 협정보험가액 혹은 약정보험가액이라는 용어 등을 사용하여야 하는 것은 아니다. **답** ✗

4. **신가보험은 실손보상의 원칙 실현을 위하여 손해보험 전 분야에 걸쳐 인정된다.**

   <u>해설</u> 신가보험은 재조달가액을 기준으로 보상하므로, 실손보상의 원칙에 대한 예외에 해당한다. 따라서 도덕적 위험이 발생할 염려가 적은 분야에서 주로 사용된다. **답** ✗

5. **보험가액 불변경주의란 보험기간 중 보험가액이 변경되지 않는 보험을 말한다.**

   <u>해설</u> 운송보험, 운송이익보험, 선박보험, 적하보험, 희망이익보험 등에서 인정되고 있다. **답** ○

6. **피보험이익은 보험의 도박화를 방지하는 기능을 한다.**

   <u>해설</u> 도박과 보험계약은 사행성을 가진다는 점에서 유사하나, 보험은 피보험이익을 가진다는 점에서 도박과 차이점이 있다. 따라서 피보험이익은 보험의 도박화를 방지하고 보험사고의 발생 시에 피보험자는 피보험이익의 평가액을 한도로 보상받게 되므로 인위적인 위험 초래를 방지한다. **답** ○

---

01 피보험이익에 관한 설명 중 옳은 것은?

① 주주가 회사재산에 대하여 가지는 이익도 피보험이익으로 할 수 있다.

② 당사자 간에 보험가액을 정하지 아니한 때에는 계약 당시의 보험목적에 대한 피보험이익의 가액을 보험가액으로 한다.

③ 법률 상의 이익이 아닌 사실 상의 이익이라도 피보험이익으로 할 수 있다.

④ 보험계약의 성립 전에 존재하는 이익은 피보험이익으로 할 수 없다.

🔔 **정답 및 해설**

피보험이익은 법률 상의 이익 뿐만 아니라 사실 상의 이익도 그 대상으로 한다.

정답 ③

---

02 보험가액에 관한 설명 중 옳은 것은?

① 당사자 간에 보험가액을 정한 때에는 그 가액은 사고발생 시의 가액을 정한 것으로 간주한다.

② 보험증권에 협정보험가액 또는 약정보험가액이라는 용어가 사용되지 않았더라도, 계약체결의 제반사정, 보험증권의 기재 내용 등을 통하여 당사자가 보험가액을 합의한 것으로 인정할 수 있다.

③ 선박보험에서는 사고발생 시의 선박가액을 보험가액으로 한다.

④ 신가보험은 시가를 기준으로 보험금을 지급하는 보험이다.

🔔 **정답 및 해설**

① 당사자 간에 보험가액을 정한 때에는 그 가액은 사고발생 시의 가액을 정한 것으로 추정한다.

② 기평가보험으로 인정되기 위한 당사자 사이의 보험가액에 대한 합의는 명시적인 것이어야 하기는 하지만 반드시 협정보험가액 혹은 약정보험가액이라는 용어 등을 사용하여야 하는 것은 아니다.

③ 선박보험에서는 보험자의 책임이 개시될 때의 선박가액을 보험가액으로 한다.

④ 신가보험은 재조달가액을 기준으로 보험금을 지급하는 보험이다.

정답 ②

03 보험가액에 관한 다음 설명 중 틀린 것은?

① 당사자 간에 보험가액을 정한 때에는 그 가액은 사고발생시의 가액으로 정한 것으로 추정한다.
② 당사자 간에 보험가액을 정하지 아니한 때에는 보험계약 체결시의 가액을 보험가액으로 한다.
③ 판례에 따르면 보험계약상의 보상 최고한도액을 기재한 것만으로는 기평가보험이 되지 않는다.
④ 보험가액은 피보험이익의 금전적 평가액을 말한다.

🔔 **정답 및 해설**

당사자간에 보험가액을 정하지 아니한 때에는 사고발생시의 가액을 보험가액으로 한다.

정답 ②

04 보험가액의 평가 방법에 대한 다음 설명 중 틀린 것은?

① 사고가 발생한 때와 곳의 가액으로 평가하는 것이 원칙이다.
② 기평가보험은 보험계약 체결 시에 당사자 간에 보험가액을 미리 정하는 보험을 말한다.
③ 기평가보험이 체결되면 당사자 간에 정한 가액(협정보험가액)을 사고 발생시의 가액으로 본다.
④ 당사자 간에 정한 가액이 사고 발생시의 가액을 현저하게 초과할 때에는 다시 사고 발생시의 가액을 보험가액으로 한다.

🔔 **정답 및 해설**

기평가보험이 체결되었다면 당사자 간에 정한 가액(협정보험가액)을 사고 발생시의 가액으로 **추정한다**. 추정한다는 법률 용어로, 일단 효과가 발생하나 반대사실이 입증되면 적용이 바로 배제되는 것을 의미한다. 비슷한 용어로 본다(간주한다)는 반대사실이 입증되더라도 효과를 바로 뒤집을 수 없는 것을 의미한다.

정답 ③

05 다음 중 피보험이익의 요건에 해당하지 않는 것은?

① 적법성
② 금전 산정 가능성
③ 확정 가능성
④ 거대성

🔔 **정답 및 해설**

피보험이익은 적법성, 금전 산정 가능성, 확정 가능성의 요건을 갖추어야 한다.

정답 ④

06 다음 중 보험가액 불변경주의가 적용되는 보험이 아닌 것은?

① 운송보험
② 화재보험
③ 선박보험
④ 적하보험

🔔 **정답 및 해설**

보험가액 불변경주의란 보험기간 중 보험가액이 변경되지 않는 보험을 말한다. 보험가액 불변경주의가 적용되는 보험은 운송보험, 운송이익보험, 선박보험, 적하보험, 희망이익보험이다.

정답 ②

07 손해보험에서 손해액 산정기준에 관한 설명으로 옳지 않은 것은?

① 보험자가 보상할 손해액은 그 손해가 발생한 때와 곳의 가액을 기준으로 한다.
② 보험자가 보상할 손해액을 산정할 때 이익금지의 원칙에 따라 신품가액에 의한 손해액은 인정되지 아니한다.
③ 손해액의 산정에 관한 비용은 보험자가 부담한다.
④ 보험가액불변경주의를 적용하여야 하는 보험에서는 상법상의 손해액의 산정기준에 관한 일반 규정이 적용되지 아니한다.

🔔 **정답 및 해설**

보험자가 보상할 손해액은 그 손해가 발생한 때와 곳의 가액에 의하여 산정하는 것이 원칙이다. 그러나 당사자 간에 다른 약정이 있는 때에는 그 신품가액에 의하여 손해액을 산정할 수 있다.

정답 ②

08 보험계약법상 이득금지의 원칙과 가장 거리가 먼 것은?

① 사기에 의한 초과보험의 무효
② 보험자대위
③ 신가보험
④ 중복보험에서 비례주의에 의한 보상

🔔 **정답 및 해설**

신가보험은 보험사고가 발생할 때에 시가(actual cash value)가 아니라 재조달가액(replacement cost value)을 기준으로 보상하는 보험으로, 이득금지의 원칙에 대한 예외에 해당한다.

정답 ③

09 손해보험계약에서 실손보상의 원칙을 구현하기 위한 내용으로 옳은 것을 모두 묶은 것은?

가. 선의의 중복보험에서 비례주의
나. 신가보험
다. 손해보험계약에서 잔존물대위
라. 선의의 초과보험
마. 기평가보험

① 가, 다
② 가, 나, 라
③ 가, 다, 라
④ 가, 다, 라, 마

정답 및 해설

실손보상의 원칙이란 피보험자가 보험으로 인해 획득하는 재화의 최고 한도는 보험의 목적에 발생하는 손해를 한도로 한다는 원칙으로, 손해보험의 대원칙이며 보험의 악용을 막고 도덕적 위태를 감소시키는 역할을 한다. 실손보상의 원칙을 구현하기 위한 제도에는 선의의 중복보험에서 비례주의, 손해보험계약에서 보험자대위(잔존물대위, 청구권대위), 선의의 초과보험에서 보험가액을 한도로 보험금을 지급하는 것 등이 있다. 신가보험과 기평가보험은 실손보상의 원칙에 대한 예외에 해당한다.

정답 ③

03 초과보험, 중복보험, 일부보험

제1절 전부보험과 일부보험

1. 전부보험

보험계약 당시에 약정한 보험금액과 보험가액이 같은 보험을 전부보험이라고 한다. 전부보험이 체결되면 별도의 특약이 없는 한, 보험자는 손해액의 전액을 모두 보상한다.

2. 일부보험(under insurance)

가. 의의

보험계약 당시에 약정한 보험금액이 보험가액에 미달하는 보험을 일부보험이라고 한다. 즉 보험가액의 일부만 보험에 가입한 경우이다. 일부보험은 피보험자의 주의력 해이를 방지하거나 보험료를 절감하기 위하여 의식적으로 체결하는 경우(의식적 일부보험)도 있고, 계약 성립 후 물가의 변동으로 보험가액이 높아져 발생하는 경우(자연적 일부보험)도 있다.

나. 보상관계

일부보험에서 보험자는 보험금액의 보험가액에 대한 비율에 따라 보상할 책임이 있다. 다만 계약당사자가 별도의 특약을 맺은 경우에는 보험금액의 범위에서 손해액 전액을 보상할 수 있는데 이를 '1차위험담보'라고 한다. 1차위험보험이 체결되면 피보험자는 보험가입금액의 한도 내에서 실제손해액의 전부를 보상받을 수 있다.

📑 **관련조항**

제674조(일부보험)

보험가액의 일부를 보험에 붙인 경우에는 보험자는 보험금액의 보험가액에 대한 비율에 따라 보상할 책임을 진다. 그러나 당사자 간에 다른 약정이 있는 때에는 보험자는 보험금액의 한도내에서 그 손해를 보상할 책임을 진다.

일부보험에서 보상액

– 보험가액: 1억원

– 보험가입금액: 6천만원

– 손해액: 5천만원

→ 보험금: 5천만원 $\times \dfrac{6천만원}{1억원}$ = **3천만원**

일부보험에서 1차위험담보 특약이 부가된 경우

– 보험가액: 1억원

– 보험가입금액: 6천만원

– 손해액: 5천만원

→ 보험금: 보험가입금액(6천만원) 한도 내에서 손해액 전액 보상: **5천만원**

제2절   초과보험과 중복보험

1. 초과보험(over insurance)

가. 의의

초과보험이란 보험계약 당시에 약정한 보험금액이 보험가액을 현저하게 초과하는 보험을 말한다. 초과보험 여부는 원칙적으로 보험계약 체결 시의 보험가액이 기준으로 하나, 경제상황의 변동 등으로 보험기간 중에 보험가액이 현저하게 감소하는 경우에도 발생할 수 있다.

🗂 **관련조항**

제669조(초과보험)

① 보험금액이 보험계약의 목적의 가액을 현저하게 초과한 때에는 보험자 또는 보험계약자는 보험료와 보험금액의 감액을 청구할 수 있다. 그러나 보험료의 감액은 장래에 대하여서만 그 효력이 있다.

② 제1항의 가액은 계약당시의 가액에 의하여 정한다.

③ 보험가액이 보험기간 중에 현저하게 감소된 때에도 제1항과 같다.

④ 제1항의 경우에 계약이 보험계약자의 사기로 인하여 체결된 때에는 그 계약은 무효로 한다. 그러나 보험자는 그 사실을 안 때까지의 보험료를 청구할 수 있다.

나. 현저한 초과

보험금액이 보험가액을 현저하게 초과하여야 하는데 여기서 현저한 초과란 사실 인정의 문제로 사회거래의 통념에 따라 결정하여야 한다. 초과보험이라는 사실에 대한 증명책임은 이를 주장하는 보험자가 부담한다.

다. 초과보험의 효과

1) 일반적인 경우

보험자 또는 보험계약자는 보험료와 보험금액의 감액을 청구할 수 있다. 다만 보험료의 감액은 장래에 대하여만 효력이 있다. 즉 이미 경과한 기간에 해당하는 보험료는 납입하여야 한다.

2) 보험계약자의 사기로 체결된 경우

초과보험이 보험계약자의 사기로 체결된 경우에는 보험계약 전부가 무효이며, 보험자는 그 사실을 <u>안 때까지의 보험료를 청구</u>할 수 있다. 본래 민법 일반 규정에 의하면 계약이 무효라면 계약의 당사자 쌍방은 보험금과 보험료를 전부 반환하여야 하나, 악의의 보험계약자를 응징하기 위한 예외규정으로 보험자의 보험료의 청구권을 인정한 것이다.

2. 중복보험(double insurance)

가. 의의

동일한 피보험이익과 동일한 보험사고에 관하여 수개의 보험계약이 체결되었고 그 보험금액의 합계가 보험가액을 초과하는 경우를 중복보험이라고 한다. 수개의 보험계약이 체결되었으나 보험금액의 합계가 보험가액을 초과하지 않은 경우를 따로 구분하여 병존보험(혹은 광의의 중복보험)이라고도 한다. 중복보험은 수개의 보험계약이 동시(同時)에 체결되는 경우와 시간을 달리하여 이시(異時)로 체결되는 경우가 있을 수 있는데 그 효과에 있어서는 차이가 없다.

나. 요건

1) 수개의 보험계약을 체결하였을 것
2) 피보험이익이 동일할 것
3) 보험사고가 동일할 것
4) 보험기간이 같거나 일부라도 겹칠 것
5) 보험금액의 총액이 보험가액을 초과할 것
6) 피보험자가 동일인일 것 (판례)
※ <u>보험계약자가 동일인일 필요는 없으니 주의</u>해야 한다.

다. 통지의무

보험계약자는 각 보험자에 대하여 각 보험계약의 내용을 통지하여야 한다. 이때 발생하는 통지의무는 중복보험 뿐만 아니라 병존보험의 경우에도 부여되는 것에 주의해야 한다. 즉 동일한 피보험이익과 동일한 보험사고에 관하여 수개의 보험계약이 체결되었으나 보험금액의 합계액이 보험가액을 초과하지 않았더라도 보험계약자는 통지의무를 부담한다.

라. 중복보험의 효과

1) 일반적인 경우

각 보험자는 연대책임을 지며 보상책임은 보험자의 보상책임은 각자의 보험금액의 비율에 따른다. 즉 <u>연대비례주의</u>에 따른다. 따라서 피보험자는 특정 보험자에 대하여 자기의 손해 전부를 청구할 수도 있으며, 이를 청구받은 보험자는 보험금액의 한도 내에서 피보험자의 손해 전부를 보상할 책임이 있다. 피보험자에게 손해를 보상한 보험자는 다른 보험자에 대하여 각 보험금액의 비율에 따라 구상권을 행사할 수 있다. 다만 연대비례주의는 임의규정이기 때문에 반드시 이에 따라야 하는 것은 아니며 피보험자의 보상금액이 손해를 입지 않는 한도 내에서 상법과 다른 방식으로 보험자 간의 보상방식을 정하는 타보험조항(예: 독립책임액 분담방식)도 얼마든지 가능하다(대법원 2002. 5. 17. 선고 2000다30127 판결).

2) 보험계약자의 사기로 체결된 경우

중복보험이 보험계약자의 사기로 체결된 경우에는 보험계약 전부가 무효이며, 보험자는 그 사실은 <u>안 때까지의 보험료를 청구</u>할 수 있다. 본래 민법 일반 규정에 의하면 계약이 무효라면 계약의 당사자 쌍방은 보험금과 보험료를 전부 반환하여야 하나, 악의의 보험계약자를 응징하기 위한 예외규정으로 보험자의 보험료의 청구권을 인정한 것이다.

→ 초과보험의 처리방법과 동일하다.

마. 권리포기

보험자 1인에 대한 권리의 포기는 다른 보험자의 권리의무에 영향을 미치지 않는다. 따라서 피보험자가 다른 보험자에 대하여 권리를 포기하였더라도 각 보험자는 자기가 부담할 부분만을 보험금으로 지급한다.

○✗ 문제풀이

1. 1차위험보험이 체결되면 피보험자는 보험가액의 한도 내에서 실제 손해액의 전부를 보상받을 수 있다.

   해설 1차위험담보가 체결되면 피보험자는 보험가입금액의 한도 내에서 실제 손해액의 전부를 보상받을 수 있다.
   답 ✗

2. 초과보험은 보험계약 당시에 약정한 보험금액이 보험가액을 현저하게 초과하는 보험을 말한다.

   해설 초과보험이란 보험계약 당시에 약정한 보험금액이 보험가액을 현저하게 초과하는 보험을 말한다. 답 ○

3. 초과보험이 보험계약자의 사기로 체결된 경우에는 보험계약 전부가 무효이므로 보험자는 보험료를 반환하여야 한다.

   해설 초과보험이 보험계약자의 사기로 체결된 경우에는 보험계약 전부가 무효이며, 보험자는 그 사실을 안 때까지의 보험료를 청구할 수 있다.
   답 ✗

4. 중복보험 뿐만 아니라 병존보험에서도 다른 보험계약에 대한 통지의무가 발생한다.

   해설 보험계약자는 각 보험자에 대하여 각 보험계약의 내용을 통지하여야 한다. 이때 발생하는 통지의무는 중복보험 뿐만 아니라 병존보험의 경우에도 부여되는 것에 주의해야 한다.
   답 ○

5. 중복보험에서 보험자 1인에 대한 권리의 포기는 다른 보험자의 권리의무에 영향을 미치지 않는다.

   해설 보험자 1인에 대한 권리의 포기는 다른 보험자의 권리의무에 영향을 미치지 않는다. 따라서 피보험자가 다른 보험자에 대하여 권리를 포기하였더라도 각 보험자는 자기가 부담할 부분만을 보험금으로 지급한다.
   답 ○

01 중복보험에 관한 설명으로 옳은 것을 모두 고른 것은?

> ㄱ. 중복보험의 경우 보험자 1인에 대한 권리의 포기는 다른 보험자의 권리의무에 영향을 미치지 않는다.
> ㄴ. 중복보험계약을 체결하는 경우에는 보험계약자는 각 보험자에 대하여 각 보험계약의 내용을 통지하여 야 한다.
> ㄷ. 중복보험에서 보험금액의 총액이 보험가액을 초과한 때에는 보험자는 각자의 보험금액의 한도에서 연 대책임을 진다.

① ㄱ
② ㄱ, ㄴ
③ ㄴ, ㄷ
④ ㄱ, ㄴ, ㄷ

🔘 **정답 및 해설**

ㄱ. 중복보험의 경우 보험자 1인에 대한 권리의 포기는 다른 보험자의 권리의무에 영향을 미치지 않는다. (O)
ㄴ. 중복보험계약을 체결하는 경우에는 보험계약자는 각 보험자에 대하여 각 보험계약의 내용을 통지하여야 한다. (O)
ㄷ. 중복보험에서 보험금액의 총액이 보험가액을 초과한 때에는 보험자는 각자의 보험금액의 한도에서 연대책임을 진다. (O)

정답 ④

02 甲은 보험가액이 2억원인 건물에 대하여 보험금액을 1억원으로 하는 손해보험에 가입하였다. 이 에 관한 설명으로 옳지 않은 것은? (단, 다른 약정이 없음을 전제로 함)

① 일부보험에 해당한다.
② 전손(全損)인 경우에는 보험자는 1억원을 지급한다.
③ 1억원의 손해가 발생한 경우에는 보험자는 1억원을 지급한다.
④ 8천만원의 손해가 발생한 경우에는 보험자는 4천만원을 지급한다.

🔘 **정답 및 해설**

① 보험가액이 2억원이고 보험금액이 1억원이므로, 일부보험에 해당한다.
② 전손(全損)이 발생한 경우라면 보험자는 보험금액 전액(1억원)을 지급한다.
③④ 일부보험의 보험자는 보험금액의 보험가액에 대한 비율에 따라 보상할 책임을 진다. 따라서 1억원의 손해가 발생하였다면 보험자는 5천만원의 보험금을 지급하며, 8천만원의 손해가 발생하였다면 4천만원을 지급한다.

정답 ③

03 일부보험에 관한 설명으로 옳지 않은 것은?

① 일부보험은 보험금액이 보험가액에 미달하는 보험이다.

② 특약이 없을 경우, 일부보험에서 보험자는 보험금액의 보험가액에 대한 비율에 따라 보상할 책임을 진다.

③ 일부보험에 관하여 당사자간에 다른 약정이 없더라도 보험자는 실제 발생한 손해 전부를 보상할 책임을 진다.

④ 일부보험은 당사자의 의사와 상관없이 발생할 수 있다.

🔎 정답 및 해설

① 보험금액이 보험가액에 미달하는 보험을 일부보험이라고 한다.

②③ 일부보험이 체결되면 보험자는 보험금액의 보험가액에 대한 비율에 따라 보상할 책임을 진다. 다만 계약 당사자가 별도의 특약을 맺은 경우에는 보험금액의 범위에서 실제 발생한 손해 전부를 보상할 수 있다. 이를 1차위험담보라고 한다.

④ 일부보험은 의도적으로 가입할 수도 있으나 물가 변동에 의하여 당사자의 의사와 상관없이 발생할 수도 있다.

정답 ③

04 중복보험에 관한 설명 중 옳은 것은?

① 중복보험이 성립하기 위해서는 보험금액의 합계가 보험가액을 현저하게 초과하여야 한다.

② 대법원 판례에 의하면, 중복보험에서의 보험자 보상방식이나 보험자 간의 책임분담방식에 관하여 상법의 규정과 다른 약관규정을 둘 수 없다고 한다.

③ 보험계약자가 다르더라도 피보험자가 동일하면 중복보험이 성립할 수 있다.

④ 피보험이익이 다르더라도 중복보험이 성립할 수 있다.

🔎 정답 및 해설

① 중복보험은 보험금액의 합계가 보험가액을 조금이라도 초과하면 성립한다. 초과보험이 성립하기 위해서는 현저하게 초과하여야 하므로 둘의 차이에 주의해야 한다.

② 대법원 판례에 의하면, 중복보험에서의 보험자의 보상방식이나 보험자 간의 책임분담방식에 관하여 상법의 규정과 다른 약관규정을 둘 수 있다.

③ 보험계약자가 다르더라도 피보험자가 동일하면 중복보험이 성립할 수 있다.

④ 중복보험은 피보험이익이 같아야 하므로, 피보험이익이 다르면 중복보험은 성립할 수 없다.

정답 ③

05 초과보험과 중복보험에 대한 다음 설명 중 틀린 것은?

① 초과보험은 보험금액이 보험가액을 현저하게 초과하는 것을 말한다.

② 초과보험인지의 여부는 원칙적으로 보험기간 중의 보험가액을 기준으로 한다.

③ 단순 초과보험의 경우에 보험자 또는 보험계약자는 보험료와 보험금액의 감액을 청구할 수 있는데 보험료의 감액은 장래에 대하여만 그 효력이 있다.

④ 중복보험의 경우 보험계약자가 선의인 때에는 각 보험자는 각자의 보험금액의 한도에서 연대책임을 지고, 각 보험자의 보상책임은 각자의 보험금액의 비율에 따라 정해진다.

🔊 정답 및 해설

초과보험에서 가액은 계약 당시의 가액에 의하여 정하는 것이 원칙이다(상법 제669조 제2항).

정답 ②

06 1차위험보험에서 보험자는 어떠한 방식으로 보험금을 지급하는가?

① 비례부담의 원칙에 따라 지급한다.

② 보험가액의 일정비율의 범위 내에서 지급한다.

③ 보험금액의 범위 내에서 손해액 전액을 지급한다.

④ 보험의 목적이 전부 멸실한 경우에만 보험금액을 지급한다.

🔊 정답 및 해설

1차위험보험은 당사자 간의 특약으로 분손이 발생한 경우에도 보험금액의 범위 내에서 손해액의 전부를 보상하기로 약정한 보험을 말한다.

정답 ③

07 중복보험에 관한 다음 설명 중 틀리 것은?

① 보험자는 각자의 보험금액의 한도에서 연대책임을 진다.

② 각 보험자의 보상책임은 각자의 보험금액의 비율에 따른다.

③ 보험계약자의 사기로 인하여 체결된 때에는 그 계약은 취소할 수 있으나, 보험자는 그 사실을 안 때까지의 보험료를 청구할 수 있다.

④ 보험자 1인에 대한 권리의 포기는 다른 보험자의 권리의무에 영향을 미치지 아니한다.

🔊 정답 및 해설

보험계약자의 사기로 인하여 체결된 초과보험은 무효이다. 취소가 아니다.

정답 ③

08 초과보험에 관한 다음 설명 중 틀린 것은?

① 초과보험이 성립하기 위해서는 보험가액이 보험금액을 현저하게 초과하여야 한다.

② 당사자가 선의인 경우 보험자 또는 보험계약자는 보험료와 보험금액의 감액을 청구할 수 있다.

③ 보험기간 중에 보험가액이 현저하게 감소하는 경우 보험자 또는 보험계약자는 보험료와 보험금액의 감액을 청구할 수 있다.

④ 보험계약자의 사기로 인하여 초과보험계약이 체결된 때에는 그 계약은 무효로 한다.

🔵 **정답 및 해설**

초과보험은 보험금액이 보험가액을 현저하게 초과한 경우를 말한다. 1번 지문에서는 보험금액과 보험가액이 반대로 서술되어 있다.

정답 ①

09 다음의 사례를 보고 보험자가 지급해야 하는 보험금을 계산하시오.

> 보험가액: 1억원
> 보험가입금액: 6천만원
> 손해액: 4천만원
> 1차위험담보 조건으로 보험계약 체결됨

① 2천 4백만원　　　　　　　② 3천만원

③ 3천 6백만원　　　　　　　④ 4천만원

🔵 **정답 및 해설**

일부보험이 체결되면 보험자는 보험금액의 보험가액에 대한 비율에 따라 보상할 책임을 진다(상법 제674조). 다만 당사자간에 다른 약정이 있는 때에는 비례 보상하지 않고 보험금액의 한도 내에서 그 손해를 보상하는 것도 가능하다. 이를 1차위험담보라고 한다. 문제에서 1차위험담보 조건으로 보험계약이 체결되었으므로, 보험자는 보험가입금액(6천만원)의 한도 내에서 손해액(4천만원)을 보상할 책임을 부담한다.

정답 ④

10 다음은 중복보험에 관한 설명이다. ( )에 들어갈 용어로 옳은 것은?

> 동일한 보험계약의 목적과 동일한 사고에 관하여 수개의 보험계약이 동시에 또는 순차로 체결된 경우에 그 (ㄱ)의 총액이 (ㄴ)을 초과한 때에는 보험자는 각자의 (ㄷ)의 한도에서 연대책임을 진다.

① ㄱ: 보험금액,　　　ㄴ: 보험가액,　　　ㄷ: 보험금액

② ㄱ: 보험금액,　　　ㄴ: 보험가액,　　　ㄷ: 보험가액

③ ㄱ: 보험료,　　　　ㄴ: 보험가액,　　　ㄷ: 보험금액

④ ㄱ: 보험료,　　　　ㄴ: 보험금액,　　　ㄷ: 보험금액

동일한 보험계약의 목적과 동일한 사고에 관하여 수개의 보험계약이 동시에 또는 순차로 체결된 경우에 그 보험금액의 총액이 보험가액을 초과한 때에는 보험자는 각자의 보험금액의 한도에서 연대책임을 진다.

정답 ①

11 보험계약자와 피보험자가 동일인인 A는 건물의 화재보험가입을 위해 보험가액을 1억원으로 하여 甲보험회사에 보험금액을 1억원, 乙보험회사에는 보험금액을 6천만원, 丙보험회사에 보험금액을 4천만원으로 하는 계약을 체결하였다. 보험 가입 후 해당건물에 화재가 발생하였고 건물이 전손되었다. 각보험자가 A에게 지급하여야 하는 보험금으로 옳게 묶은 것은? (위 3건의 보험계약은 사기로 체결되지 않았고, 당사자 간에 다른 약정이 없다고 가정함)

① 甲: 5천만원,   乙: 2천 5백만원,   丙: 2천 5백만원
② 甲: 5천만원,   乙: 3천만원,   丙: 2천만원
③ 甲: 4천만원,   乙: 4천만원,   丙: 2천만원
④ 甲: 3천 5백만원, 乙: 3천 5백만원,   丙: 3천만원

甲乙丙 보험 사이에는 중복보험이 성립하며, 중복보험에서 각 보험자의 보상책임은 각자의 보험금액의 비율에 따른다. 따라서 각 보험자가 A에게 지급해야 하는 보험금은 다음과 같다.

甲: 1억원(손해액) $\times \dfrac{1억원(甲의\ 보험금액)}{2억원(甲乙丙\ 보험금액\ 합계)} = 5천만원$

乙: 1억원(손해액) $\times \dfrac{6천만원(乙의\ 보험금액)}{2억원(甲乙丙\ 보험금액\ 합계)} = 3천만원$

丙: 1억원(손해액) $\times \dfrac{4천만원(丙의\ 보험금액)}{2억원(甲乙丙\ 보험금액\ 합계)} = 2천만원$

정답 ②

04 손해방지의무 및 보험목적물의 양도

제1절 손해방지의무

1. 의의

보험계약자와 피보험자는 보험사고가 발생한 경우에 손해의 확대를 방지하고 경감시키기 위하여 노력하여야 하는데 이를 손해방지의무라고 한다. 또한 손해의 방지와 경감을 위하여 필요 또는 유익하였던 비용은 보험자가 보상하여야 하며, 비용과 보상액의 합계액이 보험금액을 초과한 때라도 보험자는 보상책임을 부담한다. 손해방지의무는 손해보험에서만 발생하며 인보험에서는 발생하지 않는다.

2. 법적 성질 및 발생시기

가. 법적 성질

보험계약의 체결에 따른 계약 상의 의무가 아니라 상법에서 특별히 정한 법정의무이다.

나. 발생시기

<u>보험사고가 발생한 이후</u>에 그 손해가 더 이상 확대되지 않도록 방지하는 의무를 말하며, 보험사고의 발생을 미리 막기 위한 예방의무와는 다르다. 따라서 손해방지의무는 의무자가 보험사고의 발생 사실을 안 때부터 부담하는 것이 원칙이다. 만약 보험사고가 발생하였으나 의무자가 사고의 발생 사실을 알지 못하였다면 손해방지의무도 이행이 불가능하므로 사고 발생 사실을 안 때부터 부담하는 것으로 해석한다. 대법원은 보험사고가 발생한 것과 같게 볼 수 있는 상태가 생겼을 경우에 피보험자의 법률상 책임 여부가 판명되지 아니한 상태에서 피보험자가 손해확대방지를 위한 긴급한 행위를 한 것도 손해방지의무의 이행으로 보았다.

3. 의무자 및 내용

가. 의무자

보험계약자와 피보험자가 의무를 부담한다.

나. 내용

보험계약자 등이 기울여야 할 노력은 보험계약이 체결되지 않았더라도 본인의 재산에 대하여 스스로 손해의 방지와 경감을 위하여 기울였을 정도의 노력이다(주의깊은 무보험 소유자의 주의). 또한 손해방지의무는 보험자가 책임을 부담하는 사고가 발생한 경우에 한하므로 보험자가 책임을 지지 않는 손해(예: 면책사고)에 대해서는 의무를 부담하지 않는다. 예를 들어 전손만 담보하는 보험이 체결된 상태에서 분손 사고가 발생하였다면 이 의무를 부담하지 않는다.

4. 위반 시 효과

상법에는 손해방지의무 위반시 효과에 대하여 명시적인 규정을 두고 있지 않다. 다만 개별 보험약관에서는 손해방지의무 위반이 없었더라면 방지 또는 경감할 수 있으리라 예상되는 금액을 제외하여 보험금을 지급하도록 규정하고 있다.

5. 손해방지비용

보험계약자 등이 손해의 방지와 경감을 위하여 노력하는데 필요 또는 유익하였던 <u>비용과 보상액이 보험금액을 초과한 경우라도 보험자가 이를 부담</u>한다. '필요 또는 유익한 비용'이라고 하였으므로 실제 손해방지 활동의 효과가 없었더라도 이를 부담하여야 한다.

6. 방어비용과의 구분

손해방지비용은 보험자가 담보하고 있는 보험사고가 발생한 경우에 보험사고로 인한 손해의 발생을 방지하거나 손해의 확대를 방지함은 물론 손해를 경감할 목적으로 행하는 행위에 필요하거나 유익하였던 비용을 말하는 것이고, 방어비용은 피해자가 보험사고로 인적·물적 손해를 입고 피보험자를 상대로 손해배상청구를 한 경우에 그 방어를 위하여 지출한 재판상 또는 재판 외의 필요비용을 말하는 것으로서, 위 두 비용은 서로 구별되는 것이므로, 보험계약에 적용되는 보통약관에 손해방지비용과 관련한 별도의 규정을 두고 있다고 하더라도, 그 규정이 당연히 방어비용에 대하여도 적용된다고 할 수는 없다(대법원 2006. 6. 30. 선고 2005다21531 판결).

보험사고가 발생하여 보험계약자가 손해방지를 위한 비용을 지출하였으나 그 효과가 없이 결국 전손이 발생하였다. 이 경우 보험자가 지급해야 하는 보험금은 얼마인가?

보험가액: 1억원
보험가입금액: 1억원
손해방지비용: 1백만원
손해액: 1억원 (전손)

[해설]
손해방지의 효과가 없어 전손이 발생하였지만 보험자는 이에 소요되었던 손해방지비용을 부담해야 하며, 비용과 보상액이 보험가입금액을 초과하더라도 보상하여야 한다. 따라서 보험자가 지급하여야 할 최종금액은 손해액 1억원에 손해방지비용 1백만원을 합친 **1억 1백만원**이다.

제2절 보험목적물의 양도

1. 의의

보험계약의 대상이 되는 보험의 목적물을 보험기간 존속 중에 피보험자가 다른 사람에게 양도하는 것을 말한다. 보험목적물이 보험기간 중 타인에게 양도되면 피보험자가 보유하던 피보험이익이 사라지므로, 보험계약의 효력도 그 시점에 상실하여야 한다. 또한 보험목적물을 양도받는 양수인은 보험계약과는 아무런 관련이 없기 때문에 보험계약도 종료되어야 하는 것이 원칙이다. 그러나 이렇게 되면 보험목적물에 무보험 상태가 발생하며 보험자의 입장에서도 기존계약의 해지와 새로운 계약의 체결이라는 번거로운 과정이 필요하기 때문에, 우리 상법은 양수인이 보험계약 상의 권리와 의무를 승계한 것으로 추정하도록 규정하고 있다.

2. 요건

가. 보험목적물의 제한

보험목적물이 물건(物件)임을 원칙으로 하며 물건인 이상 동산이나 부동산, 유체재산이나 무체재산을 가리지 않는다.

나. 물권적 이전

채권적 양도만으로는 부족하며 물권적 양도가 있어야 한다. 즉 양도의 채권계약만 있는 상태로는 부족하며 소유권이 양수인에게 이전되어야 한다. 그러므로 목적물의 소유자가 단순히 목적물을 임

대하거나 담보권을 설정한 것은 보험목적물의 양도에 해당하지 않는다.

다. 유효한 보험계약의 존재

보험의 목적이 양도될 때 양도인과 보험자 사이에 유효한 보험계약이 존속하여야 한다. 유효한 보험계약이 존속하는 한 해지사유와 면책사유가 있더라도 보험계약은 일단 양수인에게 이전하고 보험자는 양수인에 대하여 보험계약의 해지와 면책을 주장할 수 있다.

라. 반대의사 부존재(不存在)

보험계약의 양도에 대하여 명백한 반대의사가 존재하지 않아야 한다. 상법은 양수인이 보험계약상의 권리와 의무를 승계하는 것으로 추정하고 있으므로 양수인이 보험목적물을 양도하면서 명백한 반대의사를 증명한 경우라면 그 추정이 번복된다. 즉 보험계약 상의 권리의무가 양수인에게 승계되지 않는다. 대법원도 보험목적물 양도 승계 규정을 당사자 사이의 약정으로 그 적용을 변경하거나 배제할 수 있는 임의규정으로 본다(대법원 1991. 8. 9. 선고 91다1158 판결).

3. 양도의 효과

가. 권리의무 승계 추정

양수인이 보험계약의 권리와 의무를 승계한 것으로 추정한다. 추정의 법률적 효과에 의하여 만약 당사자가 다른 약정을 하였다면 보험계약의 승계를 부인할 수 있다.

나. 통지의무

보험의 목적의 양도인 또는 양수인은 보험자에 대하여 지체없이 그 사실을 통지하여야 한다. 다만 통지의무를 위반했을 때에 대하여 상법은 아무런 규정을 두고 있지 않다. 판례는 위험변경증가 통지의무(상법 제652조 제2항)에 준용하여 목적물의 양도에 따라 위험이 현저하게 변경증가가 있는 경우에만 보험계약을 해지할 수 있다고 본다. 따라서 보험목적물 양도에 대한 통지의무가 이행되지 않았더라도 위험의 현저한 변경증가가 없었다면 보험자는 보험계약을 해지할 수 없고 양수인은 보험사고 발생시 보험금을 청구할 수 있다.

관련판례 ┃ 대법원 1996. 7. 26. 선고 95다52505 판결

보험목적물의 양도를 보험계약자의 통지의무 사유로 들고 있는 화재보험보통약관 제9조와 '현저한 위험의 변경 또는 증가와 관련된 제9조에 정한 계약 후 알릴 의무를 이행하지 아니하였을 때'를 보험계약의 해지사유로 들고 있는 같은 약관 제11조 제2항의 규정을 종합하여 보면, 화재보험의 목적물이 양도된 경우 그 양도로 인하여 현저한 위험의 변경 또는 증가가 있고 동시에 보험계약자 또는 피보험자가 양도의 통지를 하지 않는 경우에는 보험자는 통지의무 위반을 이유로 당해 보험계약을 해지할 수 있으나, 보험목적의 양도로 인하여 **현저한 위험의 변경 또는 증가가 없는 경우에는** 양도의 통지를 하지 않더라도 **통지의무 위반을 이유로 당해 보험계약을 해지할 수 없다**고 봄이 상당하다.

4. 자동차, 선박의 특칙

자동차와 선박의 양도는 그 특수성을 감안하여 양도 추정의 규정이 적용되지 않고 별도의 특칙이 적용된다. 자동차보험에서 자동차의 양도는 보험자의 승낙을 얻은 경우에 한하여 보험계약 상의 권리의무가 승계되며, 선박보험에서 선박의 양도는 보험자의 동의가 없으면 보험계약 종료사유이다.

○✕ 문제풀이

1. **손해방지의무란 보험사고가 발생하지 않도록 막아야 하는 의무를 말한다.**

    해설 손해방지의무란 이미 사고가 발생한 경우에 손해가 더 이상 커지는 것을 방지해야 하는 의무를 말한다. 사고 발생 자체를 막아야 하는 예방의무와는 다르다. **답** ✕

2. **손해방지의무를 부담하는 사람은 보험계약자, 피보험자 및 보험수익자이다.**

    해설 보험계약자와 피보험자가 의무를 부담한다. 인보험의 보험수익자는 손해방지 의무자에 포함되지 않으니 주의해야 한다. **답** ✕

3. **상법에는 손해방지의무 위반에 대한 규정이 없다.**

    해설 상법에는 손해방지의무 위반시 효과에 대하여 명시적인 규정을 두고 있지 않다. 다만 개별 보험약관에서는 손해방지의무 위반이 없었더라면 방지 또는 경감할 수 있으리라 예상되는 금액을 제외하여 보험금을 지급하도록 규정하고 있다. **답** ○

4. **상법상 보험목적물의 양도 통지의무를 위반한 경우 보험자는 그 사실을 안 날로부터 1월 내에 보험계약을 해지할 수 있다.**

    해설 상법은 통지의무를 위반했을 때에 대하여 아무런 규정을 두고 있지 않다. 대법원 판례는 위험변경증가 통지의무(상법 제652조 제2항)에 준용하여 양도에 따라 위험이 현저히 변경 증가가 있는 경우에만 보험계약을 해지할 수 있다고 본다. **답** ✕

5. **자동차가 양도되었을 경우에는 양도 추정 규정이 적용되지 않는다.**

    해설 자동차와 선박의 양도는 그 특수성을 감안하여 양도 추정의 규정이 적용되지 않고 별도의 특칙이 적용된다. 자동차보험에서 자동차의 양도는 보험자의 승낙을 얻은 경우에 한하여 보험계약 상의 권리의무가 승계되며, 선박보험에서 선박의 양도는 보험자의 동의가 없으면 보험계약 종료사유이다. **답** ○

01 손해방지비용에 관한 설명 중 옳은 것은?

① 손해방지비용에는 손해의 방지와 경감을 위한 필요한 비용만이 포함되고 유익한 비용은 포함되지 아니한다.

② 상법은 손해방지 행위를 격려하기 위해 손해방지 의무자가 보험자에게 손해방지비용의 선급을 청구할 수 있는 것으로 규정하고 있다.

③ 일부보험에서는 보험자가 손해방지비용을 부담하지 않는다.

④ 손해방지의무는 사고가 발생한 이후부터 부담하는 의무이다.

정답 및 해설

① 손해방지비용에는 손해의 방지와 경감을 위한 필요비와 유익비를 포함한다.

② 상법에는 손해방지비용의 선급을 청구할 수 있다는 규정은 없다.

③ 일부보험의 경우에도 손해방지비용은 부담하여야 한다.

정답 ④

02 손해방지의무에 대한 설명 중 틀린 것은?

① 보험자가 전손만을 담보하는 보험계약에 있어서 분손이 발생하였다면 손해방지의무는 발생하지 않는다.

② 상법상 일부보험의 손해방지비용은 보험금액의 보험가액에 대한 비율로 부담한다.

③ 보험계약자 등이 행하는 손해방지의무는 그 효과가 반드시 나타나야 하는 것은 아니다.

④ 손해방지의무는 계약 당사자인 보험계약자 뿐만 아니라 피보험자도 부담한다.

정답 및 해설

상법상 일부보험의 경우 손해방지비용의 보상에 대한 명시적인 규정은 없다. 다만 개별약관 규정에 의하여 보험금액의 보험가액에 대한 비율에 따라 보험자가 부담할 뿐이다.

정답 ②

03 보험목적의 양도에 대한 다음 설명 중 틀린 것은?

① 보험목적물은 특정되고 개별화된 물건이어야 한다.

② 보험의 목적을 양도한 경우 양수인은 보험계약상의 권리와 의무를 승계한 것으로 추정한다.

③ 판례에 따르면 화재보험의 목적물이 양도되었으나 소유자만 바뀌고 보험요율의 결정요소는 동일한 경우 양도에 대한 통지의무 위반을 이유로 보험계약을 해지할 수 없다.

④ 보험목적의 양도에 대한 통지의무는 양도인에게 있다. 따라서 양수인이 통지의무를 이행한 것은 유효한 행위가 아니다.

🔊 정답 및 해설

보험목적의 양도에 대한 통지의무는 양도인과 양수인 모두에게 있다. 따라서 양도인과 양수인 중 어느 누구라도 통지의무를 이행하면 된다.

정답 ④

04 보험목적물의 양도에 관한 다음의 설명 중 옳지 않은 것은?

① 자동차보험에서 자동차를 양도하는 경우에는 보험자의 승낙이 있어야 보험계약이 승계된다.

② 보험 목적의 양도로 현저히 위험이 증가하면 양도계약은 무효이다.

③ 선박보험에서 선박의 양도는 보험자의 동의가 없으면 보험계약이 종료된다.

④ 상법은 피보험자가 보험의 목적을 양도한 경우 통지의무를 지우고 있을 뿐 이를 게을리한 때의 효과를 규정하지 않고 있다.

🔊 정답 및 해설

대법원 판례에 따르면 보험 목적의 양도에는 위험변경증가 통지의무의 규정을 준용하므로, 양도에 따라 위험이 현저히 증가하게 되었다면 보험자는 그 사실을 안 날로부터 1월 내에 보험료의 증액을 청구하거나 계약을 해지할 수 있다.

정답 ②

05 손해방지의무에 관한 설명 중 틀린 것은?

① 손해방지의무는 보험계약에 따른 의무가 아니라 법정의무이다.

② 보험계약자 또는 피보험자는 자기의 재산에 대해 기울이는 정도의 주의로써 이행하면 된다.

③ 손해방지의무 위반으로 인하여 확대된 손해에 대해서는 보험자는 그 해당액만큼 보험금에서 공제하여 지급할 수 있다.

④ 전기의 누전으로 화재의 발생위험이 있음을 알면서 이를 방치하여 화재가 생긴 경우에도 손해방지의무 위반이다.

🔊 정답 및 해설

손해방지의무는 보험사고의 발생을 전제로 하는 것이기 때문에 보험사고가 생긴 때부터 의무를 부담한다. 즉, 손해방지의무에는 손해발생 예방의무까지 포함되지 아니한다.

정답 ④

06 손해방지의무의 이행에 관한 설명으로 틀린 것은?

① 보험사고가 발생한 때부터 부담한다.

② 보험자를 위한 것임을 의식했어야 한다.

③ 자신의 일을 처리하는 정도의 주의로써 하면 된다.

④ 손해방지비용은 보상액과 합계액이 보험금액을 초과하더라도 보험자가 부담한다.

🔊 정답 및 해설

손해방지의무는 누구를 위한 것임을 인식할 필요 없이 손해의 방지 또는 경감을 위한 노력이면 족하다. 이러한 손해방지
비용과 보상액이 보험금액을 초과한 경우라도 보험자가 부담한다.

정답 ②

07 손해방지의무에 관한 다음의 내용 중 옳은 것은?

① 판례는 보험계약의 최대 선의의 원칙에 따라 보험계약이 체결되지 않은 자기 재산에 기울이는
것보다 넓은 범위의 손해방지 활동을 요구한다.

② 상법상 손해방지의무를 위반할 경우에는 의무위반으로 인해 늘어난 손해는 보상하지 않는다.

③ 보험사고가 발생하지 않도록 해야 하는 예방의무가 아니다.

④ 보험자의 지시에 의하여 손해방지의무를 이행하였다면, 손해방지비용과 보상액의 합계액이 보
험금액을 초과하였더라도 보험자가 이를 부담한다.

🔊 정답 및 해설

① 손해방지의무는 보험의 사행계약적 성질에 따라 법이 특별히 인정한 의무로, 보험계약자와 피보험자가 손해의 방지와
경감을 위하여 노력하여야 할 의무를 말한다. 이때 손해방지의무의 정도와 범위는 **보험계약이 체결되지 않은 자기 재산
에 대하여 요구되는 정도의 주의**면 충분하다.

② 손해방지의무를 위반할 경우에 대한 내용은 **상법에 규정되어 있지 않다.** 다만, 개별 보험약관의 규정상 의무위반으로
인해 늘어난 손해는 보상하지 않는다.

③ 손해방지의무는 보험사고가 발생하지 않도록 막아야 하는 예방의무가 아니라, 이미 사고가 발생한 경우에 더 이상 손해
가 확대되지 않도록 방지해야 하는 의무이다.

④ 손해방지비용이 발생한 경우 피보험자는 그 비용의 지급을 보험자에게 청구할 수 있다. 이 때 그 비용과 보상액이 보험
금액을 초과한 경우에도 보험자는 이를 부담하여야 한다. 본 규정은 보험자의 지시 여부를 따지지 않으므로, 보험계약
자나 피보험자가 **보험자의 지시없이 스스로 손해방지의무를 이행하여 발생한 비용도 보험자가 부담**하여야 한다. 유사
한 개념과 비교하여, 책임보험에서 피보험자가 제3자의 청구를 방어하기 위하여 지출한 비용인 방어비용은 보험자의
지시에 의한 경우에만, 그 금액에 손해액을 가산한 금액이 보험금액을 초과한 것을 보험자가 이를 부담하니 주의하여야
한다.

정답 ③

08 상법상 보험목적의 양도에 관한 설명으로 옳지 않은 것은?

① 손해보험에서 피보험자가 보험의 목적을 양도한 때에는 양수인은 보험계약 상의 권리와 의무를 승계한 것으로 본다.

② 손해보험에서 피보험자가 보험의 목적을 양도한 경우에 양도인 또는 양수인은 보험자에 대하여 지체 없이 그 사실을 통지하여야 한다.

③ 선박을 보험에 붙인 경우에는 보험의 목적인 선박을 양도할 때 그 보험계약은 종료하나 보험자의 동의가 있는 때에는 그러하지 아니하다.

④ 자동차보험에서 피보험자가 보험기간 중에 자동차를 양도한 때에는 양수인은 보험자의 승낙을 얻은 경우에 한하여 보험계약으로 인하여 생긴 권리와 의무를 승계한다.

🔊 정답 및 해설

손해보험에서 피보험자가 보험의 목적을 양도한 때에는 양수인은 보험계약 상의 권리와 의무를 승계한 것으로 **추정한다**(상법 제679조 제1항).

정답 ①

09 손해방지비용에 대한 설명으로 옳지 않은 것은? (다툼이 있는 경우 판례에 의함)

① 손해방지의무의 이행을 위해 필요 또는 유익하였던 비용과 보험계약에 따른 보상액의 합계액이 보험금액을 초과한 경우라도 보험자는 이를 부담한다.

② 보험사고 발생 이전에 손해의 발생을 방지하기 위해 지출된 비용은 손해방지비용에 포함되지 않는다.

③ 보험사고 발생시 또는 보험사고가 발생한 것과 같이 볼 수 있는 경우에 피보험자의 법률상 책임 여부가 판명되지 아니한 상태에서 피보험자가 손해 확대방지를 위해 긴급한 행위로서 필요 또는 유익한 비용을 지출하였다면 이는 보험자가 부담하여야 한다.

④ 보험계약에 적용되는 보통약관에 손해방지비용과 관련한 별도의 규정이 있다면, 그 규정은 당연히 방어비용에 대하여도 적용된다고 할 수 있다.

🔊 정답 및 해설

대법원 판례에 따르면, 상법 제680조 제1항에 규정된 '손해방지비용'은 보험자가 담보하고 있는 보험사고가 발생한 경우에 보험사고로 인한 손해의 발생을 방지하거나 손해의 확대를 방지함은 물론 손해를 경감할 목적으로 행하는 행위에 필요하거나 유익하였던 비용을 말하는 것이고, 제720조 제1항에 규정된 '방어비용'은 피해자가 보험사고로 인적·물적 손해를 입고 피보험자를 상대로 손해배상청구를 한 경우에 그 방어를 위하여 지출한 재판상 또는 재판 외의 필요비용을 말하는 것으로서, 위 두 비용은 서로 구별되는 것이므로, 보험계약에 적용되는 보통약관에 손해방지비용과 관련한 별도의 규정을 두고 있다고 하더라도, 그 규정이 당연히 방어비용에 대하여도 **적용된다고 할 수는 없다**.

정답 ④

CHAPTER 05 보험자대위

제1절 보험자대위

1. 의의

보험자가 보험사고로 보험금을 지급한 경우, 보험계약자 또는 피보험자가 보험의 목적이나 제3자에 대하여 가지는 권리를 법률상 취득하는 것을 말한다. 보험자대위는 크게 보험목적에 대한 대위(잔존물대위)와 제3자에 대한 대위(청구권대위)로 구분한다.

2. 인보험에서의 대위 금지

보험자대위는 손해보험에서만 인정되고 인보험에서는 보험자 대위가 원칙적으로 금지된다. 다만 상해보험계약의 경우에 당사자 간에 다른 약정이 있는 때에는 보험자는 피보험자의 권리를 해하지 아니하는 범위안에서 그 권리를 대위하여 행사할 수 있다.

제2절 보험목적에 대한 대위

1. 의의

보험의 목적의 전부가 멸실하여 보험금액의 전부를 지급한 보험자는 그 목적에 대한 피보험자의 권리를 취득하는데 이를 보험목적에 관한 보험대위라고 한다. 보통 **잔존물대위**라고 부른다. 예를 들어 화재보험에서 타지 않고 남아 있는 건물의 기둥이나 자동차보험에서 자동차가 전소된 이후 남은 엔진 등의 부품, 해상보험에서 침몰한 선박에 대한 피보험자의 권리를 보험자가 대위 취득한다.

2. 요건

가. 보험의 목적의 전부 멸실

보험사고로 보험의 목적의 전부가 멸실되어야 한다. 여기서 전부 멸실이란 보험계약 체결 당시에 보험의 목적이 지닌 형태의 멸실을 의미하고, 일부 잔존물이 있어도 경제적 가치가 전부 멸실 한 것도 포함한다.

나. 보험금액의 전부 지급

보험자가 보험금액의 전부를 피보험자에게 지급하여야 한다. 보험금액의 전부 지급이란 보험의 목적이 입은 손해액 뿐만 아니라 보험자가 부담하는 손해방지비용이나 기타의 비용까지 전부 지급한 것을 말한다. 따라서 보험금의 일부만 지급한 보험자는 잔존물 대위를 취득할 수 없으며 지급액에 비례한 권리도 취득하지 못한다.

3. 효과

가. 취득시기

잔존물대위는 요건을 만족하면 보험자가 그 권리를 당연히 취득한다. 따라서 따로 권리 이전의 의사표시나 절차가 필요 없으며 보험자가 보험금액을 전부 지급한 때에 당연히 발생한다.

나. 이전되는 권리

보험의 목적물에 대한 <u>피보험자의 권리</u>가 이전된다.

다. 대위권 포기

잔존물에 대한 모든 권리가 보험자에게 귀속하므로 잔존물에 대한 의무 또한 보험자에게 귀속한다. 그런데 잔존물 취득에 따른 처리비용이 오히려 잔존물의 가액을 초과하는 경우도 있으므로, 보험자는 대위권 행사를 포기할 수 있다.

라. 일부보험의 경우

잔존물대위는 전부보험이 아니라 일부보험인 경우에도 발생할 수 있으며 일부보험에서 보험자는 보험금액의 보험가액에 대한 비율에 따라 대위권을 취득한다. 예를 들어 보험가액 10억원의 건물에 5억원을 보험가입금액으로 일부보험에 가입하고 화재사고로 전손이 발생하여 잔존물 가액이 100만원이 남았다고 가정한다면, 보험자는 잔존물 중 50만원에 대한 권리를 취득한다.

📑 **관련조항**

제681조(보험목적에 관한 보험대위)
보험의 목적의 전부가 멸실한 경우에 보험금액의 전부를 지급한 보험자는 그 목적에 대한 피보험자의 권리를 취득한다. 그러나 보험가액의 일부를 보험에 붙인 경우에는 보험자가 취득할 권리는 보험금액의 보험가액에 대한 비율에 따라 이를 정한다.

4. 보험위부와 구분

보험위부는 보험의 목적이 전부 멸실한 것과 동일하게 취급할 수 있는 추정전손이 발생한 경우에 피보험자가 보험의 목적에 관한 일체의 권리를 보험자에게 이전하고 보험금의 전부를 청구한다는 의사표시를 함으로써 효력이 발생하는 해상보험 특유의 제도이다. 따라서 보험자가 보험금을 지급하고 보험목적물에 대한 권리를 취득한다는 측면에서 잔존물 대위와 유사하다.

하지만, 잔존물대위는 손해보험 계약 전반에서 인정되는 반면에 보험위부는 해상보험에서만 인정된다. 또한 잔존물대위는 보험금의 전부 지급 시에 목적물에 대한 권리 이전의 효과가 법률상 당연히 발생하지만, 보험위부는 일정한 상황 아래에서 피보험자의 특별한 의사표시에 의하여 발생하며 보험금의 지급 여부와 관계없다는 차이점이 있다. 마지막으로 잔존물대위에서는 보험자가 피보험자에게 지급한 보험금액 이상으로 잔존물에 대한 권리를 취득할 수 없지만, 보험위부는 위부된 목적물의 가액이 피보험자에게 지급한 보험금액을 초과하더라도 여전히 보험자의 소유가 된다는 점에서 서로 차이가 있다.

제3절　제3자에 대한 대위

1. 의의

손해가 제3자의 행위로 인하여 발생한 경우에 보험금을 지급한 보험자는 그 지급한 금액의 한도에서 그 제3자에 대한 보험계약자 또는 피보험자의 권리를 취득하는데 이를 제3자에 대한 보험대위라고 한다. 보통 청구권대위라고 부른다.

2. 요건

가. 제3자이 행위로 손해 발생

보험사고로 인한 피보험자의 손해가 제3자의 행위로 말미암은 것이어야 한다. 여기서 제3자의 행위란 보험계약의 목적(피보험이익)에 대하여 손해를 일으키는 행위로서 불법행위 뿐만 아니라 채무불이행으로 인한 손해배상의무를 부담하는 경우를 포함한다. 또한 선장의 공동해손으로 인한 경우와 같이 적법한 행위로 인한 경우도 포함된다.

나. 보험계약자 또는 피보험자의 제3자에 대한 권리 존재

보험자의 대위권은 보험자가 보험금을 지급하면 당연히 발생하지만, 그 권리는 피보험자가 제3자에 대하여 가지는 권리에서 나오는 것이므로 피보험자가 제3자에 대하여 손해배상 청구권을 가지고 있어야 한다. 이때 손해배상 청구권의 원인은 불문한다.

다. 보험금의 지급

보험자가 피보험자에게 보험금을 지급하여야 한다. 잔존물대위와의 차이점은 잔존물대위는 보험금의 전부를 지급하여야 발생하는 것에 반하여, 청구권대위는 보험자가 보험금의 일부를 지급하여도 그 지급한 범위 안에서 대위권을 행사할 수 있다는 것이다.

3. 효과

가. 취득시기

보험자가 보험금을 지급한 경우에 청구권대위가 발생한다. 잔존물대위와는 다르게 지급할 보험금의 일부만을 지급한 경우에도 청구권대위는 가능하다. 다만 보상할 보험금의 일부를 지급한 경우에는 피보험자의 권리를 침해하지 아니하는 범위에서 그 권리를 행사할 수 있다.

나. 이전되는 권리

제3자에 대한 <u>보험계약자 또는 피보험자의 권리</u>가 이전된다. 여기서 보험계약자의 권리가 보험자대위의 영역에 포함된 것은 타인의 물건을 보관하는 보관자 책임보험과 같이 보험계약자가 제3자에 대하여 손해배상 청구권이 발생하는 경우에 보험자 대위권이 인정될 수 있기 때문이다. 보험자의 대위권 취득 시기는 '보험금을 지급한 때'에 이전하고, 권리이전은 보험자 또는 피보험자의 의사표시나 채권양도 등의 절차(등기, 인도 등)가 필요없이 법률상 당연히 이전한다.

다. 대위권 포기

상법상 청구권대위 행사의 포기를 금지하는 규정은 없다. 다만 보험업법에서는 청구권대위 행사의 포기를 특별이익 제공으로 보아, 보험모집 행위에서 금지하고 있다(보험업법 제98조).

라. 일부보험의 경우에 대한 학설

잔존물대위와는 달리 청구권대위에 대하여 상법은 아무런 규정을 두고 있지 않다. 이 경우 피보험자의 권리와 보험자의 권리가 경합할 때에 대한 학설은 크게 세가지로 나뉜다.

1) 절대설(보험자 우선설)
보험자가 지급한 보험금액의 범위에서 먼저 대위권을 행사하고 나머지 금액에 대하여 피보험자의 권리가 발생한다는 입장이다.

2) 상대설(비례설)
상법 제681조 잔존물대위의 일부보험 규정을 준용하여 보험자의 대위권과 피보험자의 청구권을 각각의 비율에 따라 분배하여야 한다는 입장이다.

3) 차액설(피보험자 우선설)
상법 제682조 단서의 취지를 고려하여 피보험자가 우선적으로 청구권을 행사하고 나머지 금액에 대하여 보험자가 대위권을 행사할 수 있다는 입장이다.

4) 판례

대법원은 이전에는 상대설의 입장이었으나 2015년 전원합의체 판결에 의하여 **차액설**에 따르는 것으로 입장을 변경하였다.

> 📋 **관련판례 ▌ 대법원 2015. 1. 22. 선고 2014다46211 전원합의체 판결**
>
> 손해보험의 보험사고에 관하여 동시에 불법행위나 채무불이행에 기한 손해배상책임을 지는 제3자가 있어 피보험자가 그를 상대로 손해배상청구를 하는 경우에, 피보험자가 손해보험계약에 따라 보험자로부터 수령한 보험금은 보험계약자가 스스로 보험사고의 발생에 대비하여 그때까지 보험자에게 납입한 보험료의 대가적 성질을 지니는 것으로서 제3자의 손해배상책임과는 별개의 것이므로 이를 그의 손해배상책임액에서 공제할 것이 아니다.
>
> 따라서 위와 같은 피보험자는 보험자로부터 수령한 보험금으로 전보되지 않고 남은 손해에 관하여 제3자를 상대로 그의 배상책임을 이행할 것을 청구할 수 있는 바, 전체 손해액에서 보험금으로 전보되지 않고 남은 손해액이 제3자의 손해배상책임액보다 많을 경우에는 제3자에 대하여 그의 손해배상책임액 전부를 이행할 것을 청구할 수 있고, 위 남은 손해액이 제3자의 손해배상책임액보다 적을 경우에는 그 남은 손해액의 배상을 청구할 수 있다. 후자의 경우에 제3자의 손해배상책임액과 위 남은 손해액의 **차액 상당액**은 보험자대위에 의하여 보험자가 제3자에게 이를 청구할 수 있다(상법 제682조).

4. 제3자

가. 제3자의 범위

제3자란 일반적으로 보험계약자, 피보험자 또는 보험자 이외의 다른 자를 말한다.

나. 보험계약자

대법원 판례상 타인을 위한 손해보험 계약에서 **보험계약자는 제3자에 해당**한다. 타인을 위한 손해보험 계약은 타인의 이익을 위한 계약으로서 그 타인(피보험자)의 이익이 보험의 목적이 되는 것이지 여기에 당연히(특약없이) 보험계약자의 보험이익이 포함되거나 예정되어 있는 것은 아니라 할 것이므로 피보험이익의 주체가 아닌 보험계약자는 비록 보험자와의 사이에서는 계약 당사자이고 약정된 보험료를 지급할 의무자이지만 그 지위의 성격과 보험자대위 규정의 취지에 비추어 보면 보험자대위에 있어서 보험계약자와 보험계약자 아닌 제3자와를 구별하여 취급하여야 할 법률상의 이유는 없는 것이며 따라서 타인을 위한 손해보험계약자가 당연히 제3자의 범주에서 제외되는 것은 아니기 때문이다(대법원 1990.2.9. 선고 89다카21965).[1]

---

1) 저자주: 첨언하자면 보험계약자를 제3자에 포함시켜 보험자대위의 대상이 되도록 한 본 판례는 타인을 위한 보험계약의 취지와 효용을 고려하지 않았다고 하여 학계는 물론이고 보험업계에서도 많은 비판을 받았다. 현재는 개별 약관에서 보험계약자에 대한 대위권을 포기함을 명시하여 이를 해결하고 있다. (보험업감독업무시행세칙 별표15 화재보험 표준약관: 회사는 타인을 위한 계약의 경우에는 계약자에 대한 대위권을 포기합니다.)

다. 생계를 같이 하는 가족

보험계약자나 피보험자의 권리가 그와 생계를 같이 하는 가족에 대한 것인 경우 보험자는 그 권리에 대하여 대위권을 행사할 수 없다. 주택건물에 화재보험을 가입한 경우 피보험자와 생계를 같이 하는 가족의 과실로 인하여 화재가 발생하였다고 하더라도 피보험자가 그 가족 구성원에게 손해배상을 청구한다고 인정하기 어렵다. 따라서 가족 구성원은 보험자대위의 객체가 되지 못한다고 보는 것이 대법원 판례의 입장이었으며, 2014년 상법 개정을 통하여 이를 법률 조항으로 명문화하였다. 다만, 손해가 그 가족의 고의로 인하여 발생한 경우에는 대위권을 행사할 수 있다.

관련조항

제682조(제3자에 대한 보험대위)

① 손해가 제3자의 행위로 인하여 발생한 경우에 보험금을 지급한 보험자는 그 지급한 금액의 한도에서 그 제3자에 대한 보험계약자 또는 피보험자의 권리를 취득한다. 다만, 보험자가 보상할 보험금의 일부를 지급한 경우에는 피보험자의 권리를 침해하지 아니하는 범위에서 그 권리를 행사할 수 있다.

② 보험계약자나 피보험자의 제1항에 따른 권리가 그와 생계를 같이 하는 가족에 대한 것인 경우 보험자는 그 권리를 취득하지 못한다. 다만, 손해가 그 가족의 고의로 인하여 발생한 경우에는 그러하지 아니하다.

○✖ 문제풀이

1. **인보험에서는 보험자대위가 전혀 적용되지 않는다.**

   해설 인보험에서는 보험자 대위가 금지되는 것이 원칙이지만 상해보험계약의 경우에 당사자 간에 다른 약정이 있는 때에는 보험자는 피보험자의 권리를 해하지 아니하는 범위안에서 그 권리를 대위하여 행사할 수 있다.

   답 ✖

2. **상법상 보험자 대위는 크게 두가지로 구분된다.**

   해설 보험자대위는 크게 보험목적에 대한 대위(잔존물대위)와 제3자에 대한 대위(청구권대위)로 구분한다.

   답 ○

3. **보험자는 잔존물대위권 행사를 포기할 수 있다.**

   해설 경우에 따라 잔존물대위권을 행사하는 것이 오히려 보험자에게 손해인 경우도 있으므로 보험자는 대위권 행사를 포기할 수 있다.

   답 ○

4. **잔존물대위는 손해보험 전반에 걸쳐 인정되는 반면에 보험위부는 해상보험에서만 인정된다.**

   해설 잔존물대위와 보험위부는 서로 유사한 제도이지만, 잔존물대위는 손해보험 계약 전반에서 인정되는 반면에 보험위부는 해상보험에서만 인정된다는 차이점이 있다.

   답 ○

5. **판례상 청구권대위의 대상이 되는 제3자에 타인을 위한 손해보험 계약에서 보험계약자는 포함되지 않는다.**

   해설 대법원 판례상 타인을 위한 손해보험 계약에서 보험계약자는 청구권대위의 대상이 되는 제3자에 해당한다.

   답 ✖

6. **상법에는 일부보험의 경우 청구권대위 행사 범위에 대하여 명시적으로 규정하고 있다.**

   해설 상법에는 잔존물대위와는 달리 청구권대위의 행사 범위에 대하여 아무런 규정을 두고 있지 않다. **답** ✖

7. **청구권대위에서 이전되는 권리는 보험계약자 또는 피보험자의 권리이다.**

   해설 청구권대위에서 이전되는 권리는 보험계약자 또는 피보험자의 권리이다. 잔존물대위에서는 피보험자의 권리만 이전되니 주의해야 한다.

   답 ○

01 보험자대위에 관한 설명 중 옳은 것은?

① 일부 손해가 발생하는 경우에는 보험자가 보험의 목적에 대한 대위를 할 수 없다.

② 일부의 보험금을 지급한 보험자는 피보험자의 권리를 해치지 않는 범위 내에서 잔존물 대위를 행사할 수 있다.

③ 생명보험의 경우에는, 당사자 간에 특별한 약정이 있는 경우에만, 보험자는 피보험자의 권리를 침해하지 아니하는 한도에서 제3자에 대한 대위를 할 수 있다.

④ 보험자대위권은 당사자의 의사표시에 의하여 발생한다.

🔔 **정답 및 해설**

② 잔존물대위는 보험금액의 전부를 지급한 경우에 발생하는 권리이다. 따라서 일부의 보험금만 지급한 경우에는 잔존물 대위권을 행사할 수 없다. 이와 비교하여 청구권대위는 일부의 보험금을 지급한 경우 피보험자의 권리를 해치지 않는 범위 내에서 대위권을 행사할 수 있으니 주의해야 한다.

③ 상해보험의 경우에는, 당사자 간에 특별한 약정이 있는 경우에만, 보험자는 피보험자의 권리를 침해하지 아니하는 한도에서 제3자에 대한 대위를 할 수 있다.

④ 보험자대위권은 보험금을 지급한 경우에 당연히 발생하는 권리이다. 따라서 특별한 의사표시가 없었더라도 발생한다.

정답 ①

02 보험자대위에 관한 설명 중 다음 틀린 것은?

① 일부보험에서 보험자가 잔존물대위에 의하여 취득하는 권리는 원칙적으로 보험금액의 보험가액에 대한 비율에 따라 결정된다.

② 보험금이 지급되기 전에 피보험자가 잔존물을 처분한 경우에는 보험자는 잔존물대위를 할 수 없게 되는 한편, 보험금의 지급책임을 면한다.

③ 대법원 판례에 의하면, 타인을 위한 손해보험에서 보험계약자에 대한 청구권대위를 인정한다.

④ 보험금의 일부를 지급한 경우라도 청구권대위를 할 수 있다.

🔔 **정답 및 해설**

보험금이 지급되기 전에 피보험자가 잔존물을 처분한 경우라도 보험자가 지급책임을 면하는 것은 아니며 당연히 보험금을 지급하여야 한다. 다만, 잔존물 처분이익에 대한 반환청구권이 있다고 해석된다.

정답 ②

03 잔존물대위에 관한 다음의 설명 중 틀린 것은?

① 잔존물대위의 경우 보험의 목적의 전부가 멸실되어야 한다.
② 잔존물대위의 경우 보험자는 보험금액의 전부를 지급하여야 한다.
③ 보험의 목적물에 대한 피보험자의 권리가 이전된다.
④ 보험자가 권리를 취득하는 시기는 보험사고가 발생한 때이다.

● 정답 및 해설

보험자가 권리를 취득하는 시기는 보험금을 전부 지급한 때부터이다.

정답 ④

04 청구권대위에 관한 다음 설명 중 틀린 것은?

① 청구권대위가 발생하기 위해서는 보험사고로 인한 피보험자의 손해가 제3자의 행위로 말미암은 것이어야 하는데, 여기에서 제3자의 행위란 채무불이행 또는 적법행위이며 불법행위는 포함하지 않는다.
② 보험계약자나 피보험자의 권리가 그와 생계를 같이 하는 가족에 대한 것인 경우 보험자는 그 권리를 취득하지 못한다. 다만, 손해가 그 가족의 고의로 인하여 발생한 경우에는 취득할 수 있다.
③ 보험자에게 보험금 지급책임이 없음에도 불구하고 보험금을 지급한 경우에는 보험자에게 대위권이 발생하지 않는다.
④ 청구권대위의 경우 보험자가 보험금의 일부를 지급한 때에도 피보험자의 권리를 해하지 아니하는 범위안에서 그 권리를 대위할 수 있다.

● 정답 및 해설

청구권대위는 피보험자가 제3자에게 가지는 권리를 보험자가 취득하여 대신하여 행사하는 것을 말한다. 대표적인 것이 피보험자가 제3자의 불법행위로 말미암아 생기는 손해배상 청구권이다.

정답 ①

05 제3자에 대한 보험자대위에 대한 다음 설명 중 틀린 것은?

① 피보험자가 제3자의 불법행위로 사망하게 한 경우 생명보험의 보험자는 보험금을 지급한 후 제3자에 대한 피보험자의 권리를 취득한다.
② 판례에 따르면 자동차종합보험에서 보험사고를 일으킨 자가 기명피보험자로부터 굴삭기를 운전기사와 함께 임차하여 사용 또는 관리중인 자인 경우 이 자에게는 보험자대위권을 행사할 수 없다.
③ 대법원 판례에 따르면 타인을 위한 손해보험에서 보험계약자는 제3자에 해당한다.
④ 피보험자가 보험자의 동의없이 제3자에 대한 권리를 행사 또는 처분함으로써 보험자의 권리를 침해한 때에는 피보험자는 그 한도에서 보험자에 대한 청구권을 잃게 되고 보험자대위권도 존재하지 않는다.

생명보험에서는 제3자에 대한 대위권 행사가 금지된다.

정답 ①

06 **제3자에 대한 보험자대위의 다음 설명 중 틀린 것은?**

① 제3자는 피보험자에 대한 항변으로 보험자에 대하여 대항할 수 있다.
② 보험자가 제3자에 대한 청구권을 취득하기 위하여는 민법상 지명채권 양도절차에 의한 대항요건을 갖추어야 한다.
③ 보험자는 지급한 보험금의 한도 내에서 제3자에 대한 청구권을 대위한다.
④ 보험자가 취득하는 권리는 제3자에 대한 보험계약자 또는 피보험자의 권리이다.

보험자대위권은 보험금을 지급한 보험자가 법률상 당연히 취득하는 것이다. 따라서 대위의 요건만 충족된다면 당사자의 의사표시나 지명채권 양도절차가 없더라도 보험자가 그 권리를 대위하여 행사할 수 있다.

정답 ②

07 **보험목적에 관한 보험대위(잔존물대위)의 경우에 보험자가 피보험자의 권리를 취득하는 시기는 언제인가?**

① 보험사고가 발생한 때
② 보험사고발생 사실을 통지받은 때
③ 피보험자가 보험금을 청구한 때
④ 보험금액 전부를 지급한 때

보험의 목적의 전부가 멸실하여 보험금액의 전부를 지급한 보험자는 그 목적에 대한 피보험자의 권리를 취득하는데 이를 보험목적에 관한 보험대위라고 한다. 보통 잔존물대위라고 부른다. 잔존물대위는 보험금을 지급한 보험자가 그 권리를 당연히 취득하는 제도이기 때문에 따로 권리이전의 의사표시나 절차가 필요 없으며 보험자가 보험금액을 전부 지급한 때에 당연히 발생한다.

정답 ④

08 제3자에 대한 보험자대위에 관한 설명으로 옳지 않은 것은?

① 손해가 제3자의 행위로 인하여 발생한 경우에 보험금을 지급한 보험자는 그 지급한 금액의 한도에서 그 제3자에 대한 보험계약자 또는 피보험자의 권리를 취득한다.

② 보험자가 보상할 보험금의 일부를 지급한 경우에는 피보험자의 권리를 침해하지 아니하는 범위에서 그 권리를 행사할 수 있다.

③ 보험계약자나 피보험자의 제3자에 대한 권리가 그와 생계를 같이 하는 가족에 대한 것인 경우 보험자는 그 권리를 취득하지 못한다. 다만, 손해가 그 가족의 과실로 인하여 발생한 경우에는 그러하지 아니하다.

④ 타인을 위한 보험에서 보험계약자는 대위권 행사의 대상이 되는 제3자에 해당한다.

정답 및 해설

보험계약자나 피보험자의 제3자에 대한 권리가 그와 생계를 같이 하는 가족에 대한 것인 경우 보험자는 그 권리를 취득하지 못한다. 다만, 손해가 그 가족의 **고의로** 인하여 발생한 경우에는 그러하지 아니하다.

정답 ③

09 보험목적에 관한 보험대위에 관한 설명이다. (   )에 들어갈 내용으로 옳은 것은?

> 보험의 목적의 전부가 멸실한 경우에 (ㄱ)의 (ㄴ)를 지급한 보험자는 그 목적에 대한 (ㄷ)의 권리를 취득한다. 그러나 (ㄹ)의 일부를 보험에 붙인 경우에는 보험자가 취득할 권리는 보험금액의 보험가액에 대한 비율에 따라 이를 정한다.

① ㄱ: 보험금액,　ㄴ: 전부,　ㄷ: 피보험자,　ㄹ: 보험가액

② ㄱ: 보험금액,　ㄴ: 일부,　ㄷ: 보험계약자,　ㄹ: 보험금액

③ ㄱ: 보험가액,　ㄴ: 일부,　ㄷ: 피보험자,　ㄹ: 보험가액

④ ㄱ: 보험가액,　ㄴ: 전부,　ㄷ: 피보험자,　ㄹ: 보험가액

정답 및 해설

보험의 목적의 전부가 멸실한 경우에 보험금액의 전부를 지급한 보험자는 그 목적에 대한 피보험자의 권리를 취득한다. 그러나 보험가액의 일부를 보험에 붙인 경우에는 보험자가 취득할 권리는 보험금액의 보험가액에 대한 비율에 따라 이를 정한다.

정답 ①

10 보험자대위에 관한 설명으로 옳지 않은 것은?

① 실손보상의 원칙을 구현하기 위한 제도이다.

② 일부보험의 경우에도 잔존물대위가 인정된다.

③ 잔존물대위는 보험의 목적의 일부가 멸실한 경우에도 성립한다.

④ 보험금을 일부 지급한 경우 피보험자의 권리를 해하지 않는 범위 내에서 청구권대위가 인정된다.

잔존물대위는 보험의 목적이 전부 멸실하고, 보험자가 보험금액의 전부를 지급한 경우 성립한다.

정답 ③

11 잔존물 대위에 관한 설명으로 옳은 것은?

① 보험의 목적 일부가 멸실한 경우 발생한다.

② 보험금액의 전부를 지급하여야 보험자가 잔존물 대위권을 취득할 수 있다.

③ 일부보험의 경우에는 잔존물 대위가 인정되지 않는다.

④ 보험자는 잔존물에 대한 물권변동의 절차를 밟아야 대위권을 취득할 수 있다.

①② 잔존물대위는 보험의 목적이 전부 멸실하고, 보험자가 보험금액의 전부를 지급한 경우 성립한다.

③ 일부보험에서도 잔존물대위는 가능하며, 보험자는 보험금액의 보험가액에 대한 비율에 따라 대위권을 취득한다.

④ 잔존물대위는 요건을 만족하면 보험자가 그 권리를 당연히 취득한다. 따라서 따로 권리 이전의 의사표시나 절차가 필요 없으며 보험자가 보험금액을 전부 지급한 때에 당연히 발생한다.

정답 ②

CHAPTER 06 화재보험 및 운송보험

제1절 화재보험

1. 의의

화재로 인하여 생긴 손해의 보상을 목적으로 하는 보험계약을 말한다. 화재보험은 피보험자의 화재로 인한 경제적 손실을 주로 담보하며, 금융기관에 담보로 제공된 부동산 등에 화재보험증권을 제공하여 채무자의 신용을 높이는 역할을 하기도 한다.

2. 보상하는 손해

가. 위험보편의 원칙

상법 제683조는 "화재로 인하여 생긴 손해를 보상할 책임이 있다."라고 규정하고 있는 바, 화재의 원인을 묻지 않고 보험자의 보상책임을 부여하고 있다. 따라서 보험자는 면책위험이 아닌 이상 화재의 원인을 묻지 않고 화재로 인하여 생긴 손해를 보상할 책임이 있다. 예를 들어 폭발(비담보 위험)로 인하여 화재(담보 위험)가 발생한 경우에도 폭발로 인한 손해는 보상하지 않지만, 화재로 인한 손해는 보상하여야 한다.

> **시험 출제 Point**
>
> 현재 사용 중인 화재보험 약관
> 화재로 생긴 것이든 아니든 파열 또는 폭발로 생긴 손해는 보상하여 드리지 아니합니다. 그러나 이 결과로 생긴 화재손해는 보상하여 드립니다.

나. 소방 등의 조치로 인한 손해

화재로 인한 직접적인 손해 이외에 화재의 소방 또는 손해의 감소에 필요한 조치로 인한 손해도 화재보험자가 보상할 책임이 있다. 예를 들어 서적을 보관하던 창고에 화재가 발생하여 소방을 위하여 물을 뿌린 경우, 화재로 인한 손해 뿐만 아니라 서적이 물에 젖어 사용하지 못하게 된 손해도 화재보험자의 보상범위에 속한다.

다. 화재의 정의

화재보험에서 말하는 화재란 독립한 연소 작용을 가진 화력을 말한다. 따라서 불자리를 벗어나지 않았거나 스스로 연소 작용이 없는 경우는 화재보험의 대상이 되지 않는다. 예를 들어 귀중품을 난로에 숨겨 둔 상태에서 그 사실을 깜빡하고 난로에 불을 피워 손해가 발생한 경우나 보험 목적물을 다른 쓰레기들과 함께 정상적으로 소각장에서 불태운 경우에는 불자리를 벗어난 것이 아니기 때문에 화재보험의 보상대상이 되지 않는다.

3. 집합보험

가. 특정보험

집합된 물건을 일괄하여 보험의 목적으로 한 때에는 피보험자의 가족과 사용인의 물건도 보험의 목적에 포함된 것으로 한다. 이 경우에는 그 보험은 그 가족 또는 사용인을 위하여서도 체결한 것으로 본다.

나. 총괄보험

집합된 물건을 일괄하여 보험의 목적으로 한 때에는 그 목적에 속한 물건이 보험기간 중에 수시로 교체된 경우에도 보험사고의 발생 시에 현존한 물건은 보험의 목적에 포함된 것으로 한다. 보험기간 중에 보험의 목적이 수시로 변경되어 보험의 목적을 특정하기 어려운 경우에 이를 일괄하여 보험의 목적으로 하는 보험의 형태이다. 따라서 보험계약 체결시에 보험가액을 정하지 않는 것이 일반적이다.

다. 고지의무 위반

상법상 집합보험에서 일부 물건에 대한 고지의무 위반이 있는 경우에 그 처리방법에 대하여 규정이 없다. 대법원 판례에 따르면, 보험자가 나머지 부분에 대하여도 동일한 조건으로 그 부분만에 대하여 보험계약을 체결하지 아니하였으리라는 사정이 없는 한 고지의무 위반이 있는 물건에 대하여만 보험계약을 해지할 수 있다(대법원 1999. 4. 23. 선고 99다8599 판결).

4. 대표자 책임이론

대표자 책임이론이란 보험사고의 발생이 보험계약자, 피보험자 또는 보험수익자의 고의나 중과실에 의한 것이 아니더라도, 그와 특수한 관계에 있는 자, 예를 들어 동거 가족 혹은 피용자 등의 고의나 중과실에 의한 것으로 발생한 경우에도 보험자를 면책하자는 이론이다.

대표자 책임이론은 독일의 판례법에서 주장되는 이론이며, 우리나라에서는 인정되지 않는다. 대표자 책임이론을 일부 수용하였던 예전 화재보험 약관의 "피보험자에게 보험금을 받도록 하기 위하여 피보험자와 세대를 같이 하는 친족 또는 고용인이 고의로 사고를 일으킨 손해에 대해서는 보험자가 보상하지 아니한다"라는 조항도 2010년 4월 이후로 삭제되었다.

제2절 운송보험

1. 의의

육상 운송 중인 화물(운송물) 등의 멸실 및 손상으로 화주에게 생기는 손해를 보상하는 보험이다. 해상 운송의 운송물은 해상 적하보험의 영역에 속하며, 여객이나 운송수단은 책임보험, 자동차보험에서 보장된다. 따라서 일반적으로 운송보험이라고 할 때에는 육상 운송만을 대상으로 한다.

2. 보험가액

가. 운송보험에서의 보험가액

운송물의 보험에 있어서는 <u>발송한 때와 곳의 가액과 도착지까지의 운임 기타의 비용</u>을 보험가액으로 한다. 본래 보험가액은 사고가 발생한 때와 곳의 가액에 따르는 것이 원칙이지만, 운송보험은 보험기간이 비교적 단기이고 보험가액의 변동이 적기 때문에 특칙을 둔 것이다.

나. 희망이익

운송물의 도착으로 인하여 얻을 이익은 약정이 있는 때에 한하여 보험가액 중에 산입한다.

3. 보험기간

가. 원칙

다른 약정이 없으면 <u>운송인이 운송물을 수령한 때로부터 수하인에게 인도할 때까지</u> 생길 손해를 보상할 책임이 있다. 따라서 운송물이 실제 운반될 때 뿐만 아니라 수하인에게 인도되기 전까지 보관하던 중에 발생한 사고도 보상한다.

나. 운송의 중지 및 변경

운송보험계약은 다른 약정이 없으면 운송의 필요에 의하여 일시운송을 중지하거나 운송의 노순 또는 방법을 변경한 경우에도 그 <u>효력을 잃지 않는다</u>. 육상운송의 노순 변경은 해상운송과는 달리 위험 발생 가능성이 크게 달라지지 않으며 실무상 육상운송 도중에 도로교통의 사정에 따라 노순 및 방법을 변경하거나 일시운송을 중지하는 행위가 빈번하게 이루어진다는 점을 감안하여 운송보험에서 이로 인하여 효력을 잃지 않도록 규정한 것이다. 유사한 개념과 비교하여 해상 적하보험에서는 운송 중지나 노순 변경이 있을 때에 보험자가 책임지지 않으니 주의해야 한다.

4. 면책사유

<u>송하인 또는 수하인</u>이 고의 또는 중대한 과실로 인하여 발생한 때에는 보험자는 이로 인하여 생긴 손해를 보상할 책임이 없다. 운송보조자(송하인과 수하인)는 비록 보험계약자나 피보험자는 아니지만 운송계약에 있어서 일정한 권리와 의무(상법 제139조 내지 제141조)를 지니므로 이들의 고의, 중과실로 인한 사고는 보험계약자 또는 피보험자에 의한 것과 동일시 취급하여 면책사유로 한 것이다. 다만 운송인의 고의, 중과실은 운송보험의 면책사유에 해당하지 않으니 주의해야 한다.

○✕ 문제풀이

1. **화재보험에서는 위험 보편의 원칙이 적용된다.**

   해설 화재보험에서는 보험의 목적에 화재로 인하여 손해가 생긴 때에는 그 화재의 원인을 불문하고 보험자는 그 손해를 보상할 책임을 진다는 위험 보편의 원칙이 적용된다. 답 ○

2. **화재의 소방 또는 손해의 감소에 필요한 조치로 인하여 생긴 손해도 보험자가 보상할 책임이 있다.**

   해설 화재보험에서는 화재로 인한 직접적인 손해는 물론 화재의 소방 또는 손해의 감소 조치로 인해 야기된 손해도 보험자가 보상책임을 부담한다. 답 ○

3. **운송보험의 보험가액은 사고가 발생한 때와 곳의 가액을 기준으로 한다.**

   해설 운송물의 보험에 있어서는 발송한 때와 곳의 가액과 도착지까지의 운임 기타의 비용을 보험가액으로 한다. 답 ✕

4. **운송보험은 다른 약정이 없으면 운송의 필요에 의하여 일시운송을 중지하거나 운송의 노순 또는 방법을 변경한 경우에도 그 효력을 잃지 않는다.**

   해설 운송보험계약은 다른 약정이 없으면 운송의 필요에 의하여 일시운송을 중지하거나 운송의 노순 또는 방법을 변경한 경우에도 그 효력을 잃지 않는다. 유사한 개념과 비교하여 해상 적하보험에서는 운송 중지나 노순 변경이 있을 때에 보험자가 책임지지 않으므로 주의해야 한다. 답 ○

5. **송하인 또는 수하인의 고의 또는 중과실로 인한 사고는 운송보험에서 면책사유에 해당한다.**

   해설 운송보조자(송하인 또는 수하인)의 고의 또는 중과실로 인한 사고는 운송보험에서 면책사유에 해당한다. 답 ○

01 화재보험에 대한 다음 설명 중 틀린 것은?

① 상법에 따르면 화재보험을 체결하면서 보험가액을 정한 때에는 그 가액을 보험증권에 기재하여야 한다.

② 화재보험의 보험자는 당사자 간의 특약에 의하여 화재의 소방 또는 손해의 감소에 필요한 조치로 인하여 생긴 손해를 보상할 책임이 있다.

③ 집합된 물건을 일괄하여 보험의 목적으로 한 때에는 피보험자의 가족과 사용인의 물건도 보험의 목적에 포함된 것으로 한다. 이 경우에는 그 보험은 그 가족 또는 사용인을 위하여서도 체결한 것으로 본다.

④ 집합된 물건을 일괄하여 보험의 목적으로 한 때에는 그 목적에 속한 물건이 보험기간 중에 수시로 교체된 경우에도 보험사고의 발생 시에 현존한 물건은 보험의 목적에 포함된 것으로 한다.

🔈 정답 및 해설

화재보험의 보험자는 화재의 소방 또는 손해의 감소에 필요한 조치로 인하여 생긴 손해를 보상할 책임이 있다. 이는 법률상 규정된 것으로 **당사자 간의 특약 여부와는 관계없이** 화재보험의 보험자에게 보상책임이 있다.

정답 ②

02 운송보험에 관한 다음 설명 중 틀린 것은?

① 운송보험의 보험의 목적물은 운송물과 여객이다.

② 보험자는 다른 약정이 없으면 운송인이 운송물을 수령한 때로부터 수하인에게 인도할 때까지 생길 손해를 보상할 책임이 있다.

③ 보험계약은 다른 약정이 없으면 운송의 필요에 의하여 일시운송을 중지하거나 운송의 노순(路順) 또는 방법을 변경한 경우에도 그 효력을 잃지 아니한다.

④ 보험사고가 송하인 또는 수하인의 고의 또는 중대한 과실로 인하여 발생한 때에는 보험자는 이로 인하여 생긴 손해를 보상할 책임이 없다.

🔈 정답 및 해설

운송보험의 보험의 목적물은 운송물이다. 여객이나 승객은 다른 형태의 보험에서 담보된다.

정답 ①

03 운송보험에서 보험가액에 대한 계약 당사자 사이에 합의가 없는 경우 보험가액은 어떻게 결정되는가?

① 사고가 발생한 때와 곳의 가액
② 발송한 때와 곳의 가액과 도착지까지의 운임 기타 비용
③ 도착한 때와 곳의 가액과 보험에 관한 비용
④ 사고가 발생한 때와 곳의 가액과 희망이익

정답 및 해설

운송보험에서 보험가액은 운송물을 발송한 때와 곳의 가액과 도착지까지의 운임 및 기타의 비용으로 한다(상법 제680조 제1항)

정답 ②

04 화재보험에 관한 다음 설명 중 옳은 것은?

① 집합된 물건을 일괄하여 보험의 목적으로 한 때에도 피보험자의 사용인의 물건은 보험의 목적에 포함된 것으로 하지 않는다.
② 동산을 보험의 목적으로 한 때에는 존치한 장소의 상태와 용도를 보험증권에 기재하여야 한다.
③ 집합된 물건을 일괄하여 보험의 목적으로 한 때에는 그 목적에 속한 물건이 보험기간 중에 수시로 교체된 경우에도 보험계약의 체결시에 현존한 물건은 보험의 목적에 포함된 것으로 한다.
④ 보험자는 화재의 소방 또는 손해의 감소에 필요한 조치로 인하여 생긴 손해는 보상할 책임이 없다.

정답 및 해설

① 집합된 물건을 일괄하여 보험의 목적으로 한 때에는 피보험자의 사용인의 물건도 보험의 목적에 포함된 것으로 본다.
③ 집합된 물건을 일괄하여 보험의 목적으로 한 때에는 그 목적에 속한 물건이 보험기간 중에 수시로 교체된 경우에도 사고 발생 시에 현존한 물건은 보험의 목적에 포함된 것으로 한다.
④ 보험자는 화재의 소방 또는 손해의 감소에 필요한 조치로 인하여 생긴 손해는 보상할 책임이 있다.

정답 ②

05 화재보험에서 손해보상 범위에 대한 다음 설명 중 틀린 것은?

① 화재로 인하여 보험의 목적에 손해가 생긴 때에는 그 화재가 어떤 원인에 의하여 발생하였는가를 따지지 않고 보험자는 피보험자에게 발생한 모든 손해에 대하여 보상할 책임이 있는데 이를 위험보편의 원칙이라고 한다.

② 화재보험에서는 대표자책임이론이 폭넓게 인정되고 있다.

③ 보험자의 보상범위는 화재와 상당인과 관계가 있는 모든 손해이며, 상당인과 관계가 있는지 여부의 판단은 개별적으로 판단할 사실문제이다.

④ 상법은 화재로 인한 직접적인 손해는 물론이고, 화재의 소방 또는 손해의 감소에 필요한 조치로 인하여 생긴 손해에 대하여도 보상하도록 규정하고 있다.

🔵 **정답 및 해설**

대표자책임이론은 보험계약자나 피보험자가 아니더라도 피보험자의 친족이나 사용인의 고의 또는 중과실에 의하여 발생한 사고에 대해서도 보험계약자 측의 그것으로 보아 보험자가 면책된다는 이론이다. **대표자책임이론은 우리나라에서 인정되지 않고 있으며**, 화재보험 약관에서 일부 이를 인정하였던 규정도 2010년 삭제되었다.

정답 ②

06 운송보험 보험가액과 계약의 효력에 대한 다음 설명 중 틀린 것은?

① 운송물의 도착으로 인하여 얻을 이익은 약정이 있는 때에 한하여 보험가액 중에 산입한다.

② 운송보험에서 보험가액을 정한 때에는 그 가액을 보험증권에 기재하여야 한다.

③ 운송보험은 보험가액 불변경주의에 따른다.

④ 운송보험의 보험가액은 사고기 발생한 때와 곳의 가액에 따른다.

🔵 **정답 및 해설**

운송물의 보험에 있어서는 **발송한 때와 곳의 가액과 도착지까지의 운임 기타의 비용**을 보험가액으로 하며, 운송물의 도착으로 인하여 얻을 이익은 약정이 있는 때에 한하여 보험가액 중에 산입한다.

정답 ④

07 상법상 운송보험에 관한 설명으로 옳지 않은 것은?

① 운송보험계약의 보험자는 다른 약정이 없으면 운송인이 운송물을 수령한 때로부터 수하인에게 인도할 때까지 생길 손해를 보상할 책임이 있다.

② 운송물의 보험에 있어서는 발송한 때와 곳의 가액과 도착지까지의 운임 기타의 비용을 보험가액으로 한다.

③ 운송보험계약은 다른 약정이 없으면 운송의 노순 또는 방법을 변경한 경우 그 효력을 잃는다.

④ 보험사고가 송하인 또는 수하인의 고의 또는 중대한 과실로 인하여 발생한 때에는 보험자는 이로 인하여 생긴 손해를 보상할 책임이 없다.

🔵 **정답 및 해설**

운송보험계약은 다른 약정이 없으면 운송의 필요에 의하여 일시운송을 중지하거나 운송의 노순 또는 방법을 변경한 경우에도 그 **효력을 잃지 않는다**(상법 제691조). 유사한 개념과 비교하여 해상 적하보험에서는 운송 중지나 노순 변경이 있을 때에 보험자가 책임지지 않으므로 주의해야 한다.

정답 ③

08 상법상 집합보험에 관한 설명으로 옳지 않은 것은?

① 집합보험에 관한 규정은 손해보험 통칙에 규정되어 있다.

② 집합된 물건을 일괄하여 보험의 목적으로 한 때에는 피보험자의 가족과 사용인의 물건도 보험의 목적에 포함된 것으로 한다.

③ 집합보험계약은 피보험자의 가족 또는 사용인을 위하여서도 체결한 것으로 본다.

④ 집합된 물건을 일괄하여 보험의 목적으로 한 때에는 그 목적에 속한 물건이 보험기간 중에 수시로 교체된 경우에도 보험사고의 발생 시에 현존한 물건은 보험의 목적에 포함한 것으로 한다.

🔵 **정답 및 해설**

집합된 물건을 일괄하여 보험의 목적으로 한 때에는 피보험자의 가족과 사용인의 물건도 보험의 목적에 포함된 것으로 한다. 이 경우에는 그 보험은 그 가족 또는 사용인을 위하여서도 체결한 것으로 본다. 집합보험에 관한 규정은 손해보험 통칙이 아니라 화재보험에 있다.

정답 ①

2 과목

농어업재해보험법령

PART

01

농어업재해보험법

CHAPTER 01 총칙

제1절 목적 및 용어의 정의

1. 농어업재해보험법의 목적

농어업재해로 인하여 발생하는 농작물, 임산물, 양식수산물, 가축과 농어업용 시설물의 피해에 따른 손해를 보상하기 위한 농어업재해보험에 관한 사항을 규정함으로써 농어업 경영의 안정과 생산성 향상에 이바지하고 국민경제의 균형 있는 발전에 기여함을 목적으로 한다.

2. 연혁

2001년 3월 처음 법률이 제정되었으며 "농작물재해보험법"이라는 이름으로 제정되었다. 당시에는 자연재해로 인하여 발생하는 농작물의 피해에 따른 손해에 한정하여 보상하였다. 이후 2010년 1월에 보험의 적용범위를 농작물 뿐만 아니라 양식수산물, 가축과 농어업용 시설물의 피해까지 넓히면서 법률의 이름도 "농어업재해보험법"으로 개정하였다.

3. 체계

가. 일반론

본래 국가의 법규범은 입법부(국회)가 제정하는 것이 원칙이다. 그러나 이러한 입법부의 법률 제정 절차로는 고도로 발달하고 빠르게 변화하는 현재국가의 속도에 대응하기가 어렵다. 따라서 입법부의 법률 제정 능력은 유지하되 법규범의 세부적인 사항은 행정부에 위임하여 빠른 변화에 대응하는 체계를 갖추고 있다. 이를 행정입법이라고 한다. 이처럼 행정부가 제정하는 법규범 중에서 대통령이 제정하는 것을 대통령령이라고 하며, 국무총리가 제정하는 것을 총리령이라고 한다. 이외에도 행정청이 보조기관이나 하급행정청의 업무 수행을 규율하는 목적으로 제정하는 행정규칙도 있다.

나. 농어업재해보험법령

농어업재해보험법령은 입법부(국회)가 제정하는 제정법률인 농어업재해보험법을 최상위법령으로 한다. 농어업재해보험법에서 하위법령으로 위임된 대통령령으로는 농어업재해보험법 시행령이 있다. 농어업재해보험법령은 농어업재해보험법과 농어업재해보험법 시행령을 중심축으로 한다. 이외에 농림축산식품부에서 고시하는 행정규칙인 농업재해보험 손해평가요령 등이 있다. 손해평가사 업무의 실무적인 세부사항은 이러한 행정규칙의 영향을 가장 많이 받는다.

다. 상하위법

2025년 기준으로 농어업재해보험법령의 상하위법은 다음과 같다.

- **법률**: 농어업재해보험법
- **시행령**: 농어업재해보험법 시행령
- **행정규칙**
  1) 농업재해보험 보험목적물별 보상하는 병충해 및 질병규정
  2) 농업재해보험 손해평가요령
  3) 농업재해보험에서 보상하는 보험목적물의 범위
  4) 농업재해보험통계 생산 · 관리 수탁관리자 지정
  5) 양식수산물재해보험 손해평가요령
  6) 양식수산물재해보험사업의 운영 등에 관한 규정
  7) 양식수산물재해보험에서 보상하는 보험목적물의 범위
  8) 양식수산물재해보험의 보험목적물별 보상 질병 규정
  9) 양식수산물재해보험통계 생산 · 관리 수탁관리자 지정
  10) 재보험사업 및 농업재해보험사업의 운영 등에 관한 규정
  11) (농림축산식품부) 손해평가 재평가 결과에 대한 이의신청 처리에 관한 지침
  12) (해양수산부) 손해평가 재평가 결과에 대한 이의신청 처리에 관한 지침
  13) 양식수산물재해보험의 보험료율 산정을 위한 권역단위 규정

---

4. 용어의 정의

가. 농어업재해

농작물 · 임산물 · 가축 및 농업용 시설물에 발생하는 자연재해 · 병충해 · 조수해(鳥獸害) · 질병 또는 화재(이하 "농업재해"라 한다)와 양식수산물 및 어업용 시설물에 발생하는 자연재해 · 질병 또는 화재(이하 "어업재해"라 한다)를 말한다.

> **용어해설** 📝
>
> **조수해(鳥獸害)**
> 조수는 鳥(새 조), 獸(짐승 수)이다. 즉 조류나 짐승들에 의한 농작물의 피해를 말한다.

나. 농어업재해보험

농어업재해로 발생하는 재산 피해에 따른 손해를 보상하기 위한 보험을 말한다.

다. 보험가입금액

보험가입자의 재산 피해에 따른 손해가 발생한 경우 보험에서 최대로 보상할 수 있는 한도액으로서 보험가입자와 보험사업자 간에 약정한 금액을 말한다.

라. 보험료

보험가입자와 보험사업자 간의 약정에 따라 보험가입자가 보험사업자에게 내야 하는 금액을 말한다. 보험가입자가 보험에 가입하여 보험의 혜택을 받는 것에 대한 대가의 성질을 가진다. 즉 보험료를 납입하여야 보험의 보장을 받을 수 있다.

마. 보험금

보험가입자에게 재해로 인한 재산 피해에 따른 손해가 발생한 경우 보험가입자와 보험사업자 간의 약정에 따라 보험사업자가 보험가입자에게 지급하는 금액을 말한다. 보험사고가 발생했을 때에 보험가입자가 실질적으로 지급받는 금전이다.

바. 시범사업

농어업재해보험사업을 전국적으로 실시하기 전에 보험의 효용성 및 보험 실시 가능성 등을 검증하기 위하여 일정 기간 제한된 지역에서 실시하는 보험사업을 말한다.

제2절 기본계획 및 시행계획

1. 기본계획

가. 의의

농림축산식품부장관과 해양수산부장관은 농어업재해보험의 활성화를 위하여 농업재해보험심의회 또는 「수산업·어촌 발전 기본법」에 따른 중앙 수산업·어촌정책심의회의 심의를 거쳐 재해보험 발전 기본계획(이하 "기본계획"이라 한다)을 5년마다 수립·시행하여야 한다.

> **시험 출제 Point**
>
> **기본계획의 주요 내용**
>
> 1. 수립 및 시행: 농림축산식품부장관, 해양수산부장관
> 2. 심의 필요: 농업재해보험심의회, 수산업·어촌정책심의회
> 3. 시기: 5년마다

나. 포함되어야 하는 사항

(1) 재해보험사업의 발전 방향 및 목표

(2) 재해보험의 종류별 가입률 제고 방안에 관한 사항

(3) 재해보험의 대상 품목 및 대상 지역에 관한 사항

(4) 재해보험사업에 대한 지원 및 평가에 관한 사항

(5) 그 밖에 재해보험 활성화를 위하여 농림축산식품부장관 또는 해양수산부장관이 필요하다고 인정하는 사항

2. 시행계획

농림축산식품부장관과 해양수산부장관은 기본계획에 따라 매년 재해보험 발전 시행계획(이하 "시행계획"이라 한다)을 수립·시행하여야 한다.

> **시험 출제 | Point**
>
> 시행계획의 주요 내용
>
> 1. 수립 및 시행: 농림축산식품부장관, 해양수산부장관
> 2. 심의 필요: 불필요
> 3. 시기: 매년

3. 통계자료의 반영

가. 통계의 수집·관리 등

농림축산식품부장관 또는 해양수산부장관은 보험상품의 운영 및 개발에 필요한 다음 각 호의 지역별, 재해별 통계자료를 수집·관리하여야 하며, 이를 위하여 관계 중앙행정기관 및 지방자치단체의 장에게 필요한 자료를 요청할 수 있다.

(1) 보험대상의 현황

(2) 보험확대 예비품목의 현황

(3) 피해 원인 및 규모

(4) 품목별 재배 또는 양식 면적과 생산량 및 가격

(5) 그 밖에 농림축산식품부장관 또는 해양수산부장관이 필요하다고 인정하는 통계자료

나. 자료 및 정보제공 요청

농림축산식품부장관 또는 해양수산부장관은 기본계획 및 시행계획의 수립·시행을 위하여 필요한 경우에는 관계 중앙행정기관의 장, 지방자치단체의 장, 관련 기관·단체의 장에게 관련 자료 및

정보의 제공을 요청할 수 있다. 이 경우 자료 및 정보의 제공을 요청받은 자는 특별한 사유가 없으면 그 요청에 따라야 한다.

다. 통계자료의 반영

기본계획 및 시행계획을 수립하고자 할 경우에는 통계자료를 반영하여야 한다.

제3절 재해보험 등의 심의

1. 의의

농어업재해보험(이하 "재해보험"이라 한다) 및 농어업재해재보험(이하 "재보험"이라 한다)의 운영사항 중 일정한 사항에 대해서는 심의회의 심의를 거쳐야 한다.

2. 심의대상

농어업재해보험 및 농어업재해재보험에 관한 사항들 중에서 다음 각 호의 사항이 심의 대상이다.
(1) 재해보험에서 보상하는 재해의 범위에 관한 사항
(2) 재해보험사업에 대한 재정지원에 관한 사항
(3) 손해평가의 방법과 절차에 관한 사항
(4) 농어업재해재보험사업(재보험사업)에 대한 정부의 책임범위에 관한 사항
(5) 재보험사업 관련 자금의 수입과 지출의 적정성에 관한 사항
(6) 그 밖에 농업재해보험심의회의 위원장 또는 중앙 수산업·어촌정책심의회의 위원장이 재해보험 및 재보험에 관하여 회의에 부치는 사항

3. 심의기관

농업재해보험심의회 또는 중앙 수산업·어촌정책심의회의 심의를 거쳐야 한다.

1. 의의

가. 소속

농업재해보험 및 농업재해재보험에 관한 사항을 심의하기 위하여 농림축산식품부장관 소속으로 농업재해보험심의회(이하 "심의회"라 한다)를 둔다.

나. 심의 사항

(1) 재해보험에서 보상하는 재해의 범위에 관한 사항

(2) 재해보험사업에 대한 재정지원에 관한 사항

(3) 손해평가의 방법과 절차에 관한 사항

(4) 농어업재해재보험사업(재보험사업)에 대한 정부의 책임범위에 관한 사항

(5) 재보험사업 관련 자금의 수입과 지출의 적정성에 관한 사항

(6) 그 밖에 농업재해보험심의회의 위원장 또는 중앙 수산업·어촌정책심의회의 위원장이 재해보험 및 재보험에 관하여 회의에 부치는 사항

(7) 재해보험 목적물의 선정에 관한 사항

(8) 기본계획의 수립·시행에 관한 사항

(9) 다른 법령에서 심의회의 심의사항으로 정하고 있는 사항

> **시험 출제** **Point**
>
> 농업재해보험심의회의 심의사항 (1)~(6)은 제3절의 재해보험 등의 심의대상과 같다.

다. 의견 청취

심의회는 심의하기 위하여 필요한 경우에는 농업재해보험에 관하여 전문지식이 있는 자, 농업인 또는 이해관계자의 의견을 들을 수 있다.

라. 수당 등의 지급

심의회에 출석한 위원에게는 예산의 범위에서 수당, 여비 또는 그 밖에 필요한 경비를 지급할 수 있다. 다만 공무원인 위원이 그 소관 업무와 직접 관련하여 심의회에 출석한 경우에는 지급하지 않는다.

2. 구성

가. 위원

농업재해보험심의회는 위원장 및 부위원장 각 1명을 포함한 21명 이내의 위원으로 구성한다.

> **시험 출제 Point**
>
> 1. 위원장: 농림축산식품부차관
> 2. 부위원장: 위원 중에서 호선(互選)한다.

나. 위원장 및 부위원장

(1) 위원장

위원장은 심의회를 대표하며, 심의회의 업무를 총괄한다.

(2) 부위원장

부위원장은 위원장을 보좌하며, 위원장이 부득이한 사유로 직무를 수행할 수 없을 때에는 그 직무를 대행한다.

다. 위원의 자격

(1) 농림축산식품부장관이 재해보험이나 농업에 관한 학식과 경험이 풍부하다고 인정하는 사람
(2) 농림축산식품부의 재해보험을 담당하는 3급 공무원 또는 고위공무원단에 속하는 공무원
(3) 자연재해 또는 보험 관련 업무를 담당하는 기획재정부 · 행정안전부 · 해양수산부 · 금융위원회 · 산림청의 3급 공무원 또는 고위공무원단에 속하는 공무원
(4) 농림축산업인단체의 대표

> **시험 출제 Point**
>
> 심의회 위원은 위에 해당하는 사람이 각각 1명 이상 포함되어야 한다.

라. 위원의 임기

위원의 임기는 3년이다.

마. 위원의 해촉

농림축산식품부장관은 재해보험이나 농업에 관한 학식과 경험이 풍부하다고 인정하는 사람에 해당하는 임원이 다음 각 호의 어느 하나에 해당하는 경우에는 해당 위원을 해촉(解囑)할 수 있다.

(1) 심신장애로 인하여 직무를 수행할 수 없게 된 경우
(2) 직무와 관련된 비위사실이 있는 경우
(3) 직무태만, 품위손상이나 그 밖의 사유로 인하여 위원으로 적합하지 아니하다고 인정되는 경우

(4) 위원 스스로 직무를 수행하는 것이 곤란하다고 의사를 밝히는 경우

3. 회의

가. 소집권자

위원장은 심의회의 회의를 소집하며 그 의장이 된다.

나. 회의 소집

심의회의 회의는 재적위원 3분의 1 이상의 요구가 있을 때 또는 위원장이 필요하다고 인정할 때에 소집한다.

다. 의결

심의회의 회의는 재적위원 과반수의 출석으로 개의(開議)하고, 출석위원 과반수의 찬성으로 의결한다.

4. 분과위원회

가. 의의

농업재해보험심의회는 그 심의 사항을 검토·조정하고, 농업재해보험심의회의 심의를 보조하게 하기 위하여 분과위원회를 둔다.

나. 분과위원회의 종류

    (1) 농작물재해보험분과위원회
    (2) 임산물재해보험분과위원회
    (3) 가축재해보험분과위원회
    (4) 농업인안전보험분과위원회

다. 분과위원회의 구성

분과위원회는 분과위원장 1명을 포함한 9명 이내의 분과위원으로 성별을 고려하여 구성한다. 또한 분과위원장 및 분과위원은 심의회의 위원 중에서 전문적인 지식과 경험 등을 고려하여 농업재해보험심의회의 위원장이 지명한다.

라. 회의

분과위원회의 회의는 농업재해보험심의회의 위원장 또는 분과위원장이 필요하다고 인정할 때에 소집한다. 또한 분과위원회의 회의절차 등과 관련해서는 농업재해보험심의회의 회의 절차를 준용한다. 즉 재적위원 과반수의 출석으로 개의(開議)하고, 출석위원 과반수의 찬성으로 의결한다.

〈농업재해보험심의회와 분과위원회의 회의절차 비교〉

구분	농업재해보험심의회	분과위원회
위원장의 역할	위원장이 회의를 소집하며 의장이 된다. (동일)	
회의 소집	재적위원 3분의 1 이상의 요구가 있을 때 또는 위원장이 필요하다고 인정할 때	농업재해보험심의회 위원장 또는 분과위원장이 필요하다고 인정할 때
개의 및 결의	재적위원 과반수의 출석으로 개의(開議)하고, 출석위원 과반수의 찬성으로 의결한다. (동일)	

마. 분과위원회의 역할

분과위원회는 다음 각 호의 사항을 검토 · 조정하여 심의회에 보고한다.

(1) 농작물재해보험분과위원회: 농어업재해보험심의회 심의사항 중 농작물재해보험에 관한 사항

(2) 임산물재해보험분과위원회: 농어업재해보험심의회 심의사항 중 임산물재해보험에 관한 사항

(3) 가축재해보험분과위원회: 농어업재해보험심의회 심의사항 중 가축재해보험에 관한 사항

(4) 농업인안전보험분과위원회:「농어업인의 안전보험 및 안전재해예방에 관한 법률」에 따른 심의 사항 중 농업인안전보험에 관한 사항

바. 수당 등의 지급

분과위원회에 출석한 분과위원에게는 예산의 범위에서 수당, 여비 또는 그 밖에 필요한 경비를 지급할 수 있다. 다만 공무원인 분과위원이 그 소관 업무와 직접 관련하여 분과위원회에 출석한 경우에는 지급하지 않는다.

○✕ 문제풀이

1. 농어업재해는 크게 농업재해와 어업재해로 구분할 수 있다.

   해설 농어업재해란 농작물·임산물·가축 및 농업용 시설물에 발생하는 자연재해·병충해·조수해(鳥獸害)·질병 또는 화재(농업재해)와 양식수산물 및 어업용 시설물에 발생하는 자연재해·질병 또는 화재(어업재해)를 말한다. 답 ○

2. 시범사업이란 농어업재해보험사업을 전국적으로 실시하기 전에 보험의 효용성 및 보험 실시 가능성 등을 검증하기 위하여 일정 기간 제한된 지역에서 실시하는 보험사업을 말한다.

   해설 시범사업이란 농어업재해보험사업을 전국적으로 실시하기 전에 보험의 효용성 및 보험 실시 가능성 등을 검증하기 위하여 일정 기간 제한된 지역에서 실시하는 보험사업을 말한다. 답 ○

3. 기본계획은 3년마다 수립 및 시행되어야 한다.

   해설 농림축산식품부장관과 해양수산부장관은 농어업재해보험의 활성화를 위하여 농업재해보험심의회 또는 「수산업·어촌 발전 기본법」에 따른 중앙 수산업·어촌정책심의회의 심의를 거쳐 재해보험 발전 기본계획을 5년마다 수립·시행하여야 한다. 답 ✕

4. 농업재해보험심의회는 위원장 및 부위원장 각 1명을 포함한 21명 이내의 위원으로 구성한다.

   해설 농업재해보험심의회는 위원장 및 부위원장 각 1명을 포함한 21명 이내의 위원으로 구성한다. 답 ○

5. 농업재해보험심의회는 위원의 임기는 5년이다.

   해설 농업재해보험심의회는 위원의 임기는 3년이다. 답 ✕

6. 분과위원회의 위원장은 농림축산식품부차관이 수행한다.

   해설 분과위원회의 위원장과 위원은 농업재해보험심의회의 위원장이 지명한다. 농업재해보험심의회의 위원장이 농림축산식품부차관이다. 답 ✕

7. 농업재해보험심의회 회의는 재적위원 4분의 1 이상의 요구가 있을 때 또는 위원장이 필요하다고 인정할 때에 소집한다.

   해설 농업재해보험심의회 회의는 재적위원 3분의 1 이상의 요구가 있을 때 또는 위원장이 필요하다고 인정할 때에 소집한다. 답 ✕

2과목

CHAPTER

02 재해보험사업

1. 개요

가. 의의

농어업재해보험법에서 말하는 재해보험이란 농어업재해로 발생하는 재산 피해에 따른 손해를 보상하기 위한 보험을 말한다.

나. 종류

(1) 농작물재해보험
(2) 임산물재해보험
(3) 가축재해보험
(4) 양식수산물재해보험

다. 관장

(1) 농림축산식품부장관
농작물재해보험, 임산물재해보험 및 가축재해보험과 관련된 사항은 농림축산식품부장관이 관장한다.

(2) 해양수산부장관
양식수산물재해보험과 관련된 사항은 해양수산부장관이 관장한다.

2. 보험목적물

가. 대상

(1) 농작물재해보험: 농작물 및 농업용 시설물
(2) 임산물재해보험: 임산물 및 임업용 시설물

(3) 가축재해보험: 가축 및 축산시설물

(4) 양식수산물재해보험: 양식수산물 및 양식시설물

나. 구체적인 범위

(1) 고려대상

보험의 효용성 및 보험 실시 가능성 등을 종합적으로 고려한다.

(2) 정부의 노력

정부는 보험목적물의 범위를 확대하기 위하여 노력하여야 한다.

(3) 절차

농업재해보험심의회 또는 중앙 수산업·어촌정책심의회를 거쳐 농림축산식품부장관 또는 해양수산부장관이 고시한다.

3. 보상하는 재해의 범위

가. 범위의 구분

재해보험의 종류별로 보상하는 재해의 범위를 정한다. 즉 농작물재해보험, 임산물재해보험, 가축재해보험, 양식수산물재해보험별로 각각 보상하는 재해의 범위를 정한다.

나. 고려사항

보상하는 재해의 범위를 정할 때에는 해당 재해의 발생 빈도, 피해 정도 및 객관적인 손해평가방법 등을 고려하여야 한다.

다. 보상하는 재해의 범위

(1) 농작물·임산물재해보험

자연재해, 조수해(鳥獸害), 화재 및 보험목적물별로 농림축산식품부장관이 정하여 고시하는 병충해를 보상한다.

(2) 가축재해보험

자연재해, 화재 및 보험목적물별로 농림축산식품부장관이 정하여 고시하는 질병을 보상한다.

(3) 양식수산물재해보험

자연재해, 화재 및 보험목적물별로 해양수산부장관이 정하여 고시하는 수산질병을 보상한다.

라. 정부의 노력

정부는 보상하는 재해의 범위를 확대하기 위하여 노력하여야 한다.

4. 재해보험가입자

가. 가입할 수 있는 자

재해보험에 가입할 수 있는 자는 농림업, 축산업, 양식수산업에 종사하는 개인 또는 법인이다.

> **시험 출제 Point**
>
> 재해보험은 개인은 물론이고 법인도 보험에 가입할 수 있다.

나. 보험가입자의 구분

(1) 농작물재해보험: 농림축산식품부장관이 고시하는 농작물을 재배하는 자
(2) 임산물재해보험: 농림축산식품부장관이 고시하는 임산물을 재배하는 자
(3) 가축재해보험: 농림축산식품부장관이 고시하는 가축을 사육하는 자
(4) 양식수산물재해보험: 해양수산부장관이 고시하는 양식수산물을 양식하는 자

5. 재해보험사업자

가. 사업을 할 수 있는 자

(1) 「수산업협동조합법」에 따른 수산업협동조합중앙회
(2) 「산림조합법」에 따른 산림조합중앙회
(3) 「보험업법」에 따른 보험회사

나. 사업의 약정 체결

(1) 약정 체결

재해보험사업을 하려는 자는 농림축산식품부장관 또는 해양수산부장관과 재해보험사업의 약정을 체결하여야 한다.

(2) 약정을 체결하기 위하여 제출해야 하는 서류

1) 재해보험사업 약정체결 신청서
2) 사업방법서, 보험약관, 보험료 및 책임준비금 산출방법서
3) 정관

> **시험 출제 Point**
>
> 사업방법서, 보험약관, 보험료 및 책임준비금 산출방법서를 '기초서류'라고 한다.

(3) 약정서

농림축산식품부장관 또는 해양수산부장관은 재해보험사업의 약정을 체결할 때에는 다음 각 호

의 사항이 포함된 약정서를 작성하여야 한다.

1) 약정기간에 관한 사항

2) 재해보험사업의 약정을 체결한 자(재해보험사업자)가 준수하여야 할 사항

3) 재해보험사업자에 대한 재정지원에 관한 사항

4) 약정의 변경·해지 등에 관한 사항

5) 그 밖에 재해보험사업의 운영에 관한 사항

6. 보험요율

가. 보험요율의 산정 시 고려사항

재해보험사업자는 재해보험의 보험료율을 산정하여야 한다. 이 때에는 객관적이고 합리적인 통계
자료를 기초로 하여 보험목적물별 또는 보상방식별로 산정한다.

나. 요율의 구분

(1) 행정구역 단위

특별시·광역시·도·특별자치도 또는 시(특별자치시와 「제주특별자치도 설치 및 국제자유도
시 조성을 위한 특별법」에 따라 설치된 행정시를 포함한다)·군·자치구

> **시험 출제 Point**
>
> 다만 「보험업법」에 규정된 보험료율 산출의 원칙에 부합하는 경우에는 자치구가 아닌 구·읍·면·동 단위
> 로도 보험료를 산정할 수 있다.
>
> 〈보험업법에 규정된 보험료율 산출의 원칙〉 – 보험업법 제129조
> 보험회사는 보험요율을 산출할 때 객관적이고 합리적인 통계자료를 기초로 대수(大數)의 법칙 및 통계신뢰
> 도를 바탕으로 하여야 하며, 다음 각 호의 사항을 지켜야 한다.
> 1. 보험요율이 보험금과 그 밖의 급부(給付)에 비하여 지나치게 높지 아니할 것 → 비과도성
> 2. 보험요율이 보험회사의 재무건전성을 크게 해칠 정도로 낮지 아니할 것 → 충분성
> 3. 보험요율이 보험계약자 간에 부당하게 차별적이지 아니할 것 → 합리적 자별성
> 4. 자동차보험의 보험요율인 경우 보험금과 그 밖의 급부와 비교할 때 공정하고 합리적인 수준일 것

(2) 권역 단위

농림축산식품부장관 또는 해양수산부장관이 행정구역 단위와는 따로 구분하여 고시하는 지역
단위

다. 약관 및 요율 변경 절차

재해보험사업자가 보험약관안과 보험료율안을 변경할 때에 다음에 해당하면 이를 공고하고 필요
한 경우 이해관계자의 의견을 수렴하여야 한다.

1) 보험가입자의 권리가 축소되거나 의무가 확대되는 내용으로 보험약관안의 변경이 예정된 경우
2) 보험상품을 폐지하는 내용으로 보험약관안의 변경이 예정된 경우
3) 보험상품의 변경으로 기존 보험료율보다 높은 보험료율안으로의 변경이 예정된 경우

시험 출제 **Point**

보험가입자에게 불리한 변경인 경우에 공고 및 의견수렴이 필요하다고 이해하면 쉽다.

7. 보험의 모집

가. 모집할 수 있는 자

(1) 산림조합중앙회와 그 회원조합의 임직원
(2) 수협중앙회와 그 회원조합의 임직원
(3) 「수산업협동조합법」에 따라 설립된 수협은행의 임직원
(4) 「수산업협동조합법」의 공제규약에 따른 공제모집인으로서 수협중앙회장 또는 그 회원조합장이 인정하는 자
(5) 「산림조합법」의 공제규정에 따른 공제모집인으로서 산림조합중앙회장이나 그 회원조합장이 인정하는 자
(6) 「보험업법」에 따라 보험을 모집할 수 있는 자

나. 모집질서 준수사항

재해보험의 모집 업무에 종사하는 자가 사용하는 보험 안내자료 및 보험 모집 관련 금지행위에 관하여는 「보험업법」 및 「금융소비자 보호에 관한 법률」을 준용한다.

다. 예외사항

(1) 예금자보호
  재해보험사업자가 수협중앙회, 산림조합중앙회인 경우에는 보험안내자료 기재사항 중 예금자보호와 관련된 사항을 준용하지 않는다.

(2) 보험료 일부 지원
  「농업협동조합법」, 「수산업협동조합법」, 「산림조합법」에 따른 조합이 그 조합원에게 농어업재해보험법에 따라 보험상품의 보험료 일부를 지원하는 경우에는 보험업법에서 금지하고 있는 보험 모집 관련 특별이익의 제공으로 보지 않는다.

8. 사고예방의무

가. 보험가입자의 의무

보험가입자는 재해 사고의 예방을 위하여 노력하여야 한다.

나. 보험사업자의 의무

재해보험사업자는 사고 예방을 위하여 보험가입자가 납입한 보험료의 일부를 되돌려줄 수 있다.

제2절 손해평가

1. 손해평가

가. 손해평가 자격이 있는 자

재해보험사업자는 재해보험에서 보장하는 보험사고가 발생한 경우 다음의 사람에게 손해평가를 담당하게 할 수 있다.
(1) 손해평가인: 보험목적물에 관한 지식과 경험을 갖춘 사람 또는 그 밖의 관계 전문가
(2) 손해평가사
(3) 손해사정사

나. 손해평가의 원칙

(1) 기본원칙
손해평가인과 손해평가사 및 손해사정사는 공정하고 객관적으로 손해평가를 하여야 하며, 고의로 진실을 숨기거나 거짓으로 손해평가를 하여서는 아니 된다.

(2) 손해평가 요령
손해평가를 할 때에는 농림축산식품부장관 또는 해양수산부장관이 정하여 고시하는 손해평가 요령에 따라 손해평가를 하여야 한다.

(3) 금융위원회와 협의
농림축산식품부장관 또는 해양수산부장관은 손해평가 요령을 고시하려면 미리 금융위원회와 협의하여야 한다.

2. 손해평가인

가. 손해평가인이 될 수 있는 사람

(1) 농작물재해보험

1) 재해보험 대상 농작물을 5년 이상 경작한 경력이 있는 농업인

2) 공무원으로 농림축산식품부, 농촌진흥청, 통계청 또는 지방자치단체나 그 소속기관에서 농작물재배 분야에 관한 연구 · 지도, 농산물 품질관리 또는 농업 통계조사 업무를 3년 이상 담당한 경력이 있는 사람

3) 교원으로 고등학교에서 농작물재배 분야 관련 과목을 5년 이상 교육한 경력이 있는 사람

4) 조교수 이상으로 「고등교육법」 제2조에 따른 학교에서 농작물재배 관련학을 3년 이상 교육한 경력이 있는 사람

5) 「보험업법」에 따른 보험회사의 임직원이나 「농업협동조합법」에 따른 중앙회와 조합의 임직원으로 영농 지원 또는 보험 · 공제 관련 업무를 3년 이상 담당하였거나 손해평가 업무를 2년 이상 담당한 경력이 있는 사람

6) 「고등교육법」 제2조에 따른 학교에서 농작물재배 관련학을 전공하고 농업전문 연구기관 또는 연구소에서 5년 이상 근무한 학사학위 이상 소지자

7) 「고등교육법」 제2조에 따른 전문대학에서 보험 관련 학과를 졸업했거나 졸업 예정인 사람

8) 「학점인정 등에 관한 법률」 제8조에 따라 전문대학의 보험 관련 학과 졸업자(졸업예정자를 포함한다)와 같은 수준 이상의 학력이 있다고 인정받은 사람이나 「고등교육법」 제2조에 따른 학교에서 80학점(보험 관련 과목 학점이 45학점 이상이어야 한다) 이상을 이수한 사람 등 제7호에 해당하는 사람과 같은 수준 이상의 학력이 있다고 인정되는 사람

9) 「농수산물 품질관리법」에 따른 농산물품질관리사

10) 재해보험 대상 농작물 분야에서 「국가기술자격법」에 따른 기사 이상의 자격을 소지한 사람

(2) 임산물재해보험

1) 재해보험 대상 임산물을 5년 이상 경작한 경력이 있는 임업인

2) 공무원으로 농림축산식품부, 농촌진흥청, 산림청, 통계청 또는 지방자치단체나 그 소속기관에서 임산물재배 분야에 관한 연구 · 지도 또는 임업 통계조사 업무를 3년 이상 담당한 경력이 있는 사람

3) 교원으로 고등학교에서 임산물재배 분야 관련 과목을 5년 이상 교육한 경력이 있는 사람

4) 조교수 이상으로 「고등교육법」 제2조에 따른 학교에서 임산물재배 관련학을 3년 이상 교육한 경력이 있는 사람

5) 「보험업법」에 따른 보험회사의 임직원이나 「산림조합법」에 따른 중앙회와 조합의 임직원으로 산림경영 지원 또는 보험 · 공제 관련 업무를 3년 이상 담당하였거나 손해평가 업무를 2년 이상 담당한 경력이 있는 사람

6)「고등교육법」제2조에 따른 학교에서 임산물재배 관련학을 전공하고 임업전문 연구기관 또는 연구소에서 5년 이상 근무한 학사학위 이상 소지자

7)「고등교육법」제2조에 따른 전문대학에서 보험 관련 학과를 졸업했거나 졸업 예정인 사람

8)「학점인정 등에 관한 법률」제8조에 따라 전문대학의 보험 관련 학과 졸업자(졸업예정자를 포함한다)와 같은 수준 이상의 학력이 있다고 인정받은 사람이나「고등교육법」제2조에 따른 학교에서 80학점(보험 관련 과목 학점이 45학점 이상이어야 한다) 이상을 이수한 사람 등 제7호에 해당하는 사람과 같은 수준 이상의 학력이 있다고 인정되는 사람

9) 재해보험 대상 임산물 분야에서「국가기술자격법」에 따른 기사 이상의 자격을 소지한 사람

(3) 가축재해보험

1) 재해보험 대상 가축을 5년 이상 사육한 경력이 있는 농업인

2) 공무원으로 농림축산식품부, 농촌진흥청, 통계청 또는 지방자치단체나 그 소속기관에서 가축사육 분야에 관한 연구ㆍ지도 또는 가축 통계조사 업무를 3년 이상 담당한 경력이 있는 사람

3) 교원으로 고등학교에서 가축사육 분야 관련 과목을 5년 이상 교육한 경력이 있는 사람

4) 조교수 이상으로「고등교육법」제2조에 따른 학교에서 가축사육 관련학을 3년 이상 교육한 경력이 있는 사람

5)「보험업법」에 따른 보험회사의 임직원이나「농업협동조합법」에 따른 중앙회와 조합의 임직원으로 영농 지원 또는 보험ㆍ공제 관련 업무를 3년 이상 담당하였거나 손해평가 업무를 2년 이상 담당한 경력이 있는 사람

6)「고등교육법」제2조에 따른 학교에서 가축사육 관련학을 전공하고 축산전문 연구기관 또는 연구소에서 5년 이상 근무한 학사학위 이상 소지자

7)「고등교육법」제2조에 따른 전문대학에서 보험 관련 학과를 졸업했거나 졸업 예정인 사람

8)「학점인정 등에 관한 법률」제8조에 따라 전문대학의 보험 관련 학과 졸업자(졸업예정자를 포함한다)와 같은 수준 이상의 학력이 있다고 인정받은 사람이나「고등교육법」제2조에 따른 학교에서 80학점(보험 관련 과목 학점이 45학점 이상이어야 한다) 이상을 이수한 사람 등 제7호에 해당하는 사람과 같은 수준 이상의 학력이 있다고 인정되는 사람

9)「수의사법」에 따른 수의사

10)「국가기술자격법」에 따른 축산기사 이상의 자격을 소지한 사람

(4) 양식수산물재해보험

1) 재해보험 대상 양식수산물을 5년 이상 양식한 경력이 있는 어업인

2) 공무원으로 해양수산부, 국립수산과학원, 국립수산물품질관리원 또는 지방자치단체에서 수산물양식 분야 또는 수산생명의학 분야에 관한 연구 또는 지도업무를 3년 이상 담당한 경력이 있는 사람

3) 교원으로 수산계 고등학교에서 수산물양식 분야 또는 수산생명의학 분야의 관련 과목을 5년 이상 교육한 경력이 있는 사람

4) 조교수 이상으로 「고등교육법」 제2조에 따른 학교에서 수산물양식 관련학 또는 수산생명의학 관련학을 3년 이상 교육한 경력이 있는 사람

5) 「보험업법」에 따른 보험회사의 임직원이나 「수산업협동조합법」에 따른 수산업협동조합중앙회, 수협은행 및 조합의 임직원으로 수산업지원 또는 보험·공제 관련 업무를 3년 이상 담당하였거나 손해평가 업무를 2년 이상 담당한 경력이 있는 사람

6) 「고등교육법」 제2조에 따른 학교에서 수산물양식 관련학 또는 수산생명의학 관련학을 전공하고 수산전문 연구기관 또는 연구소에서 5년 이상 근무한 학사학위 소지자

7) 「고등교육법」 제2조에 따른 전문대학에서 보험 관련 학과를 졸업했거나 졸업 예정인 사람

8) 「학점인정 등에 관한 법률」 제8조에 따라 전문대학의 보험 관련 학과 졸업자(졸업예정자를 포함한다)와 같은 수준 이상의 학력이 있다고 인정받은 사람이나 「고등교육법」 제2조에 따른 학교에서 80학점(보험 관련 과목 학점이 45학점 이상이어야 한다) 이상을 이수한 사람 등 제7호에 해당하는 사람과 같은 수준 이상의 학력이 있다고 인정되는 사람

9) 「수산생물질병 관리법」에 따른 수산질병관리사

10) 재해보험 대상 양식수산물 분야에서 「국가기술자격법」에 따른 기사 이상의 자격을 소지한 사람

11) 「농수산물 품질관리법」에 따른 수산물품질관리사

> **시험 출제 Point**
>
> 농림축산식품부장관 또는 해양수산부장관은 손해평가인의 자격요건에 대하여 2018년 1월 1일을 기준으로 3년마다(매 3년이 되는 해의 1월 1일 전까지를 말한다) 그 타당성을 검토하여 개선 등의 조치를 하여야 한다.

나. 정기교육 – 농림축산식품부장관 또는 해양수산부장관

(1) 정부의 정기교육

농림축산식품부장관 또는 해양수산부장관은 손해평가인이 공정하고 객관적인 손해평가를 수행할 수 있도록 정기교육을 실시하여야 한다.

> **시험 출제 Point**
>
> 정기교육은 연1회 이상, 4시간 이상으로 하여야 한다.

(2) 정기교육의 내용

1) 농어업재해보험에 관한 기초지식

2) 농어업재해보험의 종류별 약관

3) 손해평가의 절차 및 방법

4) 그 밖에 손해평가에 필요한 사항으로서 농림축산식품부장관 또는 해양수산부장관이 정하는 사항

다. 실무교육 - 재해보험사업자

재해보험사업자는 손해평가인으로 위촉된 사람에 대하여 보험에 관한 기초지식, 보험약관 및 손해평가요령 등에 관한 실무교육을 하여야 한다.

라. 교차손해평가

공정하고 객관적인 손해평가를 위하여 동일 시·군·구(자치구) 내에서 교차손해평가를 수행할 수 있다. 교차손해평가란 손해평가인 상호간에 담당지역을 교차하여 평가하는 것을 말한다.

마. 손해평가 기술 및 정보의 교환

농림축산식품부장관 또는 해양수산부장관은 손해평가인 간의 손해평가에 관한 기술·정보의 교환을 지원할 수 있다.

3. 손해평가사

가. 운영

농림축산식품부장관은 공정하고 객관적인 손해평가를 촉진하기 위하여 손해평가사 제도를 운영한다.

나. 손해평가사의 업무

손해평가사는 농작물재해보험 및 가축재해보험에 관하여 다음 각 호의 업무를 수행한다.
(1) 피해사실의 확인
(2) 보험가액 및 손해액의 평가
(3) 그 밖의 손해평가에 필요한 사항

> **시험 출제 | Point**
>
> 손해평가사는 농작물재해보험 및 가축재해보험에 관하여 업무를 수행한다. 임산물재해보험과 양식수산물 재해보험에 관해서는 규정이 없다.

다. 손해평가사 시험

(1) 시험 실시

손해평가사가 되려는 사람은 농림축산식품부장관이 실시하는 손해평가사 자격시험에 합격하여야 한다.

(2) 시험 실시 주기

손해평가사 자격시험은 매년 1회 실시한다. 다만 농림축산식품부장관이 손해평가사의 수급(需給)상 필요하다고 인정하는 경우에는 2년마다 실시할 수 있다.

(3) 시험 공고

농림축산식품부장관은 손해평가사 자격시험을 실시하려면 다음 각 호의 사항을 시험 실시 90일 전까지 인터넷 홈페이지 등에 공고해야 한다.

1) 시험의 일시 및 장소

2) 시험방법 및 시험과목

3) 응시원서의 제출방법 및 응시수수료

4) 합격자 발표의 일시 및 방법

5) 선발예정인원(농림축산식품부장관이 수급상 필요하다고 인정하여 선발예정인원을 정한 경우만 해당한다)

6) 그 밖에 시험의 실시에 필요한 사항

(4) 시험의 방법

1) 제1차 시험은 선택형으로 출제하는 것을 원칙으로 하되, 단답형 또는 기입형을 병행할 수 있다.

2) 제2차 시험은 서술형으로 출제하는 것을 원칙으로 하되, 단답형 또는 기입형을 병행할 수 있다.

3) 제2차 시험은 제1차 시험에 합격한 사람과 제1차 시험을 면제받은 사람을 대상으로 시행한다.

(5) 1차시험의 면제

보험목적물 또는 관련 분야에 관한 전문 지식과 경험을 갖추었다고 인정되는 다음의 사람에게는 손해평가사 자격시험 중 1차시험을 면제한다.

1) 손해평가인으로 위촉된 기간이 3년 이상인 사람으로서 손해평가 업무를 수행한 경력이 있는 사람

2) 「보험업법」 제186조에 따른 손해사정사

3) 다음 각 목의 기관 또는 법인에서 손해사정 관련 업무에 3년 이상 종사한 경력이 있는 사람

   3-가) 「금융위원회의 설치 등에 관한 법률」에 따라 설립된 금융감독원

   3-나) 「농업협동조합법」에 따른 농업협동조합중앙회. 이 경우 농협손해보험이 설립되기 전까지의 농업협동조합중앙회에 한정한다.

   3-다) 「보험업법」 제4조에 따른 허가를 받은 손해보험회사

   3-라) 「보험업법」 제175조에 따라 설립된 손해보험협회

   3-마) 「보험업법」 제187조 제2항에 따른 손해사정을 업(業)으로 하는 법인

   3-바) 「화재로 인한 재해보상과 보험가입에 관한 법률」에 따라 설립된 한국화재보험협회

(6) 면제 절차

1) 신청자의 신청

제1차 시험을 면제받으려는 사람은 면제신청서에 면제사유에 해당한다는 사실을 증명하는 서류를 첨부하여 농림축산식품부장관에게 신청해야 한다.

2) 농림축산식품부장관의 확인절차

면제 신청을 받은 농림축산식품부장관은 「전자정부법」 제36조 제1항에 따른 행정정보의 공동이용을 통하여 신청인의 고용보험 피보험자격 이력내역서, 국민연금가입자 가입증명 또는 건강보험 자격득실확인서를 확인해야 한다. 다만 신청인이 확인에 동의하지 않는 경우에는 그 서류를 첨부하도록 해야 한다.

(7) 다음 회 1차시험의 면제

제1차 시험에 합격한 사람에 대해서는 다음 회에 한정하여 제1차 시험을 면제한다.

라. 시험의 제한

(1) 시험 제한사유

다음에 해당하면 시험을 정지시키거나 무효로 한다.

1) 부정한 방법으로 시험에 응시한 사람

2) 시험에서 부정한 행위를 한 사람

(2) 응시 제한사유

다음에 해당하는 사람은 그 처분이 있은 날부터 2년이 지나지 아니한 경우에는 손해평가사 자격시험에 응시하지 못한다.

1) 시험의 정지·무효 처분을 받은 사람

2) 손해평가사 자격이 취소된 사람

마. 자격의 취소 및 업무정지

(1) 자격의 취소

농림축산식품부장관은 다음 각 호의 어느 하나에 해당하는 사람에 대하여 손해평가사 자격을 취소할 수 있다. 다만 제1호 및 제5호에 해당하는 경우에는 자격을 취소하여야 한다.

1) 손해평가사의 자격을 거짓 또는 부정한 방법으로 취득한 사람

2) 거짓으로 손해평가를 한 사람

3) 다른 사람에게 손해평가사의 명의를 사용하게 하거나 그 자격증을 대여한 사람

4) 손해평가사 명의의 사용이나 자격증의 대여를 알선한 사람

5) 업무정지 기간 중에 손해평가 업무를 수행한 사람

> **시험 출제 Point**
>
> 제1호와 제5호는 강행규정이다. 즉 반드시 자격을 취소하여야 한다.

(2) 업무의 정지

농림축산식품부장관은 손해평가사가 그 직무를 게을리하거나 직무를 수행하면서 부적절한 행위를 하였다고 인정하면 1년 이내의 기간을 정하여 업무의 정지를 명할 수 있다.

업무 정지 기간은 1년 이내이다.

(3) 청문의 실시

농림축산식품부장관이 손해평가사의 자격을 취소하거나 업무의 정지 처분을 하려면 청문을 하여야 한다.

바. 취소 및 업무정지 처분의 세부기준

(1) 자격취소 처분 세부기준

1) 일반기준

　가) 위반행위의 횟수에 따른 행정처분의 가중된 처분 기준은 최근 3년간 같은 위반행위로 행정처분을 받은 경우에 적용한다. 이 경우 기간의 계산은 위반행위에 대해 행정처분을 받은 날과 그 처분 후에 다시 같은 위반행위를 하여 적발된 날을 기준으로 한다.

　나) 가목에 따라 가중된 행정처분을 하는 경우 가중처분의 적용 차수는 그 위반행위 전 행정처분 차수(가목에 따른 기간 내에 행정처분이 둘 이상 있었던 경우에는 높은 차수를 말한다)의 다음 차수로 한다.

　다) 위반행위가 둘 이상인 경우로서 그에 해당하는 각각의 처분기준이 다른 경우에는 그 중 무거운 처분기준에 따른다.

2) 개별기준

위반행위	근거 법조문	처분기준	
		1회	2회 이상
가. 손해평가사의 자격을 거짓 또는 부정한 방법으로 취득한 경우	법 제11조의5 제1항 제1호	자격 취소	자격 취소
나. 거짓으로 손해평가를 한 경우	법 제11조의5 제1항 제2호	시정 명령	
다. 법 제11조의4 제6항을 위반하여 다른 사람에게 손해평가사의 명의를 사용하게 하거나 그 자격증을 대여한 경우	법 제11조의5 제1항 제3호	자격 취소	
라. 법 제11조의4 제7항을 위반하여 손해평가사 명의의 사용이나 자격증의 대여를 알선한 경우	법 제11조의5 제1항 제4호	자격 취소	
마. 업무정지 기간 중에 손해평가 업무를 수행한 경우	법 제11조의5 제1항 제5호	자격 취소	

(2) 업무정지 처분 세부기준

1) 일반기준

　가) 위반행위의 횟수에 따른 행정처분의 가중된 처분 기준은 최근 3년간 같은 위반행위로 행

정처분을 받은 경우에 적용한다. 이 경우 기간의 계산은 위반행위에 대해 행정처분을 받은 날과 그 처분 후에 다시 같은 위반행위를 하여 적발된 날을 기준으로 한다.

나) 가목에 따라 가중된 행정처분을 하는 경우 가중처분의 적용 차수는 그 위반행위 전 행정처분 차수(가목에 따른 기간 내에 행정처분이 둘 이상 있었던 경우에는 높은 차수를 말한다)의 다음 차수로 한다.

다) 위반행위가 둘 이상인 경우로서 그에 해당하는 각각의 처분기준이 다른 경우에는 그 중 무거운 처분기준에 따르고, 가장 무거운 처분기준의 2분의 1까지 그 기간을 늘릴 수 있다. 다만 기간을 늘리는 경우에도 업무 정지기간의 상한(1년)을 넘을 수 없다.

라) 농림축산식품부장관은 다음의 어느 하나에 해당하는 경우에는 처분기준의 2분의 1의 범위에서 그 기간을 줄일 수 있다.

① 위반행위가 사소한 부주의나 오류로 인한 것으로 인정되는 경우

② 위반의 내용·정도가 경미하다고 인정되는 경우

③ 위반행위자가 법 위반상태를 바로 정정하거나 시정하여 해소한 경우

④ 그 밖에 위반행위의 내용, 정도, 동기 및 결과 등을 고려하여 업무 정지 처분의 기간을 줄일 필요가 있다고 인정되는 경우

2) 개별기준

위반행위	근거 법조문	처분기준		
		1회	2회	3회 이상
가. 업무 수행과 관련하여 「개인정보 보호법」, 「신용정보의 이용 및 보호에 관한 법률」 등 정보 보호와 관련된 법령을 위반한 경우	법 제11조의6 제1항	업무정지 6개월	업무정지 1년	업무정지 1년
나. 업무 수행과 관련하여 보험계약자 또는 보험사업자로부터 금품 또는 향응을 제공받은 경우	법 제11조의6 제1항	업무정지 6개월	업무정지 1년	업무정지 1년
다. 자기 또는 자기와 생계를 같이하는 4촌 이내의 친족(이하 "이해관계자"라 한다)이 가입한 보험계약에 관한 손해평가를 한 경우	법 제11조의6 제1항	업무정지 3개월	업무정지 6개월	업무정지 6개월
라. 자기 또는 이해관계자가 모집한 보험계약에 대해 손해평가를 한 경우	법 제11조의6 제1항	업무정지 3개월	업무정지 6개월	업무정지 6개월
마. 법 제11조 제2항 전단에 따른 손해평가 요령을 준수하지 않고 손해평가를 한 경우	법 제11조의6 제1항	경고	업무정지 1개월	업무정지 3개월
바. 그 밖에 손해평가사가 그 직무를 게을리하거나 직무를 수행하면서 부적절한 행위를 했다고 인정되는 경우	법 제11조의6 제1항	경고	업무정지 1개월	업무정지 3개월

사. 자격증 대여 금지

손해평가사는 다른 사람에게 그 명의를 사용하게 하거나 다른 사람에게 그 자격증을 대여해서는 아니 된다. 또한 누구든지 손해평가사의 자격을 취득하지 아니하고 그 명의를 사용하거나 자격증을 대여받아서는 아니 되며, 명의의 사용이나 자격증의 대여를 알선해서도 아니 된다.

5. 이의신청

가. 손해평가에 대한 이의 신청

손해평가 결과에 이의가 있는 보험가입자는 재해보험사업자에게 재평가를 요청할 수 있으며, 재해보험사업자는 특별한 사정이 없으면 재평가 요청에 따라야 한다.

나. 재평가에 대한 이의 신청

재평가를 수행하였음에도 이의가 해결되지 아니하는 경우 보험가입자는 농림축산식품부장관 또는 해양수산부장관이 정하는 기관에 이의신청을 할 수 있다.

> **시험 출제　Point**
>
> 현재 재평가에 대한 이의신청 기관으로 지정된 곳은 농업정책보험금융원이다.

제3절　지원

1. 재정지원

가. 보험료의 지원

정부는 예산의 범위에서 재해보험가입자가 부담하는 보험료의 일부를 지원할 수 있다. 지방자치단체는 예산의 범위에서 재해보험가입자가 부담하는 보험료의 일부를 추가로 지원할 수 있다.

나. 운영비의 지원

정부는 재해보험사업자의 재해보험의 운영 및 관리에 필요한 비용(운영비)의 전부 또는 일부를 지원할 수 있다.

다. 지원 주체

농림축산식품부장관·해양수산부장관 및 지방자치단체의 장이 재해보험사업자에게 지급한다.

라. 재해보험사업자의 제출서류

(1) 재해보험 가입현황서
(2) 운영비 사용계획서

마. 검토사항 – 농림축산식품부장관 또는 해양수산부장관

재해보험 가입현황서나 운영비 사용계획서를 제출받은 농림축산식품부장관 또는 해양수산부장관은 보험가입자의 기준 및 재해보험사업 약정서에 기재된 재정지원에 관한 사항 등을 확인하여 보험료 또는 운영비의 지원금액을 결정·지급한다.

바. 검토사항 – 지방지차단체의 장

지방자치단체의 장이 보험료의 일부를 추가 지원하려는 경우에는 재해보험 가입현황서와 보험가입자의 기준 등을 확인하여 보험료의 지원금액을 결정·지급한다.

사. 풍수해·지진재해보험에 가입한 자

풍수해·지진재해보험에 가입한 자가 동일한 보험목적물을 대상으로 재해보험에 가입할 경우에는 재정지원을 하지 아니한다.

2. 보험금 수급 전용계좌 및 수급권의 보호

가. 보험금 수급 전용계좌

보험금 수급 전용계좌란 보험금 수급권을 실질적으로 보호하기 위한 장치로 해당 계좌로 입금된 보험금은 압류가 불가능하다.

나. 입금 신청

재해보험사업자는 수급권자의 신청이 있는 경우에는 보험금을 수급권자 명의의 보험금수급전용계좌로 입금하여야 한다. 다만 정보통신장애나 보험금수급전용계좌가 개설된 금융기관의 폐업·업무 정지 등으로 정상영업이 불가능한 경우에는 다음의 방식으로 지급할 수 있다.

(1) 수급권자의 신청에 따라 다른 금융기관에 개설된 보험금수급전용계좌로 이체한다.

(2) 다른 보험금수급전용계좌로도 이체할 수 없는 경우에는 수급권자 본인의 주민등록증(모바일 주민등록증 포함) 등 신분증명서의 확인을 거쳐 보험금을 직접 현금으로 지급할 수 있다.

다. 금융기관의 의무

보험금수급전용계좌의 해당 금융기관은 농어업재해보험법에 따른 보험금만이 보험금수급전용계좌에 입금되도록 관리하여야 한다.

라. 보험금 수급 전용계좌 압류 금지

보험금수급전용계좌의 예금 중 다음 금액에 관한 채권은 압류할 수 없다

(1) 농작물·임산물·가축 및 양식수산물의 재생산에 직접적으로 소요되는 비용의 보장을 목적으로 보험금수급전용계좌로 입금된 보험금: 입금된 보험금 전액

(2) 제1호 외의 목적으로 보험금수급전용계좌로 입금된 보험금: 입금된 보험금의 2분의 1에 해당하는 액수

마. 보험금 청구권 압류 금지

재해보험의 보험금을 지급받을 권리는 압류할 수 없다. 다만 보험목적물이 담보로 제공된 경우에는 가능하다.

3. 기타 사항

가. 보험목적물의 양도

재해보험가입자가 보험목적물을 양도하는 경우 그 양수인은 재해보험계약에 관한 양도인의 권리 및 의무를 승계한 것으로 추정한다.

나. 업무 위탁

(1) 업무의 위탁

재해보험사업자는 재해보험사업을 원활히 수행하기 위하여 필요한 경우에는 보험모집 및 손해평가 등 재해보험 업무의 일부를 위탁할 수 있다.

(2) 위탁 받을 수 있는 자

    1) 「농업협동조합법」에 따라 설립된 지역농업협동조합 · 지역축산업협동조합 및 품목별 · 업종별협동조합

    2) 「산림조합법」에 따라 설립된 지역산림조합 및 품목별 · 업종별산림조합

    3) 「수산업협동조합법」에 따라 설립된 지구별 수산업협동조합, 업종별 수산업협동조합, 수산물가공 수산업협동조합 및 수협은행

    4) 「보험업법」 제187조에 따라 손해사정을 업으로 하는 자

    5) 농어업재해보험 관련 업무를 수행할 목적으로 「민법」 제32조에 따라 농림축산식품부장관 또는 해양수산부장관의 허가를 받아 설립된 비영리법인

다. 회계 구분

재해보험사업자는 재해보험사업의 회계를 다른 회계와 구분하여 회계처리함으로써 손익관계를 명확히 하여야 한다.

라. 분쟁조정

재해보험과 관련된 분쟁의 조정(調停)은 「금융소비자 보호에 관한 법률」의 규정에 따른다.

마. 손해배상책임

재해보험사업에 대해서는 「금융소비자 보호에 관한 법률」에 규정된 금융상품직접판매업자의 손해배상책임 규정을 적용한다.

1. 양식수산물재해보험과 관련된 사항은 농림축산식품부장관이 관장한다.

   해설 양식수산물재해보험과 관련된 사항은 해양수산부장관이 관장한다. 답 ✗

2. 가축재해보험은 자연재해, 조수해(鳥獸害), 화재 및 보험목적물별로 농림축산식품부장관이 정하여 고시하는 병충해를 보상한다.

   해설 농작물·임산물재해보험은 자연재해, 조수해(鳥獸害), 화재 및 보험목적물별로 농림축산식품부장관이 정하여 고시하는 병충해를 보상한다. 가축재해보험은 자연재해, 화재 및 보험목적물별로 농림축산식품부장관이 정하여 고시하는 질병을 보상한다. 답 ✗

3. 보험업법에 따른 보험회사는 재해보험사업자가 될 수 있다.

   해설 재해보험사업자는 수산업협동조합중앙회, 산림조합중앙회 및 보험업법에 따른 보험회사가 될 수 있다. 답 ○

4. 보험요율은 보험목적물별 또는 보상방식별로 산정하되, 행정구역 단위 또는 권역 단위로 구분하여 산정한다.

   해설 보험요율은 보험목적물별 또는 보상방식별로 산정하되, 행정구역 단위 또는 권역 단위로 구분하여 산정한다. 답 ○

5. 농림축산식품부장관 또는 해양수산부장관은 손해평가 요령을 고시하려면 미리 금융위원회와 협의하여야 한다.

   해설 농림축산식품부장관 또는 해양수산부장관은 손해평가 요령을 고시하려면 미리 금융위원회와 협의하여야 한다. 답 ○

6. 재해보험 대상 농작물을 3년 이상 경작한 경력이 있는 농업인은 손해평가인이 될 수 있다.

   해설 재해보험 대상 농작물을 5년 이상 경작한 경력이 있는 농업인은 손해평가인이 될 수 있다. 답 ✗

7. 정기교육은 연2회 이상, 10시간 이상으로 하여야 한다.

   해설 정기교육은 연1회 이상, 4시간 이상으로 하여야 한다. 답 ✗

8. 손해평가사의 자격을 거짓 또는 부정한 방법으로 취득한 사람에 대해서는 반드시 자격을 취소하여야 한다.

   해설 손해평가사의 자격을 거짓 또는 부정한 방법으로 취득한 사람에 대해서는 반드시 자격을 취소하여야 한다. 답 ○

9. 재평가를 수행하였음에도 이의가 해결되지 아니하는 경우 보험가입자는 금융분쟁조정위원회에 이의신청을 할 수 있다.

   해설 재평가를 수행하였음에도 이의가 해결되지 아니하는 경우 보험가입자는 농업정책보험금융원에 이의신청을 할 수 있다. 답 ✗

10. 정부는 재해보험사업자의 재해보험의 운영 및 관리에 필요한 비용(운영비)의 전부 또는 일부를 지원할 수 있다.

> **해설** 정부는 재해보험사업자의 재해보험의 운영 및 관리에 필요한 비용(운영비)의 전부 또는 일부를 지원할 수 있다.
> **답** ○

11. 재해보험의 보험목적물이 담보로 제공된 경우에도 보험금을 압류할 수 없다.

> **해설** 재해보험의 보험금을 지급받을 권리는 압류할 수 없다. 다만 보험목적물이 담보로 제공된 경우에는 가능하다.
> **답** ×

CHAPTER

03 재보험사업 및 농어업재해재보험기금

제1절 재보험사업

1. 재보험 일반

가. 의의

보험회사(원보험자)가 보험계약에 의하여 인수한 보험금 지급의무의 전부 또는 일부를 다른 보험회사(재보험자)에게 인수시키는 것을 재보험이라 한다.

나. 재보험의 기능

1) 위험의 분산
2) 보험자의 인수능력 강화
3) 대형재해로부터 보험자의 보호
4) 보험수익의 안정
5) 위험인수에 따른 정보획득

다. 초과손해율재보험(Excess of Loss Ratio Cover or Stop Loss Cover)

재보험계약 기간 중 원보험자의 누적 손해율이 미리 약정한 손해율을 넘어설 경우 재보험금을 지급하여 원보험자의 안정적인 손해율 운영이 가능하도록 보조하는 역할을 한다. 아직 위험률이 증명되지 않은 신상품이나 손해율의 진동 폭이 큰 농작물 재해보험 등에 주로 사용된다. Stop loss라고도 불리며, 위험기간이 짧은 Short-tail 종목에 적합한 재보험 방식이다.

2. 농어업재해재보험

가. 정부의 재보험사업 운영

정부는 재해보험에 관한 재보험사업을 할 수 있다.

나. 재보험 약정

농림축산식품부장관 또는 해양수산부장관은 재보험에 가입하려는 재해보험사업자와 재보험 약정을 체결하여야 한다.

다. 재보험 약정에 포함되어야 하는 사항

1) 재해보험사업자가 정부에 내야 할 보험료(재보험료)에 관한 사항
2) 정부가 지급하여야 할 보험금(재보험금)에 관한 사항
3) 그 밖에 재보험수수료 등 재보험 약정에 관한 것으로서 대통령령으로 정하는 사항
   3-1) 재보험수수료에 관한 사항
   3-2) 재보험 약정기간에 관한 사항
   3-3) 재보험 책임범위에 관한 사항
   3-4) 재보험 약정의 변경 · 해지 등에 관한 사항
   3-5) 재보험금 지급 및 분쟁에 관한 사항
   3-6) 그 밖에 재보험의 운영 · 관리에 관한 사항

라. 업무의 위탁

농림축산식품부장관은 해양수산부장관과 협의를 거쳐 재보험사업에 관한 업무의 일부를 농업정책보험금융원에 위탁할 수 있다.

제2절 농어업재해재보험기금

1. 기금의 설치 및 조성

가. 설치

농림축산식품부장관은 해양수산부장관과 협의하여 공동으로 재보험사업에 필요한 재원에 충당하기 위하여 농어업재해재보험기금(이하 "기금"이라 한다)을 설치한다.

> **시험 출제 Point**
> 농어업재해재보험기금은 수입과 지출을 명확히 하기 위하여 한국은행에 기금계정을 설치하여야 한다.

나. 조성

기금은 다음 각 호의 재원으로 조성한다.

1) 재해보험사업자에게 받은 재보험료
2) 정부, 정부 외의 자 및 다른 기금으로부터 받은 출연금
3) 재보험금의 회수 자금
4) 기금의 운용수익금과 그 밖의 수입금
5) 차입금
6) 「농어촌구조개선 특별회계법」에 따라 농어촌구조개선 특별회계의 농어촌특별세사업계정으로부터 받은 전입금

다. 차입금

농림축산식품부장관은 기금의 운용에 필요하다고 인정되는 경우에는 해양수산부장관과 협의하여 기금의 부담으로 금융기관, 다른 기금 또는 다른 회계로부터 자금을 차입할 수 있다.

2. 기금의 용도 및 관리 · 운용

가. 용도

1) 재보험금의 지급
2) 차입금의 원리금 상환
3) 기금의 관리 · 운용에 필요한 경비(위탁경비를 포함한다)의 지출
4) 그 밖에 농림축산식품부장관이 해양수산부장관과 협의하여 재보험사업을 유지 · 개선하는 데에 필요하다고 인정하는 경비의 지출

나. 관리 · 운용

(1) 관리 · 운용의 주체
기금은 농림축산식품부장관이 해양수산부장관과 협의하여 관리 · 운용한다.

(2) 업무의 위탁
농림축산식품부장관은 해양수산부장관과 협의를 거쳐 기금의 관리 · 운용에 관한 사무의 일부를 농업정책보험금융원에 위탁할 수 있다.

(3) 농업정책보험금융원에 위탁하는 업무
1) 기금의 관리 · 운용에 관한 회계업무
2) 재보험료를 납입받는 업무
3) 재보험금을 지급하는 업무
4) 여유자금의 운용업무
5) 그 밖에 기금의 관리 · 운용에 관하여 농림축산식품부장관이 해양수산부장관과 협의를 거쳐 지정하여 고시하는 업무

(4) 구분 회계

농업정책보험금융원은 기금의 관리 및 운용을 명확히 하기 위하여 기금을 다른 회계와 구분하여 회계처리하여야 한다. 다만 사무처리에 드는 경비는 기금의 부담으로 한다.

다. 여유자금의 운용

농림축산식품부장관은 해양수산부장관과 협의하여 기금의 여유자금을 다음 각 호의 방법으로 운용할 수 있다.
1) 「은행법」에 따른 은행에의 예치
2) 국채, 공채 또는 그 밖에 「자본시장과 금융투자업에 관한 법률」에 따른 증권의 매입

3. 기금의 회계기관

가. 임명

농림축산식품부장관은 해양수산부장관과 협의하여 기금의 수입과 지출에 관한 사무를 수행하게 하기 위하여 소속 공무원 중에서 기금수입 징수관, 기금 재무관, 기금 지출관 및 기금출납 공무원을 임명한다.

나. 농업정책보험금융원

(1) 기금수입 징수관
농업정책보험금융원의 임원 중에서 기금수입 담당임원을 임명하며, 기금수입 징수관의 업무를 수행한다.

(2) 기금 재무관
농업정책보험금융원의 임원 중에서 기금지출원인행위 담당임원을 임명하며, 기금 재무관의 업무를 수행한다.

(3) 기금 지출관
농업정책보험금융원의 직원 중에서 기금지출원을 임명하며, 기금 재출관의 업무를 수행한다.

(4) 기금출납 공무원
농업정책보험금융원의 직원 중에서 기금출납원을 임명하며, 기금출납 공무원의 업무를 수행한다.

> **시험 출제 Point**
>
> 기금의 업무수행 공무원과 위탁자는 다음과 같다.
> 1. 기금수입 징수관 – 기금수입 담당임원(농금원 임원)
> 2. 기금 재무관 – 기금지출원인행위 담당임원(농금원 임원)
> 3. 기금 지출관 – 기금지출원(농금원 직원)
> 4. 기금출납 공무원 – 기금출납원(농금원 직원)

4. 기금의 결산

가. 기금결산보고서

기금수탁관리자(농업정책보험금융원)는 회계연도마다 기금결산보고서를 작성하여 농림축산식품부장관 및 해양수산부장관에게 제출하여야 한다.

> **시험 출제 Point**
>
> 기금결산보고서를 제출해야 하는 기한은 다음 회계연도 2월 15일까지이다.

나. 기획재정부장관에게 제출

농림축산식품부장관은 해양수산부장관과 협의하여 기금수탁관리자로부터 제출받은 기금결산보고서를 검토한 후 심의회의 심의를 거쳐 기획재정부장관에게 제출하여야 한다.

> **시험 출제 Point**
>
> 기획재정부장관에게 제출해야 하는 기한은 다음 회계연도 2월말까지이다.

다. 기금결산보고서 첨부사항

1) 결산 개요
2) 수입지출결산
3) 재무제표
4) 성과보고서
5) 그 밖에 결산의 내용을 명확하게 하기 위하여 필요한 서류

○✗ 문제풀이

1. **농림축산식품부장관 또는 해양수산부장관은 재보험에 가입하려는 재해보험사업자와 재보험 약정을 체결하여야 한다.**

   해설 농림축산식품부장관 또는 해양수산부장관은 재보험에 가입하려는 재해보험사업자와 재보험 약정을 체결하여야 한다.　　답 ○

2. **농림축산식품부장관은 해양수산부장관과 협의를 거쳐 재보험사업에 관한 업무의 일부를 금융위원회에 위탁할 수 있다.**

   해설 농림축산식품부장관은 해양수산부장관과 협의를 거쳐 재보험사업에 관한 업무의 일부를 농업정책보험금융원에 위탁할 수 있다.　　답 ✗

3. **농어업재해재보험기금은 수입과 지출을 명확히 하기 위하여 한국은행에 기금계정을 설치하여야 한다.**

   해설 농어업재해재보험기금은 수입과 지출을 명확히 하기 위하여 한국은행에 기금계정을 설치하여야 한다.　　답 ○

4. **농업정책보험금융원은 기금의 관리 및 운용을 명확히 하기 위하여 기금을 다른 회계와 구분하여 회계처리하여야 한다. 사무처리에 드는 경비도 기금 이외의 부담으로 회계처리하여야 한다.**

   해설 농업정책보험금융원은 기금의 관리 및 운용을 명확히 하기 위하여 기금을 다른 회계와 구분하여 회계처리하여야 한다. 다만 사무처리에 드는 경비는 기금의 부담으로 한다.　　답 ✗

5. **기금수입 징수관은 농업정책보험금융원의 임원 중에서 기금지출원인행위 담당임원을 임명한다.**

   해설 기금수입 징수관은 농업정책보험금융원의 임원 중에서 기금수입 담당임원을 임명하며, 기금수입 징수관의 업무를 수행한다. 기금 재무관은 농업정책보험금융원의 임원 중에서 기금지출원인행위 담당임원을 임명하며, 기금 재무관의 업무를 수행한다.　　답 ✗

6. **기금수탁관리자가 기금결산보고서를 제출해야 하는 기한은 다음 회계연도 2월 15일까지이다.**

   해설 기금수탁관리자가 기금결산보고서를 제출해야 하는 기한은 다음 회계연도 2월 15일까지이다.　　답 ○

CHAPTER

04 보험사업의 관리

제1절 **농어업재해보험사업의 관리**

1. 재해보험사업

가. 업무의 수행

농림축산식품부장관 또는 해양수산부장관은 재해보험사업을 효율적으로 추진하기 위하여 다음 각 호의 업무를 수행한다.
1) 재해보험사업의 관리·감독
2) 재해보험 상품의 연구 및 보급
3) 재해 관련 통계 생산 및 데이터베이스 구축·분석
4) 손해평가인력의 육성
5) 손해평가기법의 연구·개발 및 보급

나. 농업정책보험금융원에 위탁

농림축산식품부장관 또는 해양수산부장관은 다음의 업무를 농업정책보험금융원에 위탁할 수 있다.
1) 재해보험사업의 관리·감독
2) 재해보험 상품의 연구 및 보급
3) 재해 관련 통계 생산 및 데이터베이스 구축·분석
4) 손해평가인력의 육성
5) 손해평가기법의 연구·개발 및 보급
6) 재해보험사업의 약정 체결 관련 업무
7) 손해평가사 제도 운용 관련 업무
8) 그 밖에 재해보험사업과 관련하여 농림축산식품부장관 또는 해양수산부장관이 위탁하는 업무

다. 한국산업인력공단에 위탁

농림축산식품부장관은 손해평가사 자격시험의 실시 및 관리에 관한 업무를 한국산업인력공단에 위탁할 수 있다.

2. 통계자료의 수집 · 관리

가. 통계자료의 수집 · 관리

농림축산식품부장관 또는 해양수산부장관은 보험상품의 운영 및 개발에 필요한 지역별, 재해별 통계자료를 수집 · 관리하여야 한다.

나. 수집 · 관리하는 통계자료

1) 보험대상의 현황
2) 보험확대 예비품목의 현황
3) 피해 원인 및 규모
4) 품목별 재배 또는 양식 면적과 생산량 및 가격
5) 그 밖에 농림축산식품부장관 또는 해양수산부장관이 필요하다고 인정하는 통계자료

다. 자료의 요청

농림축산식품부장관 또는 해양수산부장관은 관계 중앙행정기관 및 지방자치단체의 장에게 필요한 자료를 요청할 수 있다. 자료를 요청받은 경우 관계 중앙행정기관 및 지방자치단체의 장은 특별한 사유가 없으면 요청에 따라야 한다.

라. 진흥 시책

농림축산식품부장관 또는 해양수산부장관은 재해보험사업의 건전한 운영을 위하여 재해보험 제도 및 상품 개발 등을 위한 조사 · 연구, 관련 기술의 개발 및 전문인력 양성 등의 진흥 시책을 마련하여야 한다.

마. 업무의 위탁

농림축산식품부장관 또는 해양수산부장관은 통계의 수집 · 관리, 조사 · 연구 등에 관한 업무를 다음 각 호의 어느 하나에 해당하는 자에게 위탁할 수 있다.
1) 「농업협동조합법」에 따른 농업협동조합중앙회
2) 「산림조합법」에 따른 산림조합중앙회
3) 「수산업협동조합법」에 따른 수산업협동조합중앙회 및 수협은행
4) 「정부출연연구기관 등의 설립 · 운영 및 육성에 관한 법률」 제8조에 따라 설립된 연구기관
5) 「보험업법」에 따른 보험회사, 보험료율산출기관 또는 보험계리를 업으로 하는 자
6) 「민법」 제32조에 따라 농림축산식품부장관 또는 해양수산부장관의 허가를 받아 설립된 비영리법인

7) 「공익법인의 설립 · 운영에 관한 법률」 제4조에 따라 농림축산식품부장관 또는 해양수산부장관의 허가를 받아 설립된 공익법인

8) 농업정책보험금융원

3. 시범사업

가. 시험사업의 운영

재해보험사업자는 신규 보험상품을 도입하려는 경우 등 필요한 경우에는 농림축산식품부장관 또는 해양수산부장관과 협의하여 시범사업을 할 수 있다.

나. 정부의 지원

정부는 시범사업의 원활한 운영을 위하여 필요한 지원을 할 수 있다.

다. 사업계획서

재해보험사업자는 시범사업을 하려면 다음 각 호의 사항이 포함된 사업계획서를 농림축산식품부장관 또는 해양수산부장관에게 제출하고 협의하여야 한다.

1) 대상목적물, 사업지역 및 사업기간에 관한 사항

2) 보험상품에 관한 사항

3) 정부의 재정지원에 관한 사항

4) 그 밖에 농림축산식품부장관 또는 해양수산부장관이 필요하다고 인정하는 사항

라. 사업결과보고서

재해보험사업자는 시범사업이 끝나면 지체 없이 다음 각 호의 사항이 포함된 사업결과보고서를 작성하여 농림축산식품부장관 또는 해양수산부장관에게 제출하여야 한다.

1) 보험계약사항, 보험금 지급 등 전반적인 사업운영 실적에 관한 사항

2) 사업 운영과정에서 나타난 문제점 및 제도개선에 관한 사항

3) 사업의 중단 · 연장 및 확대 등에 관한 사항

마. 검토 · 평가

농림축산식품부장관 또는 해양수산부장관은 사업결과보고서를 받으면 그 사업결과를 바탕으로 신규 보험상품의 도입 가능성 등을 검토 · 평가하여야 한다.

1. 정부의 지원

정부는 농어업인의 재해대비의식을 고양하고 재해보험의 가입을 촉진하기 위하여 교육·홍보 및 보험가입자에 대한 정책자금 지원, 신용보증 지원 등을 할 수 있다.

2. 보험가입촉진계획

가. 계획의 수립

재해보험사업자는 농어업재해보험 가입 촉진을 위하여 보험가입촉진계획을 매년 수립하여 농림축산식품부장관 또는 해양수산부장관에게 제출하여야 한다.

나. 포함되어야 하는 사항

1) 전년도의 성과분석 및 해당 연도의 사업계획
2) 해당 연도의 보험상품 운영계획
3) 농어업재해보험 교육 및 홍보계획
4) 보험상품의 개선·개발계획
5) 그 밖에 농어업재해보험 가입 촉진을 위하여 필요한 사항

> 시험 출제   **Point**
>
> 재해보험사업자는 보험가입촉진계획을 해당 연도 1월 31일까지 농림축산식품부장관 또는 해양수산부장관에게 제출하여야 한다.

3. 보고 등

농림축산식품부장관 또는 해양수산부장관은 재해보험의 건전한 운영과 재해보험가입자의 보호를 위하여 필요하다고 인정되는 경우에는 재해보험사업자에게 재해보험사업에 관한 업무 처리 상황을 보고하게 하거나 관계 서류의 제출을 요구할 수 있다.

4. 고유식별정보 처리

가. 재해보험가입자의 자격 확인

재해보험사업자는 재해보험가입자 자격 확인에 관한 사무를 수행하기 위하여 불가피한 경우 주민등록번호가 포함된 자료를 처리할 수 있다.

나. 타인을 위한 보험계약의 사무 수행

재해보험사업자(보험회사는 제외한다)는 「상법」 제639조에 따른 타인을 위한 보험계약의 체결, 유지·관리, 보험금의 지급 등에 관한 사무를 수행하기 위하여 불가피한 경우 주민등록번호가 포함된 자료를 처리할 수 있다.

> **시험 출제 Point**
>
> **타인을 위한 보험계약이란?**
>
> 타인을 위한 보험계약이란 보험계약자가 타인에게 보험계약에 따른 이익을 주기 위하여 자기 명의로 체결한 보험계약이다. 보험계약의 대표적인 효용은 보험금 청구권이므로, 보험계약자와 보험금 청구권자가 다른 계약을 말한다.

다. 기타 사무

농림축산식품부장관(농림축산식품부장관의 업무를 위탁받은 자를 포함한다)은 다음 각 호의 사무를 수행하기 위하여 불가피한 경우 주민등록번호가 포함된 자료를 처리할 수 있다.

1) 손해평가사 자격시험에 관한 사무
2) 손해평가사의 자격 취소에 관한 사무
3) 손해평가사의 감독에 관한 사무
4) 재해보험사업의 관리·감독에 관한 사무

○✕ 문제풀이

1. 한국산업인력공단은 손해평가사 제도 운용 관련 업무를 위탁받아 수행한다.

   해설 농업정책보험금융원은 손해평가사 제도 운용 관련 업무를 위탁받아 수행한다. 한국산업인력공단은 손해평가사 자격시험의 실시 및 관리에 관한 업무를 위탁받아 수행한다. 답 ✕

2. 농림축산식품부장관 또는 해양수산부장관은 관계 중앙행정기관 및 지방자치단체의 장에게 필요한 자료를 요청할 수 있다. 자료를 요청받은 경우 관계 중앙행정기관 및 지방자치단체의 장은 특별한 사유가 없으면 요청에 따라야 한다.

   해설 농림축산식품부장관 또는 해양수산부장관은 관계 중앙행정기관 및 지방자치단체의 장에게 필요한 자료를 요청할 수 있다. 자료를 요청받은 경우 관계 중앙행정기관 및 지방자치단체의 장은 특별한 사유가 없으면 요청에 따라야 한다. 답 ○

3. 농림축산식품부장관 또는 해양수산부장관은 통계의 수집 · 관리, 조사 · 연구 등에 관한 업무를 「농업협동조합법」에 따른 농업협동조합중앙회에 위탁할 수 있다.

   해설 농림축산식품부장관 또는 해양수산부장관은 통계의 수집 · 관리, 조사 · 연구 등에 관한 업무를 「농업협동조합법」에 따른 농업협동조합중앙회에 위탁할 수 있다. 답 ○

4. 재해보험사업자가 시범사업을 하기 위해 제출해야 하는 사업계획서에는 사업의 중단 · 연장 및 확대 등에 관한 사항이 포함되어야 한다.

   해설 재해보험사업자가 시범사업을 끝난 이후에 제출해야 하는 사업결과보고서에는 사업의 중단 · 연장 및 확대 등에 관한 사항이 포함되어야 한다. 답 ✕

5. 재해보험사업자는 농어업재해보험 가입 촉진을 위하여 보험가입촉진계획을 매분기 수립하여 농림축산식품부장관 또는 해양수산부장관에게 제출하여야 한다.

   해설 재해보험사업자는 농어업재해보험 가입 촉진을 위하여 보험가입촉진계획을 매년 수립하여 농림축산식품부장관 또는 해양수산부장관에게 제출하여야 한다. 답 ✕

6. 재해보험사업자(보험회사는 포함한다)는 「상법」 제639조에 따른 타인을 위한 보험계약의 체결, 유지 · 관리, 보험금의 지급 등에 관한 사무를 수행하기 위하여 불가피한 경우 주민등록번호가 포함된 자료를 처리할 수 있다.

   해설 재해보험사업자(보험회사는 제외한다)는 「상법」 제639조에 따른 타인을 위한 보험계약의 체결, 유지 · 관리, 보험금의 지급 등에 관한 사무를 수행하기 위하여 불가피한 경우 주민등록번호가 포함된 자료를 처리할 수 있다. 답 ✕

2과목

CHAPTER 05 벌칙 및 과태료

1. 벌칙

가. 3년, 3천만원

특별이익 제공 금지 규정을 위반한 자 또는 이를 요구하여 받은 보험가입자는 3년 이하의 징역 또는 3천만원 이하의 벌금에 처한다.

나. 1년, 1천만원

다음 각 호의 어느 하나에 해당하는 자는 1년 이하의 징역 또는 1천만원 이하의 벌금에 처한다.
1) "재해보험을 모집할 수 있는 자" 규정을 위반하여 모집을 한 자
2) 고의로 진실을 숨기거나 거짓으로 손해평가를 한 자
3) 다른 사람에게 손해평가사의 명의를 사용하게 하거나 그 자격증을 대여한 자
4) 손해평가사의 명의를 사용하거나 그 자격증을 대여받은 자 또는 명의의 사용이나 자격증의 대여를 알선한 자

다. 500만원

재해보험사업의 구분 회계 규정을 위반하여 회계를 처리한 자는 500만원 이하의 벌금에 처한다.

2. 양벌규정

가. 원칙

법인의 대표자나 법인 또는 개인의 대리인, 사용인, 그 밖의 종업원이 그 법인 또는 개인의 업무에 관하여 벌칙 부과 위반행위를 하면 그 행위자를 벌하는 외에 그 법인 또는 개인에게도 해당 조문의 벌금형을 과(科)한다.

나. 예외사항

법인 또는 개인이 그 위반행위를 방지하기 위하여 해당 업무에 관하여 상당한 주의와 감독을 게을리하지 아니한 경우에는 그러하지 아니하다.

3. 과태료

가. 1천만원

재해보험사업자가 「보험업법」 규정에 따른 보험안내자료 기재사항 등을 위반하여 보험안내를 한 경우에는 1천만원 이하의 과태료를 부과한다.

나. 500만원 - 재해보험사업자

재해보험사업자의 발기인, 설립위원, 임원, 집행간부, 일반간부직원, 파산관재인 및 청산인이 다음 각 호의 어느 하나에 해당하면 500만원 이하의 과태료를 부과한다.
1) 「보험업법」에 따른 책임준비금과 비상위험준비금을 계상하지 아니하거나 이를 따로 작성한 장부에 각각 기재하지 아니한 경우
2) 「보험업법」에 따른 금융위원회의 명령을 위반한 경우
3) 「보험업법」에 따른 금융감독원의 검사를 거부·방해 또는 기피한 경우

다. 500만원 개인

다음 각 호의 어느 하나에 해당하는 자에게는 500만원 이하의 과태료를 부과한다.
1) 「보험업법」 규정에 따른 보험안내자료 기재사항 등을 위반하여 보험안내를 한 자로서 재해보험사업자가 아닌 자
2) 「보험업법」 또는 「금융소비자 보호에 관한 법률」를 위반하여 보험계약의 체결 또는 모집에 관한 금지행위를 한 자
3) 농어업재해보험법에 따른 보고 또는 관계 서류 제출을 하지 아니하거나 보고 또는 관계 서류 제출을 거짓으로 한 자

과태료의 부과 및 징수

1. 농림축산식품부장관 또는 해양수산부장관
   가항, 나항 제1호, 다항에 따른 과태료를 부과 및 징수한다.
2. 금융위원회
   나항 제2호, 나항 제3호에 따른 과태료를 부과 및 징수한다.
3. 암기 Tip
   금융위원회의 명령, 금융감독원의 검사 위반만 금융위원회가 과태료를 부과 및 징수한다.

○✖ 문제풀이

1. 특별이익 제공 금지 규정을 위반한 자 또는 이를 요구하여 받은 보험가입자는 3년 이하의 징역 또는 3천만원 이하의 벌금에 처한다.

   해설 특별이익 제공 금지 규정을 위반한 자 또는 이를 요구하여 받은 보험가입자는 3년 이하의 징역 또는 3천만원 이하의 벌금에 처한다. 답 ○

2. 고의로 진실을 숨기거나 거짓으로 손해평가를 한 자는 3년 이하의 징역 또는 3천만원 이하의 벌금에 처한다.

   해설 고의로 진실을 숨기거나 거짓으로 손해평가를 한 자는 1년 이하의 징역 또는 1천만원 이하의 벌금에 처한다. 답 ✕

3. 법인 또는 개인이 그 위반행위를 방지하기 위하여 해당 업무에 관하여 상당한 주의와 감독을 게을리하지 아니한 경우에는 양벌규정을 면제한다.

   해설 법인 또는 개인이 그 위반행위를 방지하기 위하여 해당 업무에 관하여 상당한 주의와 감독을 게을리하지 아니한 경우에는 양벌규정을 면제한다. 답 ○

4. 「보험업법」에 따른 책임준비금과 비상위험준비금을 계상하지 아니하거나 이를 따로 작성한 장부에 각각 기재하지 아니한 경우에는 1천만원 이하의 과태료를 부과한다.

   해설 「보험업법」에 따른 책임준비금과 비상위험준비금을 계상하지 아니하거나 이를 따로 작성한 장부에 각각 기재하지 아니한 경우에는 5백만원의 과태료를 부과한다. 답 ✕

5. 「보험업법」에 따른 금융위원회의 명령을 위반한 경우에는 농림축산식품부장관 또는 해양수산부장관이 과태료를 부과 및 징수한다.

   해설 「보험업법」에 따른 금융위원회의 명령을 위반한 경우에는 금융위원회가 과태료를 부과 및 징수한다. 답 ✕

01 다음 중 농어업재해보험법에서 말하는 용어의 정의로 틀린 것은?

① "농어업재해보험"이란 농어업재해로 발생하는 재산 피해에 따른 손해를 보상하기 위한 보험을 말한다.

② "보험가입금액"이란 보험가입자의 재산 피해에 따른 손해가 발생한 경우 보험에서 최대로 보상할 수 있는 한도액으로서 보험가입자와 보험사업자 간에 약정한 금액을 말한다.

③ "보험금"이란 보험가입자와 보험사업자 간의 약정에 따라 보험가입자가 보험사업자에게 내야 하는 금액을 말한다.

④ "시범사업"이란 농어업재해보험사업을 전국적으로 실시하기 전에 보험의 효용성 및 보험 실시 가능성 등을 검증하기 위하여 일정 기간 제한된 지역에서 실시하는 보험사업을 말한다.

🔵 **정답 및 해설**

"보험료"란 보험가입자와 보험사업자 간의 약정에 따라 보험가입자가 보험사업자에게 내야 하는 금액을 말한다. "보험금"이란 보험가입자에게 재해로 인한 재산 피해에 따른 손해가 발생한 경우 보험가입자와 보험사업자 간의 약정에 따라 보험사업자가 보험가입자에게 지급하는 금액을 말한다.

정답 ③

02 다음 중 기본계획에 포함되어야 하는 사항이 아닌 것은?

① 재해보험에서 보상하는 재해의 범위에 관한 사항

② 재해보험의 종류별 가입률 제고 방안에 관한 사항

③ 재해보험의 대상 품목 및 대상 지역에 관한 사항

④ 재해보험사업에 대한 지원 및 평가에 관한 사항

🔵 **정답 및 해설**

기본계획에는 다음 각 호의 사항이 포함되어야 한다.
1) 재해보험사업의 발전 방향 및 목표
2) 재해보험의 종류별 가입률 제고 방안에 관한 사항
3) 재해보험의 대상 품목 및 대상 지역에 관한 사항
4) 재해보험사업에 대한 지원 및 평가에 관한 사항

정답 ①

03 농어업재해보험법상 재해보험 발전 시행계획을 수립 · 시행하여야 하는 주기는?

① 매년
② 2년마다
③ 3년마다
④ 5년마다

🔔 **정답 및 해설**

농림축산식품부장관과 해양수산부장관은 **매년** 재해보험 발전 시행계획을 수립 · 시행하여야 한다.

정답 ①

04 농업재해보험심의회의 심의사항이 아닌 것은?

① 재해보험사업에 대한 재정지원에 관한 사항
② 손해평가의 방법과 절차에 관한 사항
③ 재해보험 목적물의 선정에 관한 사항
④ 시행계획의 수립 · 시행에 관한 사항

🔔 **정답 및 해설**

농업재해보험심의회에서 심의하는 사항은 다음과 같다.
(1) 재해보험에서 보상하는 재해의 범위에 관한 사항
(2) 재해보험사업에 대한 재정지원에 관한 사항
(3) 손해평가의 방법과 절차에 관한 사항
(4) 농어업재해재보험사업(재보험사업)에 대한 정부의 책임범위에 관한 사항
(5) 재보험사업 관련 자금의 수입과 지출의 적정성에 관한 사항
(6) 그 밖에 농업재해보험심의회의 위원장 또는 중앙 수산업 · 어촌정책심의회의 위원장이 재해보험 및 재보험에 관하여
    회의에 부치는 사항
(7) 재해보험 목적물의 선정에 관한 사항
(8) 기본계획의 수립 · 시행에 관한 사항
(9) 다른 법령에서 심의회의 심의사항으로 정하고 있는 사항

정답 ④

05 농업재해보험심의회 구성에 관한 다음 설명 중 틀린 것은?

① 농림축산식품부차관이 위원장이 된다.
② 농림축산업인단체의 대표는 위원이 될 수 있다.
③ 심의회의 위원은 농림축산식품부차관이 임명하거나 위촉하는 사람으로 한다.
④ 위원의 임기는 3년이다.

🔔 **정답 및 해설**

심의회의 위원은 **농림축산식품부장관**이 임명하거나 위촉하는 사람으로 한다. 나머지는 모두 맞는 지문이다.

정답 ③

06 분과위원회에 대한 다음 성명 중 틀린 것은?

① 분과위원회는 분과위원장 1명을 포함한 9명 이내의 분과위원으로 성별을 고려하여 구성한다.

② 분과위원장 및 분과위원은 심의회의 위원 중에서 전문적인 지식과 경험 등을 고려하여 위원장이 지명한다.

③ 분과위원회의 회의는 위원장 또는 분과위원장이 필요하다고 인정할 때에 소집한다.

④ 공무원인 분과위원이 그 소관 업무와 직접 관련하여 심의회 또는 분과위원회에 출석한 경우에 예산의 범위에서 수당, 여비 또는 그 밖에 필요한 경비를 지급할 수 있다.

🔵 정답 및 해설

① 분과위원회는 분과위원장 1명을 포함한 9명 이내의 분과위원으로 성별을 고려하여 구성한다.

② 분과위원장 및 분과위원은 심의회의 위원 중에서 전문적인 지식과 경험 등을 고려하여 위원장이 지명한다.

③ 분과위원회의 회의는 위원장 또는 분과위원장이 필요하다고 인정할 때에 소집한다.

④ 분과위원회에 출석한 분과위원에게는 예산의 범위에서 수당, 여비 또는 그 밖에 필요한 경비를 지급할 수 있다. 다만 공무원인 분과위원이 그 소관 업무와 직접 관련하여 분과위원회에 출석한 경우에는 **지급하지 않는다**.

정답 ④

07 다음 중 해양수산부장관이 관장하는 재해보험은?

① 농작물재해보험

② 임산물재해보험

③ 가축재해보험

④ 양식수산물재해보험

🔵 정답 및 해설

재해보험의 종류는 농작물재해보험, 임산물재해보험, 가축재해보험 및 양식수산물재해보험으로 한다. 이 중 농작물재해보험, 임산물재해보험 및 가축재해보험과 관련된 사항은 농림축산식품부장관이, **양식수산물재해보험과 관련된 사항은 해양수산부장관이 각각 관장**한다.

정답 ④

08 재해보험의 보험가입에 관한 다음 설명 중 틀린 것은?

① 재해보험에 가입할 수 있는 자는 농림업, 축산업, 양식수산업에 종사하는 개인이며 법인은 제외한다.

② 농작물재해보험은 농림축산식품부장관이 고시하는 농작물을 재배하는 자가 가입할 수 있다.

③ 가축재해보험은 농림축산식품부장관이 고시하는 가축을 사육하는 자가 가입할 수 있다.

④ 양식수산물재해보험은 해양수산부장관이 고시하는 양식수산물을 양식하는 자가 가입할 수 있다.

정답 및 해설

① 재해보험에 가입할 수 있는 자는 농림업, 축산업, 양식수산업에 종사하는 **개인 또는 법인**이다.

②③④ 재해보험에 가입할 수 있는 보험가입자는 다음과 같이 구분한다.

   1) 농작물재해보험: 농림축산식품부장관이 고시하는 농작물을 재배하는 자

   2) 임산물재해보험: 농림축산식품부장관이 고시하는 임산물을 재배하는 자

   3) 가축재해보험: 농림축산식품부장관이 고시하는 가축을 사육하는 자

   4) 양식수산물재해보험: 해양수산부장관이 고시하는 양식수산물을 양식하는 자

정답 ①

---

09 재해보험사업에 관한 다음 설명 중 틀린 것은?

① 수협중앙회와 산림조합중앙회도 재해보험사업을 할 수 있다.

② 재해보험사업을 하려는 자는 농림축산식품부장관 또는 해양수산부장관과 재해보험사업의 약정을 체결하여야 한다.

③ 재해보험 약정을 체결하려는 자는 사업방법서 및 보험료 및 책임준비금 산출방법서를 제출하여야 하며, 보험약관은 제출하지 않아도 된다.

④ 농림축산식품부장관 또는 해양수산부장관은 재해보험사업을 하려는 자와 재해보험사업의 약정을 체결할 때에는 약정서를 작성하여야 한다.

정답 및 해설

① 재해보험사업을 할 수 있는 자는 다음 각 호와 같다.

   1) 「수산업협동조합법」에 따른 수산업협동조합중앙회(수협중앙회)

   2) 「산림조합법」에 따른 산림조합중앙회

   3) 「보험업법」에 따른 보험회사

② 재해보험사업을 하려는 자는 농림축산식품부장관 또는 해양수산부장관과 재해보험사업의 약정을 체결하여야 한다.

③ 재해보험 약정을 체결하려는 자는 사업방법서, 보험약관 및 보험료 및 책임준비금 산출방법서를 농림축산식품부장관 또는 해양수산부장관에게 제출하여야 한다.

④ 농림축산식품부장관 또는 해양수산부장관은 재해보험사업을 하려는 자와 재해보험사업의 약정을 체결할 때에는 약정서를 작성하여야 한다.

정답 ③

---

10 손해평가에 대한 다음 설명 중 틀린 것은?

① 재해보험사업자는 보험목적물에 관한 지식과 경험을 갖춘 사람 또는 그 밖의 관계 전문가를 손해평가인으로 위촉하여 손해평가를 담당하게 할 수 있다.

② 보험업법에 따른 손해사정사도 손해평가를 담당할 수 있다.

③ 재해보험 사업자는 공정하고 객관적인 손해평가를 위하여 동일 시·군·구(자치구) 내에서 교차손해평가(손해평가인 상호간에 담당지역을 교차하여 평가하는 것을 말한다)를 수행할 수 있다.

④ 농림축산식품부장관 또는 해양수산부장관은 손해평가 요령을 고시하려면 미리 농업정책보험금융원과 협의하여야 한다.

228   PART 01 농어업재해보험법

① 재해보험사업자는 보험목적물에 관한 지식과 경험을 갖춘 사람 또는 그 밖의 관계 전문가를 손해평가인으로 위촉하여 손해평가를 담당하게 할 수 있다.

② 보험업법에 따른 손해사정사도 손해평가를 담당할 수 있다.

③ 재해보험 사업자는 공정하고 객관적인 손해평가를 위하여 동일 시·군·구(자치구) 내에서 교차손해평가(손해평가인 상호간에 담당지역을 교차하여 평가하는 것을 말한다)를 수행할 수 있다.

④ 농림축산식품부장관 또는 해양수산부장관은 손해평가 요령을 고시하려면 미리 **금융위원회**와 협의하여야 한다.

정답 ④

11 농어업재해재보험기금에 대한 다음 설명 중 틀린 것은?

① 농림축산식품부장관은 해양수산부장관과 협의하여 공동으로 재보험사업에 필요한 재원에 충당하기 위하여 농어업재해재보험기금을 설치한다.

② 기금의 관리·운용에 필요한 경비(위탁경비를 포함한다)의 지출은 농림축산식품부의 정부 예산으로 충당한다.

③ 농림축산식품부장관은 기금의 운용에 필요하다고 인정되는 경우에는 해양수산부장관과 협의하여 기금의 부담으로 금융기관, 다른 기금 또는 다른 회계로부터 자금을 차입할 수 있다.

④ 농림축산식품부장관은 해양수산부장관과 협의하여 농어업재해재보험기금의 수입과 지출을 명확히 하기 위하여 한국은행에 기금계정을 설치하여야 한다.

① 농림축산식품부장관은 해양수산부장관과 협의하여 공동으로 재보험사업에 필요한 재원에 충당하기 위하여 농어업재해재보험기금을 설치한다.

② 기금은 다음 각 호에 해당하는 용도에 사용한다. 즉 기금의 관리·운용에 필요한 경비(위탁경비를 포함한다)의 지출은 기금으로 충당한다.
  1) 재보험금의 지급
  2) 차입금의 원리금 상환
  3) 기금의 관리·운용에 필요한 경비(위탁경비를 포함한다)의 지출
  4) 그 밖에 농림축산식품부장관이 해양수산부장관과 협의하여 재보험사업을 유지·개선하는 데에 필요하다고 인정하는 경비의 지출

③ 농림축산식품부장관은 기금의 운용에 필요하다고 인정되는 경우에는 해양수산부장관과 협의하여 기금의 부담으로 금융기관, 다른 기금 또는 다른 회계로부터 자금을 차입할 수 있다.

④ 농림축산식품부장관은 해양수산부장관과 협의하여 농어업재해재보험기금의 수입과 지출을 명확히 하기 위하여 한국은행에 기금계정을 설치하여야 한다.

정답 ②

12 기금의 회계기관에 대한 다음 설명 중 틀린 것은?

① 농업정책보험금융원의 임원 중에서 기금수입 담당임원을 임명하며, 기금수입 징수관의 업무를 수행한다.

② 농업정책보험금융원의 직원 중에서 기금지출원인행위 담당임원을 임명하며, 기금 재무관의 업무를 수행한다.

③ 농업정책보험금융원의 직원 중에서 기금지출원을 임명하며, 기금 재출관의 업무를 수행한다.

④ 농업정책보험금융원의 직원 중에서 기금출납원을 임명하며, 기금출납 공무원의 업무를 수행한다.

🔊 정답 및 해설

① 농업정책보험금융원의 임원 중에서 기금수입 담당임원을 임명하며, 기금수입 징수관의 업무를 수행한다.
② 농업정책보험금융원의 **임원** 중에서 기금지출원인행위 담당임원을 임명하며, 기금 재무관의 업무를 수행한다.
③ 농업정책보험금융원의 직원 중에서 기금지출원을 임명하며, 기금 재출관의 업무를 수행한다.
④ 농업정책보험금융원의 직원 중에서 기금출납원을 임명하며, 기금출납 공무원의 업무를 수행한다.

정답 ②

13 다음 중 농업정책보험금융원에 위탁하는 업무가 아닌 것은?

① 재해보험사업의 관리 · 감독

② 손해평가사 자격시험의 실시 및 관리에 관한 업무

③ 재해보험 상품의 연구 및 보급

④ 손해평가기법의 연구 · 개발 및 보급

🔊 정답 및 해설

(1) 농업정책보험금융원에 위탁
　　농림축산식품부장관 또는 해양수산부장관은 다음의 업무를 농업정책보험금융원에 위탁할 수 있다.
　　1) 재해보험사업의 관리 · 감독
　　2) 재해보험 상품의 연구 및 보급
　　3) 재해 관련 통계 생산 및 데이터베이스 구축 · 분석
　　4) 손해평가인력의 육성
　　5) 손해평가기법의 연구 · 개발 및 보급
　　6) 재해보험사업의 약정 체결 관련 업무
　　7) 손해평가사 제도 운용 관련 업무
　　8) 그 밖에 재해보험사업과 관련하여 농림축산식품부장관 또는 해양수산부장관이 위탁하는 업무
(2) 한국산업인력공단에 위탁
　　농림축산식품부장관은 손해평가사 자격시험의 실시 및 관리에 관한 업무를 한국산업인력공단에 위탁할 수 있다.

정답 ②

14 재해보험사업자가 시범사업을 하기 위하여 제출하는 사업계획서에 포함되어야 하는 사항이 아닌 것은?

① 보험계약사항, 보험금 지급 등 전반적인 사업운영 실적에 관한 사항

② 대상목적물, 사업지역 및 사업기간에 관한 사항

③ 보험상품에 관한 사항

④ 정부의 재정지원에 관한 사항

🔊 정답 및 해설

(1) 사업계획서

재해보험사업자는 시범사업을 하려면 다음 각 호의 사항이 포함된 사업계획서를 농림축산식품부장관 또는 해양수산 부장관에게 제출하고 협의하여야 한다.

1) 대상목적물, 사업지역 및 사업기간에 관한 사항

2) 보험상품에 관한 사항

3) 정부의 재정지원에 관한 사항

4) 그 밖에 농림축산식품부장관 또는 해양수산부장관이 필요하다고 인정하는 사항

(2) 사업결과보고서

재해보험사업자는 시범사업이 끝나면 지체 없이 다음 각 호의 사항이 포함된 사업결과보고서를 작성하여 농림축산식 품부장관 또는 해양수산부장관에게 제출하여야 한다.

1) 보험계약사항, 보험금 지급 등 전반적인 사업운영 실적에 관한 사항

2) 사업 운영과정에서 나타난 문제점 및 제도개선에 관한 사항

3) 사업의 중단·연장 및 확대 등에 관한 사항

정답 ①

15 다음 중 농림축산식품부장관이 청문을 해야 하는 사항은?

① 시범사업의 진행

② 보험가입 촉진 계획의 수립

③ 재해보험사업자에 대한 과태료 부과 처분

④ 손해평가사의 업무 정지

🔊 정답 및 해설

농림축산식품부장관은 다음 각 호의 어느 하나에 해당하는 처분을 하려면 청문을 하여야 한다.

1) 손해평가사의 자격 취소

2) 손해평가사의 업무 정지

정답 ④

16 다음 중 3년 이하의 징역 또는 3천만원 이하의 벌금에 처하는 경우는?

① 고의로 진실을 숨기거나 거짓으로 손해평가를 한 자

② 손해평가사의 명의를 사용하거나 그 자격증을 대여받은 자 또는 명의의 사용이나 자격증의 대여를 알선한 자

③ 「보험업법」 제98조에 따른 금품 등을 제공한 자 또는 이를 요구하여 받은 보험가입자

④ 보고 또는 관계 서류 제출을 하지 아니하거나 보고 또는 관계 서류 제출을 거짓으로 한 자

● 정답 및 해설

「보험업법」 제98조에 따른 금품 등을 제공한 자 또는 이를 요구하여 받은 보험가입자는 3년 이하의 징역 또는 3천만원 이하의 벌금에 처한다.

정답 ③

PART

02

농업재해보험 손해평가요령

01 농업재해보험 손해평가요령

1. 목적

「농어업재해보험법」에 따른 손해평가에 필요한 세부사항을 규정함을 목적으로 한다.

2. 용어의 정의

1) "손해평가"라 함은 「농어업재해보험법」에 따른 피해가 발생한 경우 손해평가인, 손해평가사 또는 손해사정사가 그 피해사실을 확인하고 평가하는 일련의 과정을 말한다.
2) "손해평가인"이라 함은 「농어업재해보험법 시행령」에서 규정한 손해평가인의 자격요인을 갖춘 자 중에서 재해보험사업자가 위촉하여 손해평가업무를 담당하는 자를 말한다.
3) "손해평가사"라 함은 손해평가사 자격시험에 합격한 자를 말한다.
4) "손해평가보조인"이라 함은 제1호에서 정한 손해평가 업무를 보조하는 자를 말한다.
5) "농업재해보험"이란 농작물재해보험, 임산물재해보험 및 가축재해보험을 말한다.

> **시험 출제 Point**
>
> 농업재해보험 손해평가요령에서 양식수산물재해보험은 제외한다.

3. 손해평가 업무

가. 업무의 수행

손해평가 시 손해평가인, 손해평가사, 손해사정사는 다음 각 호의 업무를 수행한다.
1) 피해사실 확인
2) 보험가액 및 손해액 평가
3) 그 밖에 손해평가에 관하여 필요한 사항

나. 신분 확인 서류 제시

손해평가인, 손해평가사, 손해사정사는 임무를 수행하기 전에 보험가입자(피보험자를 포함한다)에게 손해평가인증, 손해평가사자격증, 손해사정사등록증 등 신분을 확인할 수 있는 서류를 제시하여야 한다.

4. 손해평가인의 위촉

가. 손해평가인증 발급

재해보험사업자는 손해평가인을 위촉한 경우에는 그 자격을 표시할 수 있는 손해평가인증을 발급하여야 한다.

나. 적정 규모의 손해평가인 위촉

재해보험사업자는 피해 발생 시 원활한 손해평가가 이루어지도록 농업재해보험이 실시되는 시 · 군 · 자치구별 보험가입자의 수 등을 고려하여 적정 규모의 손해평가인을 위촉할 수 있다.

다. 손해평가보조인의 운용

재해보험사업자 및 손해평가 업무를 위탁받은 자는 손해평가 업무를 원활히 수행하기 위하여 손해평가보조인을 운용할 수 있다.

5. 정기교육

가. 교육의 주체

농림축산식품부장관 또는 해양수산부장관은 손해평가인이 공정하고 객관적인 손해평가를 수행할 수 있도록 정기교육을 실시하여야 한다.

나. 정기교육의 세부내용

1) 농업재해보험에 관한 기초지식: 농어업재해보험법 제정 배경 · 구성 및 조문별 주요내용, 농업재해보험 사업현황
2) 농업재해보험의 종류별 약관: 농업재해보험 상품 주요내용 및 약관 일반 사항
3) 손해평가의 절차 및 방법: 농업재해보험 손해평가 개요, 보험목적물별 손해평가 기준 및 피해유형별 보상사례
4) 피해유형별 현지조사표 작성 실습

다. 교육비 지급

재해보험사업자는 정기교육 대상자에게 소정의 교육비를 지급할 수 있다.

> **시험 출제 Point**
> 정기교육은 연1회 이상, 4시간 이상으로 하여야 한다.

6. 실무교육

가. 교육의 주체

재해보험사업자는 위촉한 손해평가인을 대상으로 손해평가에 필요한 실무교육을 실시하여야 한다.

나. 교육의 내용

1) 농업재해보험에 관한 기초지식
2) 보험상품 및 약관
3) 손해평가의 방법 및 절차 등

다. 교육비 지급

재해보험사업자는 손해평가인에 대하여 소정의 교육비를 지급할 수 있다.

7. 손해평가인의 위촉 취소 및 해지 등

가. 위촉 취소

재해보험사업자는 손해평가인이 다음 각 호의 어느 하나에 해당하게 되거나 위촉 당시에 해당하는 자이었음이 판명된 때에는 그 위촉을 취소하여야 한다.
1) 피성년후견인
2) 파산선고를 받은 자로서 복권되지 아니한 자
3) 농어업재해보험법 제30조에 의하여 벌금이상의 형을 선고받고 그 집행이 종료(집행이 종료된 것으로 보는 경우를 포함한다)되거나 집행이 면제된 날로부터 2년이 경과되지 아니한 자
4) 동 조에 따라 위촉이 취소된 후 2년이 경과하지 아니한 자
5) 거짓 그 밖의 부정한 방법으로 손해평가인으로 위촉된 자
6) 업무정지 기간 중에 손해평가업무를 수행한 자

나. 업무의 정지 및 위촉 해지

재해보험사업자는 손해평가인이 다음 각 호의 어느 하나에 해당하는 때에는 6개월 이내의 기간을 정하여 그 업무의 정지를 명하거나 위촉 해지 등을 할 수 있다.
1) 농어업재해보험법 제11조 제2항 및 이 요령의 규정을 위반 한 때
2) 농어업재해보험법 및 이 요령에 의한 명령이나 처분을 위반한 때
3) 업무수행과 관련하여 「개인정보보호법」, 「신용정보의 이용 및 보호에 관한 법률」 등 정보보호와 관련된 법령을 위반한 때

농어업재해보험법 제11조 제2항

손해평가인과 손해평가사 및 「보험업법」 제186조에 따른 손해사정사는 농림축산식품부장관 또는 해양수산부장관이 정하여 고시하는 손해평가 요령에 따라 손해평가를 하여야 한다. 이 경우 공정하고 객관적으로 손해평가를 하여야 하며, 고의로 진실을 숨기거나 거짓으로 손해평가를 하여서는 아니 된다.

다. 청문의 실시

재해보험사업자는 위촉을 취소하거나 업무의 정지를 명하고자 하는 때에는 손해평가인에게 청문을 실시하여야 한다. 다만 손해평가인이 청문에 응하지 아니할 경우에는 서면으로 위촉을 취소하거나 업무의 정지를 통보할 수 있다.

라. 문서 통지

재해보험사업자는 손해평가인을 해촉하거나 손해평가인에게 업무의 정지를 명한 때에는 지체 없이 이유를 기재한 문서로 그 뜻을 손해평가인에게 통지하여야 한다.

마. 손해사정사의 경우

재해보험사업자는 「보험업법」에 따른 손해사정사가 「농어업재해보험법」 등 관련 규정을 위반한 경우 적정한 제재가 가능하도록 각 제재의 구체적 적용기준을 마련하여 시행하여야 한다.

바. 세부기준

(1) 일반기준

(가) 위반행위가 둘 이상인 경우로서 각각의 처분기준이 다른 경우에는 그 중 무거운 처분기준을 적용한다. 다만, 각각의 처분기준이 업무정지인 경우에는 무거운 처분기준의 2분의 1까지 가중할 수 있으며, 이 경우 업무정지 기간은 6개월을 초과할 수 없다.

(나) 위반행위의 횟수에 따른 제재조치의 기준은 최근 1년간 같은 위반행위로 제재조치를 받는 경우에 적용한다. 이 경우 제재조치 기준의 적용은 같은 위반행위에 대하여 최초로 제재조치를 한 날과 다시 같은 위반행위로 적발한 날을 기준으로 한다.

(다) 위반행위의 내용으로 보아 고의성이 없거나 특별한 사유가 인정되는 경우에는 그 처분을 업무정지의 경우에는 2분의 1의 범위에서 경감할 수 있고, 위촉해지인 경우에는 업무정지 6개월로, 경고인 경우에는 주의 처분으로 경감할 수 있다.

(2) 개별기준

(가) 법 제11조 제2항 및 이 요령의 규정을 위반한 때

1) 고의 또는 중대한 과실로 손해평가의 신뢰성을 크게 악화시킨 경우: 위촉해지
2) 고의로 진실을 숨기거나 거짓으로 손해평가를 한 경우: 위촉해지

3) 정당한 사유없이 손해평가반 구성을 거부하는 경우: 위촉해지

4) 현장조사 없이 보험금 산정을 위해 손해평가행위를 한 경우: 위촉해지

5) 현지조사서를 허위로 작성한 경우: 위촉해지

6) 검증조사 결과 부당·부실 손해 평가로 확인된 경우: 경고(1차), 업무정지 3개월(2차), 위촉해지(3차)

7) 기타 업무수행상 과실로 손해 평가의 신뢰성을 약화시킨 경우: 주의(1차), 경고(2차), 업무정지 3개월(3차)

(나) 법 및 이 요령에 의한 명령이나 처분을 위반한 때: 업무정지 6개월(1차), 위촉해지(2차)

(다) 업무수행과 관련하여 「개인정보보호법」, 「신용정보의 이용 및 보호에 관한 법률」 등 정보보호와 관련된 법령을 위반한 때: 위촉해지

8. 손해평가반 구성

가. 재해보험사업자의 의무

재해보험사업자는 손해평가반을 구성하고 손해평가반별로 평가일정계획을 수립하여야 한다.

나. 손해평가반의 구성

손해평가반은 다음 각 호의 어느 하나에 해당하는 자로 구성하며, 5인 이내로 한다.

1) 손해평가인

2) 손해평가사

3) 손해사정사

다. 손해평가반 배제

다음 각 호의 어느 하나에 해당하는 손해평가에 대하여는 해당자를 손해평가반 구성에서 배제하여야 한다.

1) 자기 또는 자기와 생계를 같이 하는 친족(이해관계자)이 가입한 보험계약에 관한 손해평가

2) 자기 또는 이해관계자가 모집한 보험계약에 관한 손해평가

3) 직전 손해평가일로부터 30일 이내의 보험가입자간 상호 손해평가

4) 자기가 실시한 손해평가에 대한 검증조사 및 재조사

라. 손해평가반의 손해평가

보험가입자가 보험책임기간 중에 피해발생 통지를 한 때에는 재해보험사업자는 손해평가반으로 하여금 지체 없이 보험목적물의 피해사실을 확인하고 손해평가를 실시하게 하여야 한다.

마. 손해평가반에게 통보

손해평가반이 손해평가를 실시할 때에는 재해보험사업자가 해당 보험가입자의 보험계약사항 중 손해평가와 관련된 사항을 손해평가반에게 통보하여야 한다.

9. 교차손해평가

가. 재해보험사업자의 의무

재해보험사업자는 공정하고 객관적인 손해평가를 위하여 교차손해평가가 필요한 경우 재해보험 가입규모, 가입분포 등을 고려하여 교차손해평가 대상 시·군·구(자치구)를 선정하여야 한다.

나. 지역손해평가인 선발

재해보험사업자는 시·군·구 내에서 손해평가 경력, 타지역 조사 가능여부 등을 고려하여 교차손해평가를 담당할 지역손해평가인을 선발하여야 한다.

다. 교차손해평가를 위한 손해평가반 구성

교차손해평가를 위해 손해평가반을 구성할 경우에는 지역손해평가인 1인 이상이 포함되어야 한다. 다만 거대재해 발생, 평가인력 부족 등으로 신속한 손해평가가 불가피하다고 판단되는 경우 그러하지 아니할 수 있다.

10. 손해평가 준비 및 평가결과 제출

가. 현지조사서 마련

재해보험사업자는 손해평가반이 실시한 손해평가결과와 손해평가업무를 수행한 손해평가반 구성원을 기록할 수 있도록 현지조사서를 마련하여야 한다.

나. 주의사항 숙지

재해보험사업자는 손해평가를 실시하기 전에 현지조사서를 손해평가반에 배부하고 손해평가시의 주의사항을 숙지시킨 후 손해평가에 임하도록 하여야 한다.

다. 현지조사서 제출

(1) 7영업일 이내 제출

손해평가반은 현지조사서에 손해평가 결과를 정확하게 작성하여 보험가입자에게 이를 설명한 후 서명을 받아 재해보험사업자에게 최종 조사일로부터 7영업일 이내에 제출하여야 한다.

다만 하우스 등 원예시설과 축사 건물은 7영업일을 초과하여 제출할 수 있다.

(2) 서명을 거부하는 경우

보험가입자가 정당한 사유 없이 서명을 거부하는 경우 손해평가반은 보험가입자에게 손해평가 결과를 통지한 후 서명없이 현지조사서를 재해보험사업자에게 제출하여야 한다.

라. 손해평가를 거부하는 경우

손해평가반은 보험가입자가 정당한 사유없이 손해평가를 거부하여 손해평가를 실시하지 못한 경우에는 그 피해를 인정할 수 없는 것으로 평가한다는 사실을 보험가입자에게 통지한 후 현지조사서를 재해보험사업자에게 제출하여야 한다.

마. 재조사 실시

재해보험사업자는 보험가입자가 손해평가반의 손해평가결과에 대하여 설명 또는 통지를 받은 날로부터 7일 이내에 손해평가가 잘못되었음을 증빙하는 서류 또는 사진 등을 제출하는 경우 재해보험사업자는 다른 손해평가반으로 하여금 재조사를 실시하게 할 수 있다.

11. 손해평가 결과 검증

가. 검증조사 실시

재해보험사업자 및 농어업재해보험사업의 관리를 위탁받은 기관(농업정책보험금융원)은 손해평가반이 실시한 손해평가결과를 확인하기 위하여 손해평가를 실시한 보험목적물 중에서 일정수를 임의 추출하여 검증조사를 할 수 있다.

나. 검증조사의 요구

농림축산식품부장관은 재해보험사업자로 하여금 검증조사를 하게 할 수 있으며, 재해보험사업자는 특별한 사유가 없는 한 이에 응하여야 하고, 그 결과를 농림축산식품부장관에게 제출하여야 한다.

다. 재조사 실시

검증조사 결과 현저한 차이가 발생되어 재조사가 불가피하다고 판단될 경우에는 해당 손해평가반이 조사한 전체 보험목적물에 대하여 재조사를 할 수 있다.

라. 검증조사를 거부하는 경우

보험가입자가 정당한 사유없이 검증조사를 거부하는 경우 검증조사반은 검증조사가 불가능하여 손해평가 결과를 확인할 수 없다는 사실을 보험가입자에게 통지한 후 검증조사결과를 작성하여 재해보험사업자에게 제출하여야 한다.

마. 사업 관리 위탁 기관이 검증조사를 실시한 경우

사업 관리 위탁 기관(농업정책보험금융원)이 검증조사를 실시한 경우 그 결과를 재해보험사업자에게 통보하고 필요에 따라 결과에 대한 조치를 요구할 수 있다. 재해보험사업자는 특별한 사유가 없는 한 그에 따른 조치를 실시해야 한다.

12. 손해평가 단위

가. 보험목적물별 손해평가 단위

1) 농작물: 농지별
2) 가축: 개별가축별(단, 벌은 벌통 단위)
3) 농업시설물: 보험가입 목적물별

나. 농지

농지라 함은 하나의 보험가입금액에 해당하는 토지로 필지(지번) 등과 관계없이 농작물을 재배하는 하나의 경작지를 말하며, 방풍림, 돌담, 도로(농로 제외) 등에 의해 구획된 것 또는 동일한 울타리, 시설 등에 의해 구획된 것을 하나의 농지로 한다.

> **시험 출제** **Point**
>
> 다만 경사지에서 보이는 돌담 등으로 구획되어 있는 면적이 극히 작은 것은 동일 작업 단위 등으로 정리하여 하나의 농지에 포함할 수 있다.

13. 농작물의 보험가액 및 보험금 산정

가. 농작물에 대한 보험가액 산정

1) 특정위험방식인 인삼은 가입면적에 보험가입 당시의 단위당 가입가격을 곱하여 산정하며, 보험가액에 영향을 미치는 가입면적, 연근 등이 가입당시와 다를 경우 변경할 수 있다.
2) 적과전종합위험방식의 보험가액은 적과후착과수(달린 열매 수)조사를 통해 산정한 기준수확량에 보험가입 당시의 단위당 가입가격을 곱하여 산정한다.
3) 종합위험방식 보험가액은 보험증권에 기재된 보험목적물의 평년수확량에 보험가입 당시의 단위당 가입가격을 곱하여 산정한다. 다만 보험가액에 영향을 미치는 가입면적, 주수, 수령, 품종 등이 가입당시와 다를 경우 변경할 수 있다.
4) 생산비보장의 보험가액은 작물별로 보험가입 당시 정한 보험가액을 기준으로 산정한다. 다만 보험가액에 영향을 미치는 가입면적 등이 가입당시와 다를 경우 변경할 수 있다.

5) 나무손해보장의 보험가액은 기재된 보험목적물이 나무인 경우로 최초 보험사고 발생 시의 해당 농지 내에 심어져 있는 과실생산이 가능한 나무 수(피해 나무 수 포함)에 보험가입 당시의 나무 당 가입가격을 곱하여 산정한다.

나. 생육상황 조사

재해보험사업자는 손해평가반으로 하여금 재해발생 전부터 보험품목에 대한 평가를 위해 생육상황을 조사하게 할 수 있다. 이때 손해평가반은 조사결과 1부를 재해보험사업자에게 제출하여야 한다.

다. 보험금 산정

구분	보장범위	산정내용	비고
특정위험 방식	작물특정 위험보장	보험가입금액 × (피해율−자기부담비율) ※ 피해율 = $(1 - \dfrac{수확량}{연근별기준\ 수확량}) \times \dfrac{피해면적}{재배면적}$	인삼
적과전 종합위험 방식	착과감소	(착과감소량 − 미보상감수량 − 자기부담감수량) × 가입가격 × 보장수준(50%, 70%)	
	과실손해	(적과종료 이후 누적감수량−자기부담감수량) × 가입가격	
	나무손해보장	보험가입금액 × (피해율 − 자기부담비율) ※ 피해율=피해주수(고사된 나무)÷실제결과주수	

종합위험 방식	해가림시설	−보험가입금액이 보험가액과 같거나 클 때:
		  보험가입금액을 한도로 손해액에서 자기부담금을 차감한 금액
		−보험가입금액이 보험가액보다 작을 때:
		  (손해액 − 자기부담금) × (보험가입금액 ÷ 보험가액)
			인삼

	비가림시설	MIN(손해액 − 자기부담금, 보험가입금액)	

	수확감소	보험가입금액 × (피해율 − 자기부담비율)
		※ 피해율(감자·복숭아 제외)
		  = (평년수확량 − 수확량 − 미보상감수량) ÷ 평년수확량
		※ 피해율(감자·복숭아)
		  = {(평년수확량 − 수확량 − 미보상감수량) + 병충해감수량}
		  ÷ 평년수확량
			옥수수 외

	수확감소	MIN(보험가입금액, 손해액) − 자기부담금 ※ 손해액 = 피해수확량 × 가입가격 ※ 자기부담금 = 보험가입금액 × 자기부담비율	옥수수
	수확량감소 추가보장	보험가입금액 × (피해율 × 10%) 다만 피해율이 자기부담비율을 초과하는 경우에 한함 ※ 피해율 = (평년수확량 − 수확량 − 미보상감수량) ÷ 평년수확량	
	나무손해	보험가입금액 × (피해율 − 자기부담비율) ※ 피해율 = 피해주수(고사된 나무) ÷ 실제결과주수	

구분	보장범위	산정내용	비고
종합위험 방식	이앙 · 직파불능	보험가입금액 × 15%	벼
	재이앙 · 재직파	보험가입금액 × 25% × 면적피해율 다만 면적피해율이 10%를 초과하고 재이앙(재직파)한 경우 ※ 면적피해율 = 피해면적 ÷ 보험가입면적	벼
	재정식 · 재파종	보험가입금액 × 20% × 면적피해율 다만 면적피해율이 자기부담비율을 초과하고, 재정식 · 재파종한 경우에 한함 ※ 면적피해율 = 피해면적 ÷ 보험가입면적	마늘 외
	조기파종	보험가입금액 × 35% × 표준출현피해율 다만 10a당 출현주수가 30,000주보다 작고, 10a당 30,000주 이상으로 재파종한 경우에 한함 ※ 표준출현피해율(10a 기준) 　= (30,000 − 출현주수) ÷ 30,000 ※ 10a: 1,000㎡, 약 300평	마늘
	경작불능	보험가입금액 × 일정비율 다만 식물체 피해율이 65%(가루쌀 60%) 이상이고, 계약자가 경작불능보험금을 신청한 경우에 한함 ※ 자기부담비율에 따라 적용 비율 상이 | 자기부담비율별	10%형	15%형	20%형	30%형	40%형
---	---	---	---	---	---
보험가입금액 대비 비율	45%	42%	40%	35%	30%		사료용 옥수수, 조사료용 벼 외
		보험가입금액 × 보장비율 × 경과비율 다만 식물체 피해율이 65% 이상이고, 계약자가 경작불능보험금을 신청한 경우에 한함 ※ 경과비율은 사고발생일이 속한 월에 따라 다름 	월별	5월	6월	7월	8월
---	---	---	---	---
벼	80%	85%	90%	100%
옥수수	80%	80%	90%	100%		사료용 옥수수, 조사료용 벼
	수확불능	보험가입금액 × 일정비율 다만 제현율이 65%(가루쌀 70%) 미만으로 떨어져 정상 벼로서 출하가 불가능하게 되고, 계약자가 수확불능보험금을 신청한 경우에 한함 ※ 자기부담비율에 따라 적용 비율 상이 | 자기부담 비율별	10%형	15%형	20%형	30%형	40%형
---	---	---	---	---	---
보험가입금액 대비 비율	60%	57%	55%	50%	45%		벼

구분	보장범위	산정내용	비고
종합위험 방식	생산비보장	(잔존보험가입금액 × 경과비율 × 피해율) − 자기부담금 ※ 잔존보험가입금액 = 보험가입금액−보상액(기 발생 생산비보장보험금 합계액) ※ 자기부담금=잔존보험가입금액 × 계약 시 선택한 비율	브로콜리

		− 병충해가 없는 경우
		  (잔존보험가입금액 × 경과비율 × 피해율) − 자기부담금
		− 병충해가 있는 경우
		  (잔손보험가입금액 × 경과비율 × 피해율 × 병충해 등급별 인정비율) − 자기부담금
		※ 피해율=피해비율 × 손해정도비율 × (1 − 미보상비율)
		※ 자기부담금=잔존보험가입금액 × 계약 시 선택한 비율
			고추
			(시설 고추
			제외)

		보험가입금액 × (피해율 − 자기부담비율)
		※ 피해율(단호박, 당근, 양상추)
		  = 피해비율 × 손해정도비율 × (1 − 미보상비율)
		※ 피해율(배추, 무, 파, 시금치)
		  = 면적피해율 × 평균손해정도비율 × (1 − 미보상비율)
		※ 피해율(메밀)
		  = 면적피해율 × (1 − 미보상비율)
		
		  − 면적피해율: 피해면적(m^2) ÷ 재배면적(m^2)
		  − 피해면적: (도복(쓰러짐)으로 인한 피해면적×70%) +
		    (도복(쓰러짐) 이외 피해면적×평균 손해정도비율)
			배추, 파,
			무,
			단호박,
			당근(시설
			무 제외),
			메밀

		피해작물재배면적 × 단위면적당 보장생산비 × 경과비율 × 피해율 ※ 피해율 = 피해비율 × 손해정도비율 × (1−미보상비율) ※ 다만 장미, 부추, 시금치, 파, 무, 쑥갓, 버섯은 별도로 구분하여 산출	시설작물
	농업시설물 · 버섯재배사 · 부대시설	한 사고마다 재조달가액(재조달가액보장 특약 미가입시 시가) 기준으로 계산한 손해액에서 자기부담금을 차감한 금액을 보험가입금액 내에서 보상 * 다만 수리, 복구를 하지 않은 경우 시가로 손해액 계산	

	과실손해보장	보험가입금액 × (피해율 − 자기부담비율)
		※ 피해율(7월 31일 이전에 사고가 발생한 경우)
		  (평년수확량 − 수확량 − 미보상감수량) ÷ 평년수확량
		※ 피해율(8월 1일 이후에 사고가 발생한 경우)
		  (1 − 수확전사고 피해율) × 경과비율 × 결과지 피해율
			무화과

		보험가입금액 × (피해율 − 자기부담비율) ※ 피해율 = 고사결과모지수 ÷ 평년결과모지수	복분자

구분	보장범위	산정내용	비고
종합위험 방식	과실손해보장	보험가입금액 × (피해율 − 자기부담비율) ※ 피해율 = (평년결실수 − 조사결실수 − 미보상감수결실수) ÷ 평년결실수	오디
		과실손해보험금 = 손해액 − 자기부담금 ※ 손해액 = 보험가입금액 × 피해율 ※ 자기부담금 = 보험가입금액 × 자기부담비율 ※ 피해율 　= (등급내 피해과실수 + 등급외 피해과실수 × 50%) ÷ 기준과실수 × (1−미보상비율)	감귤 (온주 밀감류)
		동상해손해보험금 = 손해액 − 자기부담금 ※ 손해액 = {보험가입금액 − (보험가입금액 × 기사고 피해율)} × 수확기 잔존비율 × 동상해피해율수 × (1−미보상비율) ※ 자기부담금 = |보험가입금액 × min(주계약피해율 − 자기부담비율, 0)| ※ 동상해 피해율 　= {(동상해 80%형 피해과실수 합계 × 80%) + (동상해100%형 피해과실수 합계 × 100%)} ÷ 기준과실수	
	과실손해 추가보장	보험가입금액 × 주계약피해율 × 10% 다만 손해액이 자기부담금을 초과하는 경우에 한함 ※ 피해율 　= {(등급 내 피해과실수 + 등급외 피해과실수 × 50%) ÷ 기준과실수} × (1−미보상비율)	감귤 (온주 밀감류)
	농업수입감소	보험가입금액 × (피해율 − 자기부담비율) ※ 피해율 = (기준수입 − 실제수입) ÷ 기준수입	

※ 다만 보험가액이 보험가입금액보다 적을 경우에는 보험가액에 의하며, 기타 세부적인 내용은 재해보험사업자가 작성한 손해평가 업무방법서에 따름

라. 농작물의 품목별 · 재해별 · 시기별 조사방법

(1) 특정위험방식 상품(인삼)

생육시기	재해	조사내용	조사시기	조사방법	비고
보험 기간	태풍(강풍) · 폭설 · 집중호우 · 침수 · 화재 · 우박 · 냉해 · 폭염	수확량 조사	피해 확인이 가능한 시기	보상하는 재해로 인하여 감소된 수확량 조사 • 조사방법: 전수조사 또는 표본조사	

(2) 적과전종합위험방식 상품(사과, 배, 단감, 떫은감)

생육시기	재해	조사내용	조사시기	조사방법	비고
보험계약 체결일~ 적과전	보상하는 재해 전부	피해사실 확인조사	사고접수 후 지체 없이	보상하는 재해로 인한 피해발생여부 조사	피해사실이 명백한 경우 생략 가능
	우박			우박으로 인한 유과(어린과실) 및 꽃(눈) 등의 타박비율 조사 • 조사방법: 표본조사	적과종료 이전 특정위험 5종 한정 부장 특약 가입건에 한함
6월1일~ 적과전	태풍(강풍), 우박, 집중호우, 화재, 지진			보상하는 재해로 발생한 낙엽피해 정도 조사 – 단감 · 떫은감에 대해서만 실시 • 조사방법: 표본조사	
적과후	–	적과후 착과수 조사	적과 종료 후	보험가입금액의 결정 등을 위하여 해당 농지의 적과종료 후 총 착과 수를 조사 • 조사방법: 표본조사	피해와 관계없이 전 과수원 조사
적과후~ 수확기 종료	보상하는 재해	낙과피해 조사	사고접수 후 지체 없이	재해로 인하여 떨어진 피해 과실수 조사 – 낙과피해조사는 보험약관에서 정한 과실피해분류기준에 따라 구분하여 조사 • 조사방법: 전수조사 또는 표본조사	
				낙엽률 조사(우박 및 일소 제외) – 낙엽피해정도 조사 • 조사방법: 표본조사	단감 · 떫은감
	우박, 일소, 가을동상해	착과피해 조사	수확 직전	달려있는 과실 중 재해로 인한 피해 과실수 조사 – 착과피해조사는 보험약관에서 정한 과실 피해분류기준에 따라 구분하여 조사 • 조사방법: 표본조사	
수확완료 후~보험 종기	보상하는 재해 전부	고사나무 조사	수확완료 후 보험종기 전	보상하는 재해로 고사되거나 또는 회생이 불 가능한 나무 수를 조사 – 특약 가입 농지만 해당 • 조사방법: 전수조사	수확완료 후 추가 고사나무 가 없는 경우 생략 가능

※ 전수조사는 조사대상 목적물을 전부 조사하는 것을 말하며, 표본조사는 손해평가의 효율성제고를 위해 재해보험사업 자가 통계이론을 기초로 산정한 조사표본에 대해 조사를 실시하는 것을 말함

(3) 종합위험방식 상품(농업수입보장 포함)

① 해가림시설 · 비가림시설 및 원예시설

생육 시기	재해	조사내용	조사시기	조사방법	비고
보험 기간내	보상하는 재해 전부	해가림시설 조사	사고 접수 후 지체 없이	보상하는 재해로 인하여 손해를 입은 시설 조사 • 조사방법: 전수조사	인삼
		비가림시설 조사			
		시설 조사			원예시설, 버섯재배사

② 수확감소보장 · 과실손해보장 및 농업수입보장

생육 시기	재해	조사내용	조사시기	조사방법	비고
수확 전	보상하는 재해 전부	피해사실 확인 조사	사고접수 후 지체 없이	보상하는 재해로 인한 피해발생 여부 조사(피해사실이 명백한 경우 생략 가능)	
		이앙(직파) 불능피해 조사	이앙 한계일 (7.31)이후	이앙(직파)불능 상태 및 통상적인 영농 활동 실시여부조사	벼만 해당
		재이앙 (재직파) 조사	사고접수 후 지체 없이	해당농지에 보상하는 손해로 인하여 재이앙(재직파)이 필요한 면적 또는 면적 비율 조사	벼만 해당
		재파종 조사	사고접수 후 지체 없이	해당농지에 보상하는 손해로 인하여 재 파종이 필요한 면적 또는 면적비율 조사	마늘만 해당
		재정식 조사	사고접수 후 지체 없이	해당농지에 보상하는 손해로 인하여 재 정식이 필요한 면적 또는 면적비율 조사	양배추만 해당
		경작불능 조사	사고접수 후 지체 없이	해당 농지의 피해면적비율 또는 보험목 적인 식물체 피해율 조사	벼 · 밀, 밭작물 (차(茶)제외), 복분자만 해당
		과실손해 조사	수정 완료 후	살아있는 결과모지수 조사 및 수정불량 (송이)피해율 조사 • 조사방법: 표본조사	복분자만 해당
			결실 완료 후	결실수 조사 • 조사방법: 표본조사	오디만 해당
		수확전 사고 조사	사고접수 후 지체 없이	표본주의 과실 구분 • 조사방법: 표본조사	감귤(온주밀감 류)만 해당

생육 시기	재해	조사내용	조사시기	조사방법	비고
수확 직전	–	착과수 조사	수확 직전	해당농지의 최초 품종 수확 직전 총 착과수를 조사 – 피해와 관계없이 전 과수원 조사 • 조사방법: 표본조사	포도, 복숭아, 자두, 감귤(만감류) 만 해당
	보상하는 재해 전부	수확량 조사	수확 직전	사고발생 농지의 수확량 조사 • 조사방법: 전수조사 또는 표본조사	
		과실손해 조사	수확 직전	사고발생 농지의 과실피해조사 • 조사방법: 표본조사	무화과, 감귤 (온주밀감류) 만해당
수확 시작 후~ 수확 종료	보상하는 재해 전부	수확량 조사	조사 가능일	사고발생농지의 수확량조사 • 조사방법: 표본조사	차(茶)만 해당
			사고접수 후 지체 없이	사고발생 농지의 수확 중의 수확량 및 감수량의 확인을 통한 수확량 조사 • 조사방법: 전수조사 또는 표본조사	
		동상해 과실손해 조사	사고접수 후 지체 없이	표본주의 착과피해 조사 – 12월21일~익년 2월말일 사고 건에 한함 • 조사방법: 표본조사	감귤(온주밀감 류)만 해당
		수확불능 확인 조사	조사 가능일	사고발생 농지의 제현율 및 정상 출하 불 가 확인 조사 • 조사방법: 전수조사 또는 표본조사	벼만 해당
	태풍(강풍), 우박	과실손해 조사	사고접수 후 지체 없이	전체 열매수(전체 개화수) 및 수확 가능 열매수 조사 – 6월1일~6월20일 사고 건에 한함 • 조사방법: 표본조사	복분자만 해당
				표본주의 고사 및 정상 결과지수 조사 • 조사방법: 표본조사	무화과만 해당
수확 완료 후~ 보험종기	보상하는 재해 전부	고사나무 조사	수확 완료 후 보험종기 전	보상하는 재해로 고사되거나 또는 회생 이 불가능한 나무 수를 조사 – 특약 가입 농지만 해당 • 조사방법: 전수조사	수확완료 후 추가 고사나무 가 없는 경우 생략 가능

③ 생산비 보장

생육시기	재해	조사내용	조사시기	조사방법	비고
정식(파종) ~수확 종료	보상하는 재해 전부	생산비 피해조사	사고발생시 마다	① 재배일정 확인 ② 경과비율 산출 ③ 피해율 산정 ④ 병충해 등급별 인정비율 확인(노지 고추만 해당)	
수확전	보상하는 재해 전부	피해사실 확인 조사	사고접수 후 지체없이	보상하는 재해로 인한 피해발생 여부 조사 (피해사실이 명백한 경우 생략 가능)	메밀, 단호박, 시금치, 양상추, 노지 배추, 노지 당근, 노지 파, 노지 무만 해당
		재파종 조사	사고접수 후 지체없이	해당농지에 보상하는 손해로 인하여 재파종이 필요한 면적 또는 면적 비율 조사 * 월동무, 쪽파, 시금치, 메밀만 해당	
		재정식 조사	사고접수 후 지체없이	해당농지에 보상하는 손해로 인하여 재정식이 필요한 면적 또는 면적 비율 조사 * 가을배추, 월동배추, 브로콜리, 양상추만 해당	
		경작불능 조사	사고접수 후 지체없이	해당 농지의 피해면적비율 또는 보험목적인 식물체 피해율 조사	
수확직전		생산비 피해조사	수확직전	사고발생 농지의 피해비율 및 손해정도 비율 확인을 통한 피해율 조사 • 조사방법: 표본조사	

14. 가축의 보험가액 및 손해액 산정

가. 가축에 대한 보험가액 산정

가축에 대한 보험가액은 보험사고가 발생한 때와 곳에서 평가한 보험목적물의 수량에 적용가격을 곱하여 산정한다.

나. 가축에 대한 손해액 산정

가축에 대한 손해액은 보험사고가 발생한 때와 곳에서 폐사 등 피해를 입은 보험목적물의 수량에 적용가격을 곱하여 산정한다.

다. 적용가격

적용가격은 보험사고가 발생한 때와 곳에서의 시장가격 등을 감안하여 보험약관에서 정한 방법에 따라 산정한다.

라. 별도로 정한 경우

위의 규정에도 불구하고 보험 가입 당시 보험가입자와 재해보험사업자가 보험가액 및 손해액 산정 방식을 별도로 정한 경우에는 그 방법에 따른다.

15. 농업시설물의 보험가액 및 손해액 산정

가. 보험가액

농업시설물에 대한 보험가액은 보험사고가 발생한 때와 곳에서 평가한 피해목적물의 재조달가액에서 내용연수에 따른 감가상각률을 적용하여 계산한 감가상각액을 차감하여 산정한다.

나. 손해액

농업시설물에 대한 손해액은 보험사고가 발생한 때와 곳에서 산정한 피해목적물의 원상복구비용을 말한다.

다. 별도로 정한 경우

위의 규정에도 불구하고 보험 가입 당시 보험가입자와 재해보험사업자가 보험가액 및 손해액 산정 방식을 별도로 정한 경우에는 그 방법에 따른다.

16. 손해평가업무방법서

재해보험사업자는 농업재해보험 손해평가요령의 효율적인 운용 및 시행을 위하여 필요한 세부적인 사항을 규정한 손해평가업무방법서를 작성하여야 한다.

17. 재검토 기한

농림축산식품부장관은 고시에 대하여 2024년 1월 1일 기준으로 매 3년이 되는 시점(매 3년째의 12월 31일까지를 말한다)마다 그 타당성을 검토하여 개선 등의 조치를 하여야 한다.

출제예상문제

01 농업재해보험 손해평가요령에서 말하는 정의 중 틀린 것은?

① "손해평가인"이라 함은 「농어업재해보험법 시행령」에서 규정한 손해평가인의 자격요인을 갖춘 자 중에서 재해보험사업자가 위촉하여 손해평가업무를 담당하는 자를 말한다.

② "손해평가사"라 함은 손해평가사 자격시험에 합격한 자를 말한다.

③ "손해평가보조인"이라 함은 손해평가 업무를 보조하는 자를 말한다.

④ "농업재해보험"이란 농작물재해보험, 임산물재해보험, 가축재해보험 및 양식수산물재해보험을 말한다.

정답 및 해설

"농업재해보험"이란 농작물재해보험, 임산물재해보험 및 가축재해보험을 말한다. 양식수산물재해보험은 농업재해보험 손해평가요령에서 **제외**한다.

정답 ④

02 손해평가 업무 수행에 대한 다음 설명 중 틀린 것은?

① 손해평가인은 피해사실을 확인하는 업무를 수행한다.

② 손해평가사는 보험가액 및 손해액 평가 업무를 수행한다.

③ 손해사정사는 임무를 수행하기 전에 손해사정등록증 등 신분을 확인할 수 있는 서류를 제시하여야 한다.

④ 손해평가인은 임무를 수행하기 전에 보험가입자에게 손해평가인증을 제시하여야 하며, 피보험자에게는 제시 의무가 없다.

정답 및 해설

①② 손해평가 시 손해평가인, 손해평가사, 손해사정사는 다음 각 호의 업무를 수행한다.
  1) 피해사실 확인
  2) 보험가액 및 손해액 평가
  3) 그 밖에 손해평가에 관하여 필요한 사항
③④ 손해평가인, 손해평가사, 손해사정사는 임무를 수행하기 전에 보험가입자(**피보험자를 포함**한다)에게 손해평가인증, 손해평가사자격증, 손해사정사등록증 등 신분을 확인할 수 있는 서류를 제시하여야 한다.

정답 ④

03 정기교육에 대한 다음 설명 중 틀린 것은?

① 농림축산식품부장관 또는 해양수산부장관은 손해평가사가 공정하고 객관적인 손해평가를 수행할 수 있도록 정기교육을 실시하여야 한다.
② 농업재해보험에 관한 기초지식에서는 농어업재해보험법 제정 배경·구성 및 조문별 주요내용, 농업재해보험 사업현황을 교육한다.
③ 손해평가의 절차 및 방법에서는 농업재해보험 손해평가 개요, 보험목적물별 손해평가 기준 및 피해유형별 보상사례를 교육한다.
④ 재해보험사업자는 정기교육 대상자에게 소정의 교육비를 지급할 수 있다.

🔊 **정답 및 해설**

농림축산식품부장관 또는 해양수산부장관은 **손해평가인**이 공정하고 객관적인 손해평가를 수행할 수 있도록 정기교육을 실시하여야 한다.

정답 ①

04 재해보험사업자는 손해평가인이 특정한 사유에 해당하게 되거나 위촉 당시에 해당하는 자이었음이 판명된 때에는 그 위촉을 취소하여야 한다. 이 경우에 해당하지 않는 것은?

① 피성년후견인
② 파산선고를 받은 자로서 복권된 자
③ 위촉이 취소된 후 2년이 경과하지 아니한 자
④ 업무정지 기간 중에 손해평가업무를 수행한 자

🔊 **정답 및 해설**

재해보험사업자는 손해평가인이 다음 각 호의 어느 하나에 해당하게 되거나 위촉 당시에 해당하는 자이었음이 판명된 때에는 그 위촉을 취소하여야 한다.
1) 피성년후견인
2) **파산선고를 받은 자로서 복권되지 아니한 자**
3) 농어업재해보험법 제30조에 의하여 벌금이상의 형을 선고받고 그 집행이 종료(집행이 종료된 것으로 보는 경우를 포함한다)되거나 집행이 면제된 날로부터 2년이 경과되지 아니한 자
4) 동 조에 따라 위촉이 취소된 후 2년이 경과하지 아니한 자
5) 거짓 그 밖의 부정한 방법으로 손해평가인으로 위촉된 자
6) 업무정지 기간 중에 손해평가업무를 수행한 자

정답 ②

05 손해평가인의 업무 정지 혹은 위촉 해지에 대한 다음 설명 중 틀린 것은?

① 손해평가인의 업무 정지 기간은 6개월 이내이다.

② 업무수행과 관련하여 「개인정보보호법」, 「신용정보의 이용 및 보호에 관한 법률」 등 정보보호와 관련된 법령을 위반한 때에는 재해보험사업자는 6개월 이내의 기간을 정하여 그 업무의 정지를 명하거나 위촉 해지 등을 할 수 있다.

③ 재해보험사업자는 위촉을 취소하거나 업무의 정지를 명하고자 하는 때에는 손해평가인에게 청문을 실시하여야 한다. 다만 손해평가인이 청문에 응하지 아니할 경우에는 서면으로 위촉을 취소하거나 업무의 정지를 통보할 수 있다.

④ 재해보험사업자는 손해평가인을 해촉하거나 손해평가인에게 업무의 정지를 명한 때에는 지체 없이 이유를 기재한 구두로 그 뜻을 손해평가인에게 통지하여야 한다.

🔔 정답 및 해설

①② 재해보험사업자는 손해평가인이 다음 각 호의 어느 하나에 해당하는 때에는 6개월 이내의 기간을 정하여 그 업무의 정지를 명하거나 위촉 해지 등을 할 수 있다.
  1) 농어업재해보험법 제11조 제2항 및 이 요령의 규정을 위반 한 때
  2) 농어업재해보험법 및 이 요령에 의한 명령이나 처분을 위반한 때
  3) 업무수행과 관련하여 「개인정보보호법」, 「신용정보의 이용 및 보호에 관한 법률」 등 정보보호와 관련된 법령을 위반 한 때
③ 재해보험사업자는 위촉을 취소하거나 업무의 정지를 명하고자 하는 때에는 손해평가인에게 청문을 실시하여야 한다. 다만 손해평가인이 청문에 응하지 아니할 경우에는 서면으로 위촉을 취소하거나 업무의 정지를 통보할 수 있다.
④ 재해보험사업자는 손해평가인을 해촉하거나 손해평가인에게 업무의 정지를 명한 때에는 지체 없이 이유를 기재한 **문서**로 그 뜻을 손해평가인에게 통지하여야 한다.

정답 ④

06 손해평가반 구성에 대한 다음 설명 중 틀린 것은?

① 손해평가반은 5인 이내로 구성한다.

② 보험가입자가 보험책임기간 중에 피해발생 통지를 한 때에는 재해보험사업자는 손해평가반으로 하여금 지체 없이 보험목적물의 피해사실을 확인하고 손해평가를 실시하게 하여야 한다.

③ 자기 또는 이해관계자가 모집하지 아니한 보험계약에 관한 손해평가는 손해평가반 구성에서 배제하여야 한다.

④ 재해보험사업자는 손해평가반을 구성하고 손해평가반별로 평가일정계획을 수립하여야 한다.

🔔 정답 및 해설

다음 각 호의 어느 하나에 해당하는 손해평가에 대하여는 해당자를 손해평가반 구성에서 배제하여야 한다.
1) 자기 또는 자기와 생계를 같이 하는 친족(이해관계자)이 가입한 보험계약에 관한 손해평가
2) **자기 또는 이해관계자가 모집한 보험계약**에 관한 손해평가
3) 직전 손해평가일로부터 30일 이내의 보험가입자간 상호 손해평가
4) 자기가 실시한 손해평가에 대한 검증조사 및 재조사

정답 ③

07 교차손해평가에 대한 다음 설명 중 틀린 것은?

① 재해보험사업자는 공정하고 객관적인 손해평가를 위하여 교차손해평가가 필요한 경우 재해보험 가입규모, 가입분포 등을 고려하여 교차손해평가 대상 시·군·구(자치구)를 선정하여야 한다.

② 재해보험사업자는 시·군·구 내에서 손해평가 경력, 타지역 조사 가능여부 등을 고려하여 교차손해평가를 담당할 지역손해평가인을 선발하여야 한다.

③ 교차손해평가를 위해 손해평가반을 구성할 경우에는 지역손해평가인 2인 이상이 포함되어야 한다.

④ 거대재해 발생, 평가인력 부족 등으로 신속한 손해평가가 불가피하다고 판단되는 경우에는 교차손해평가를 위한 손해평가반 구성 규정을 배제할 수 있다.

🔔 정답 및 해설

교차손해평가를 위해 손해평가반을 구성할 경우에는 지역손해평가인 <u>1인</u> 이상이 포함되어야 한다.

정답 ③

08 현지조사서에 대한 다음 설명 중 틀린 것은?

① 재해보험사업자는 손해평가반이 실시한 손해평가결과와 손해평가업무를 수행한 손해평가반 구성원을 기록할 수 있도록 현지조사서를 마련하여야 한다.

② 손해평가반은 현지조사서에 손해평가 결과를 정확하게 작성하여 보험가입자에게 이를 설명한 후 서명을 받아 재해보험사업자에게 최종 조사일로부터 7영업일 이내에 제출하여야 하나, 하우스 등 원예시설과 축사 건물은 7영업일을 초과하여 현지조자서를 제출할 수 있다.

③ 보험가입자가 정당한 사유 없이 서명을 거부하는 경우 손해평가반은 보험가입자에게 손해평가 결과를 통지한 후 농업정책보험금융원의 서명을 받아 현지조사서를 재해보험사업자에게 제출하여야 한다.

④ 재해보험사업자는 보험가입자가 손해평가반의 손해평가결과에 대하여 설명 또는 통지를 받은 날로부터 7일 이내에 손해평가가 잘못되었음을 증빙하는 서류 또는 사진 등을 제출하는 경우 재해보험사업자는 다른 손해평가반으로 하여금 재조사를 실시하게 할 수 있다.

🔔 정답 및 해설

① 재해보험사업자는 손해평가반이 실시한 손해평가결과와 손해평가업무를 수행한 손해평가반 구성원을 기록할 수 있도록 현지조사서를 마련하여야 한다.

② 손해평가반은 현지조사서에 손해평가 결과를 정확하게 작성하여 보험가입자에게 이를 설명한 후 서명을 받아 재해보험사업자에게 최종 조사일로부터 7영업일 이내에 제출하여야 하나, 하우스 등 원예시설과 축사 건물은 7영업일을 초과하여 현지조자서를 제출할 수 있다.

③ 보험가입자가 정당한 사유 없이 서명을 거부하는 경우 손해평가반은 보험가입자에게 손해평가 결과를 통지한 후 <u>서명 없이</u> 현지조사서를 재해보험사업자에게 제출하여야 한다.

④ 재해보험사업자는 보험가입자가 손해평가반의 손해평가결과에 대하여 설명 또는 통지를 받은 날로부터 7일 이내에 손

해평가가 잘못되었음을 증빙하는 서류 또는 사진 등을 제출하는 경우 재해보험사업자는 다른 손해평가반으로 하여금 재조사를 실시하게 할 수 있다.

정답 ③

09 다음의 괄호 안에 들어갈 단어는?

> (   )라 함은 하나의 보험가입금액에 해당하는 토지로 필지(지번) 등과 관계없이 농작물을 재배하는 하나의 경작지를 말하며, 방풍림, 돌담, 도로(농로 제외) 등에 의해 구획된 것 또는 동일한 울타리, 시설 등에 의해 구획된 것을 하나의 (   )로 한다.

① 토지
② 농지
③ 보험가입지
④ 자치구

🔊 **정답 및 해설**

농지라 함은 하나의 보험가입금액에 해당하는 토지로 필지(지번) 등과 관계없이 농작물을 재배하는 하나의 경작지를 말하며, 방풍림, 돌담, 도로(농로 제외) 등에 의해 구획된 것 또는 동일한 울타리, 시설 등에 의해 구획된 것을 하나의 **농지**로 한다.

정답 ③

10 농작물에 대한 보험가액 산정으로 틀린 것은?

① 특정위험방식인 인삼은 가입면적에 보험가입 당시의 단위당 가입가격을 나누어 산정한다.
② 적과전종합위험방식의 보험가액은 적과후착과수(달린 열매 수)조사를 통해 산정한 기준수확량에 보험가입 당시의 단위당 가입가격을 곱하여 산정한다.
③ 종합위험방식 보험가액은 보험증권에 기재된 보험목적물의 평년수확량에 보험가입 당시의 단위당 가입가격을 곱하여 산정한다.
④ 생산비보장의 보험가액은 작물별로 보험가입 당시 정한 보험가액을 기준으로 산정한다.

🔊 **정답 및 해설**

① 특정위험방식인 인삼은 가입면적에 보험가입 당시의 단위당 가입가격을 **곱하여** 산정한다.
② 적과전종합위험방식의 보험가액은 적과후착과수(달린 열매 수)조사를 통해 산정한 기준수확량에 보험가입 당시의 단위당 가입가격을 곱하여 산정한다.
③ 종합위험방식 보험가액은 보험증권에 기재된 보험목적물의 평년수확량에 보험가입 당시의 단위당 가입가격을 곱하여 산정한다.
④ 생산비보장의 보험가액은 작물별로 보험가입 당시 정한 보험가액을 기준으로 산정한다.

정답 ①

11 가축의 보험가액 및 손해액 산정에 대한 설명으로 틀린 것은?

① 가축에 대한 보험가액은 보험에 가입한 때와 곳에서 평가한 보험목적물의 수량에 적용가격을 곱하여 산정한다.

② 가축에 대한 손해액은 보험사고가 발생한 때와 곳에서 폐사 등 피해를 입은 보험목적물의 수량에 적용가격을 곱하여 산정한다.

③ 적용가격은 보험사고가 발생한 때와 곳에서의 시장가격 등을 감안하여 보험약관에서 정한 방법에 따라 산정한다.

④ 보험 가입 당시 보험가입자와 재해보험사업자가 보험가액 및 손해액 산정 방식을 별도로 정한 경우에는 그 방법에 따른다.

🔊 **정답 및 해설**

① 가축에 대한 보험가액은 **보험사고가 발생**한 때와 곳에서 평가한 보험목적물의 수량에 적용가격을 곱하여 산정한다.

② 가축에 대한 손해액은 보험사고가 발생한 때와 곳에서 폐사 등 피해를 입은 보험목적물의 수량에 적용가격을 곱하여 산정한다.

③ 적용가격은 보험사고가 발생한 때와 곳에서의 시장가격 등을 감안하여 보험약관에서 정한 방법에 따라 산정한다.

④ 보험 가입 당시 보험가입자와 재해보험사업자가 보험가액 및 손해액 산정 방식을 별도로 정한 경우에는 그 방법에 따른다.

정답 ①

12 농업재해보험 손해평가요령 재검토 기간에 대한 다음 괄호 안에 들어갈 기간은?

> 농림축산식품부장관은 이 고시에 대하여 2024년 1월 1일 기준으로 매 (　　)이 되는 시점(매 (　　)째의 12월 31일까지를 말한다)마다 그 타당성을 검토하여 개선 등의 조치를 하여야 한다.

① 1년

② 2년

③ 3년

④ 4년

🔊 **정답 및 해설**

농림축산식품부장관은 이 고시에 대하여 2024년 1월 1일 기준으로 매 **3년**이 되는 시점(매 **3년**째의 12월 31일까지를 말한다)마다 그 타당성을 검토하여 개선 등의 조치를 하여야 한다.

정답 ③

13 농작물 생육조사에 대하여 다음 빈칸 안에 들어갈 말은?

> 재해보험사업자는 손해평가반으로 하여금 재해발생 전부터 보험품목에 대한 평가를 위해 생육상황을 조사하게 할 수 있다. 이때 손해평가반은 조사결과 (   )를 (   )에게 제출하여야 한다.

① 1부, 농업정책보험금융원

② 1부, 재해보험사업자

③ 2부, 농업정책보험금융원

④ 2부, 재해보험사업자

🔊 **정답 및 해설**

재해보험사업자는 손해평가반으로 하여금 재해발생 전부터 보험품목에 대한 평가를 위해 생육상황을 조사하게 할 수 있다. 이때 손해평가반은 조사결과 **1부**를 **재해보험사업자**에게 제출하여야 한다.

정답 ②

14 특정위험방식 상품(인삼)의 조사방법에 대한 다음 설명 중 틀린 것은?

① 태풍(강풍) · 폭설 · 집중호우 · 침수 · 화재 · 우박 · 냉해 · 폭염이 재해이다.

② 조사내용은 수확량을 조사한다.

③ 수확 직전이 조사시기이다.

④ 조사방법은 전수조사 또는 표본조사이다.

🔊 **정답 및 해설**

생육시기	재해	조사내용	조사시기	조사방법
보험기간	태풍(강풍) · 폭설 · 집중호우 · 침수 · 화재 · 우박 · 냉해 · 폭염	수확량 조사	피해 확인이 가능한 시기	보상하는 재해로 인하여 감소된 수확량 조사 • 조사방법: 전수조사 또는 표본조사

정답 ③

15 보험목적물별 손해평가 단위로 잘못된 것은?

① 농작물: 농지별

② 가축: 개별가축별

③ 벌: 벌통 단위

④ 농업시설물: 농지별

보험목적물별 손해평가 단위는 다음 각 호와 같다.
1) 농작물: 농지별
2) 가축: 개별가축별(다만 벌은 벌통 단위)
3) 농업시설물: 보험가입 목적물별

정답 ④

16 손해평가의 제제조치와 관련하여 다음 설명 중 틀린 것은?

① 고의 또는 중대한 과실로 손해평가의 신뢰성을 크게 악화시킨 경우에는 1차 경고, 2차 업무정지 3개월, 3차 위촉해지이다.
② 고의로 진실을 숨기거나 거짓으로 손해평가를 한 경우에는 위촉해지이다.
③ 검증조사 결과 부당·부실 손해 평가로 확인된 경우에는 1차 경고, 2차 업무정지 3개월, 3차 위촉해지이다.
④ 기타 업무수행상 과실로 손해 평가의 신뢰성을 약화시킨 경우에는 1차 주의, 2차 경고, 3차 업무정지 3개월이다.

1) 고의 또는 중대한 과실로 손해평가의 신뢰성을 크게 악화시킨 경우: 위촉해지
2) 고의로 진실을 숨기거나 거짓으로 손해평가를 한 경우: 위촉해지
3) 정당한 사유없이 손해평가반 구성을 거부하는 경우: 위촉해지
4) 현장조사 없이 보험금 산정을 위해 손해평가행위를 한 경우: 위촉해지
5) 현지조사서를 허위로 작성한 경우: 위촉해지
6) 검증조사 결과 부당·부실 손해 평가로 확인된 경우: 경고(1차), 업무정지 3개월(2차), 위촉해지(3차)
7) 기타 업무수행상 과실로 손해 평가의 신뢰성을 약화시킨 경우: 주의(1차), 경고(2차), 업무정지 3개월(3차)

정답 ①

손해평가사 1차 완전정복 1, 2과목

발 행 일	2025년 9월 5일
편 저 자	윤송실
펴 낸 이	김영훈
펴 낸 곳	㈜고시아카데미(InsTV)

등 록	2003년 9월 17일 제2012-000101호
주 소	서울시 금천구 서부샛길 606, 215호
대표전화	02-363-0606
팩 스	0505-009-9507
홈페이지	www.instv.net
전자우편	help@instv.net
I S B N	978-89-6631-388-4

저자와의
협의 하에
인지 생략

정가 24,000원